加勒特·瑞安 Garrett Ryan／著
莊安祺／譯

古希臘羅馬人原來這樣過日子

NAKED STATUES, FAT GLADIATORS, AND WAR ELEPHANTS

Frequently Asked Questions about the Ancient Greeks and Romans

目錄

前言……007

第一部：日常生活

01 為什麼希臘人和羅馬人不穿長褲？……010
02 他們怎麼刮鬍子？……016
03 他們養什麼樣的寵物？……021
04 他們用什麼方法避孕？……027
05 他們手術之後存活的機會有多大？……032
06 最美味的珍饈是什麼？……037
07 他們喝多少酒？……044
08 他們如何記錄時間？……053

第二部：社會

09 他們的壽命有多長？……064

10 他們的身材有多高？ 071
11 他們的收入如何？ 076
12 他們的城市有多危險？ 084
13 奴隸多常獲得自由？ 093
14 離婚常見嗎？ 099
15 男人和男孩之間的關係會不會引起非議？ 103
16 為什麼他們的許多雕像都裸體？ 109

第三部：信仰

17 他們相信他們的神話嗎？ 118
18 他們相信鬼魂、怪物，和／或外星人嗎？ 125
19 他們會施展魔法嗎？ 137
20 他們會不會用活人祭祀？ 144
21 德爾斐神諭為什麼蒸氣氤氳？ 150
22 多神教持續了多久？ 156

第四部：運動休閒

23 他們有職業運動員嗎？……166
24 他們如何健身？是慢跑還是舉重？……178
25 他們享受旅遊之樂嗎？……184
26 羅馬競技場是如何在不到十年內建成的？……192
27 競技場的動物是如何捕捉來的？……199
28 角鬥士胖嗎？角鬥士的格鬥有多血腥？……207

第五部：戰爭與政治

29 在戰爭中如何使用戰象？……218
30 怎麼攻破堅固的城牆？……226
31 當時有祕密警察、間諜或刺客嗎？……236
32 為什麼羅馬人沒有征服日耳曼或愛爾蘭？……243

第六部：傳承

33 帝國滅亡後羅馬城發生了什麼事？……254
34 亞歷山大大帝的遺體下落何方？是否發現過完好無缺的羅馬統治者墳墓？……264
35 為什麼拉丁文會演變成多種語言？為什麼希臘文沒有？……275
36 有人的祖先是希臘或羅馬人嗎？……282

附錄：超短的古典世界史

……288

謝辭

……319

前言

幾年前我在密西根大學任教，帶了一班學生到底特律美術館（Detroit Institute of Arts）參觀。正當我們準備結束古希臘和羅馬展覽廳的瀏覽時，一名學生走上前來，傾身向我，神祕兮兮地壓低聲音說：「老師——我非得問不可，為什麼這麼多希臘雕像都是光溜溜的？」

這本書就答覆了這個以及其他許多問題。如果你曾經疑惑羅馬人什麼時候開始穿長褲，希臘人是否相信他們自己的神話，古代世界最高薪的工作是什麼，或者羅馬圓形競技場裡的獅子是怎麼抓來的，你可就來對了地方。神祕與魔法、神鬼戰士與刺客、美酒佳釀和作戰用的大象：全都囊括在本書中。

我的回答不多不少，就是言簡意賅的綜述當今學術研究的成果，摻雜古代流傳的軼事[1]，並配有公共版權可以取得最精彩的插圖。我不會假裝它們是詳盡的答案——短短幾頁生動的文

1 許多最精彩的軼事都放在腳註裡，其中提供了我無法適當塞入主文中的有趣細節。

字所能表達的只有這麼多，但我誠心希望它們能啟發讀者更深入的閱讀。

這些答案中沒有一個超出有關希臘人和羅馬人最基本的知識，不過由於一點背景知識能帶來很大的幫助，因此我在書末附錄中收入了一段非常簡短的古典世界史。如果你想先綜觀全局，那麼我鼓勵你先讀附錄。如若不然，直接看本文也無妨。

第一部
日常生活

01｜為什麼希臘人和羅馬人不穿長褲？

你正走在古雅典一條熱鬧的街道上。這是個夏日早晨——熱，但還沒有熱到無法出門辦事。白牆在太陽下閃閃發光，輕柔的希臘語在塵土飛揚的空氣中飄蕩，附近攤位上堆放的蜂蜜蛋糕散發著教人垂涎的芳香，和這個缺乏污水處理系統城市所散發的熏天惡臭相抗衡。

和你一起在街上走的行人大多是男性，他們的穿著不完全算半裸。有的人身上裹著斗篷，有的人則穿著寬鬆的及膝束腰罩袍（tunics）漫步。少數幾名婦女則穿著更長的袍子，用長別針固定在肩膀上。[1]不論男女，窮人的衣服是未染色羊毛的灰白色澤，較富有的人衣著則是黃色、綠色和棕色的各種色調。

現在把自己送到羅馬帝國早期的街上。儘管已近中午（亦即羅馬人稱的「第六小時」sixth hour，即正午），街上依然一片漆黑，道路兩邊都被高聳的公寓建築遮蔽。你腳下的鵝卵石因惡臭的穢物而滑溜溜的，煙氣從對街一家小酒館的門裡冒出來，帶著烤鷹嘴豆的味道。多種語言的喧鬧充斥著你的耳朵，不耐煩的行人匆匆走過，他們全都穿著與雅典人截然不同的衣著。

有些男人穿著托加袍（togas）。伸展開來的托加袍是一片巨大的羊毛織品，寬達六公尺。把自己包裹進這片布海是無比複雜的浩大工程，因此貴族常常有專司此職的奴隸，他主要的工作就是把它折疊起來，讓它懸垂在主人身上。穿著托加袍走路既是藝術也是考驗——只要左臂沒有保持在正確的角度，所有苦心摺疊出來的摺痕就會全部報銷，因此在我們這條街上的大多數男人都把托加袍留在家裡，只穿著短罩衫來辦事。有些婦女裹著傳統羅馬主婦的披風，其他的則穿著色彩繽紛的及地長袍。

希臘和羅馬的衣著都是披在身上。無論是亞麻、羊毛或棉質[2]，懸垂的衣著非常適合地中海氣候，而且能方便地因應社交狀況或天氣而變化。然而，在寒冷潮濕的情況下，這樣穿往往教人不舒服。有些衣著，例如托加，需要時時注意才能正確穿著。這些衣服全都沒有口袋。[3]

---

1 在緊要關頭，這些長別針可以充當武器使用。曾有一群雅典婦女就用她們的胸針殺死一名男子。

2 古典世界中，最常見的布料是羊毛和亞麻。由於羊毛較溫暖、耐用、較容易染色，因此常用來作外套。亞麻布——較透氣、好清理、較不易生蝨子，比較常用來作內衣和日常使用。棉花（產於埃及）則要到羅馬帝國時代才普及。

3 口袋的空間可以即興創造：希臘婦女經常把長袍的一部分拉到腰帶外面，形成一個大口袋，而羅馬男人則把剩菜放在托加袍的凹處。不過硬幣必須放進掛在腰帶或脖子上的錢包裡。由於當時還沒有細菌的觀念，也可能把它們塞進嘴裡。

這世界似乎急需長褲，然而希臘人和羅馬人都認為長褲很粗俗，只有少數例外，例如行事古怪的埃拉加巴盧斯皇帝（Emperor Elagabalus）就以他的絲綢休閒褲[4]為榮。在雅典人看來，長褲教他們想到波斯人：他們穿著寬鬆長褲以壓倒性的數量入侵了希臘。羅馬人則把長褲子和渾身刺青、豪飲啤酒的北方民族（尤其是日耳曼人）聯想在一起。

然而，羅馬人最後還是屈服了。這個過程始於軍團。軍團士兵穿的及膝短袍是為地中海的暑熱而設計的，但在北方的冬天卻會透風，冷得教人吃不消。駐紮在寒冷地區的士兵受到蠻族騎兵的啟發，開始穿上羊毛或皮革製成的短馬褲。沒有多久，有些人就自然而然地採取了下一步，穿起了長褲。他們的指揮官也紛紛效法：三世紀的

▲ 由左至右：圍著斗篷披身外衣（himation）的希臘男子，穿著束腰長袍（chiton）的希臘婦女，穿著托加袍的羅馬男子，和穿著披風（palla）的羅馬主婦。（公共版權圖片）

一位皇帝在率領軍隊時穿著這樣的褲子（還戴上蓬鬆的金色假髮），震驚了輿論。

在整個第四世紀，由於軍人參政，軍裝變成時尚，平民也開始把自己的短袍換成長褲。到四世紀末，這樣的打扮已經非常普遍，因此帝國不得不頒布法令，禁止人們在羅馬城內穿長褲。只要發現任何人穿得如此醜陋，就會把他逮捕，剝奪他的財產（大概還包括他的長褲），並永久流放，不過為什麼原因則不詳。不到幾十年，元老院的議員即使在皇帝面前也穿著長褲。

看完長褲的進展，我們必須面對一個更深入的問題：希臘人和羅馬人穿內衣褲嗎？

4 羅馬諸皇帝是反時尚的冥頑罪人。有些皇帝喜歡染成紫色的衣服，在古典世界裡，紫色是最昂貴的顏色，因此也最受尊重。（最美的紫色調，是一種熠熠發光、像乾涸血液的濃重深紅色，有時僅限皇室使用；尼祿（Nero）曾設下圈套，誘捕處理違禁染料的商人。）但其他的皇帝卻嫌價值比大多數花園住宅還高的袍子仍太過含蓄。卡利古拉（Caligula）喜歡把自己裝扮成宙斯，搭配金色的鬍鬚和閃閃發亮的雷電。康茂德（Commodus）則身披獅皮來到羅馬競技場。

大多數女性當然都穿著原始的胸罩，我們稱之為胸帶。[5]儘管也有附肩帶的合身版本，但通常它們都是包裹在軀幹上的簡單布條。由於當時崇尚嬌小的乳房，所以女性常用胸帶壓扁自己的胸部。[6]如果我們能相信古代詩人的描述，那麼它們也可以當作臨時口袋，用來裝包括情書到毒藥瓶等各種物品。胸帶甚至號稱有藥用功效：據說把用過的胸帶纏繞在頭上，可以緩解頭痛。

希臘男人的束腰罩袍下顯然只有曬紅的皮膚和自信的裸體。而在羅馬世界，有些作風比較傳統的人會在托加袍下裹著纏腰布，男人可能會在公共浴室裡穿著類似 Speedo 泳褲的衣著，不過大多數人都不穿內衣，而喜歡穿透氣的亞麻或絲質背心。這些衣著雖然舒適，卻並不端莊。一位古代晚期的作者就說過一名訪客圍著火堆坐在聖馬丁主教（Saint Martin of Tours，西元四世紀高盧都爾地方的主教）對面的故事。這名男子向後靠在椅子上，張開雙腿——讓聖人意外地把他的生殖器看了個精光。

在西元四世紀，聖馬丁看到不該看的東西之際，羅馬服裝已經開始走向中世紀的風格。想像一下自己置身古典晚期君士坦丁堡的街道上。為了營造氣氛，讓我們假設這是個秋高氣爽的午後，空氣中瀰漫著鹹味的微風，教堂的鐘聲在柔和的陽光下敲響。一位穿著簡化版傳統托加袍的宮廷官員趾高氣揚地從身邊走過，地位沒那麼高的男人則穿著寬袖及膝長袍汲汲營營地忙碌，他們的衣服上裝飾著他們所能負擔得起盡可能多的刺繡。女性的束腰罩袍比較長，但同樣柔軟寬鬆。最富有的行人炫耀著緊緊貼身的絲質服飾，最虔誠的人手上有基督教的紋身。但你可以確定一件事，沒有一個人穿著內衣褲。

---

5 當時有沒有內褲，沒有留下足夠的證據。當然有類似內褲的衣著：有些羅馬婦女在浴室裡穿著泳衣，女運動員和藝人則穿著原始的比基尼現身。（未來的皇后西奥多拉〔Theodora〕出身歌舞雜劇演員，她有個常態性的節目是穿著相當於古代的丁字褲，在舞台上搔首弄姿。）不過在通常的情況下，女性在便服裡面只穿直筒衣裙。這些衣著各有危險：有一位羅馬詩人就寫過一首短詩，挖苦一位內褲過緊卡住屁屁的女士。

6 在某些情況下，胸帶具有色情意味；一部希臘喜劇中的角色就以緩緩鬆開胸帶的方式來挑逗她的丈夫。

02 他們怎麼刮鬍子？

哈德良（Hadrian）是羅馬皇帝中最教人費解的一位。他是多才多藝的詩人、建築師和長笛演奏家，然而他最喜歡的休閒方式是獵獅。他帶領全帝國最偉大的學者進行學術討論，但他同樣樂於領導軍團強行軍。他是慷慨的朋友，也是公正的裁判，但他同樣也很傲慢、多疑，而且——情緒一激動，就變得十分凶殘。最矛盾的是，他留著鬍子。幾個世紀以來，凡是出名的羅馬人都把鬍子刮得乾乾淨淨，然而在哈德良統治的二十一年間，他的臉上卻傲然地長滿了毛髮。留鬍子可能是他迷戀希臘人的標記，是回味羅馬的過去，或者是向宙斯致敬。也或許如同一位羅馬作家所推測的，皇帝只是想掩蓋他青春痘的痘疤。

無論哈德良留鬍子的原因是什麼，都絕非只是他個人的怪癖。古典時代的世界非常重視鬍鬚。首先，它們是男子氣概的象徵，[7]也是宣傳身分的一種方式：打扮整齊是紳士的名片，滿臉鬍渣或鬍鬚蓬亂不齊是貧窮的標誌。一個人的鬍鬚狀態是方便的情緒指標，因為正在哀悼的人（以及試圖在法庭上爭取同情的人）不會修剪他們臉部的毛髮。最後，鬍子也代表了文化

——可以由它看出你是蠻族、羅馬人，還是希臘人。

在古典時期，希臘男子幾乎總是留著鬍鬚。雖然時尚會改變，但最受歡迎的風格是留著大鬍鬚，剃光上唇的毛髮。[8]剃光鬍子會被認為沒有男子氣概——直到亞歷山大大帝統治為止。

▲ 哈德良和他莊嚴的絡腮鬍子。（圖片取自 Classical Numismatic Group Inc.，www .cngcoins.com）

這位偉大的征服者有許多怪癖（例如對《伊里亞德》的著迷，到堅信他是宙斯之子），其中一個就是堅持要定期刮鬍子。我們不知道亞歷山大這樣做是否為了想強調自己年輕，或者只是因為他臉上的毛髮參差不齊。不過我們可以肯定，由於他顯赫的威名，使得剃鬍成了時尚。

亞歷山大死後，儘管有些城市推出了支持蓄鬍的棘手法律，但刮鬍子的造型迅速在希臘

7 年輕的羅馬男子把第一次剃鬍視為成熟的開始，並把剃下來的纖細鬍鬚獻給眾神，使這一時刻永垂不朽。尼祿在首次剃鬍之後，把剪下來的鬍鬚收集在一個金盒子裡，供奉在眾神之王朱比特的神殿中。

8 在斯巴達，留八字鬍是非法的。每一年，斯巴達的高官上任後都會發布法令，命所有的公民遵守法律，剃掉上唇的鬍髭。

世界流行起來。只是並非所有的人都接受這種新時尚，尤其知識分子繼續以蓄鬚為榮。曾有一位哲學家聲稱，如果非得要在剃鬍和死亡之間做選擇，他很樂意去死。人們心裡還是縈繞著一種感覺，認為蓄鬍硬是比刮得光溜溜的臉頰更有尊嚴。在帝國時期，一名來到希臘偏遠城市的遊客發現，每個人都依傳統的方式留著鬍鬚，只有一個可憐蟲除外，據說他刮鬍子是為了要給羅馬人留下好印象。

羅馬人一開始也和希臘人一樣滿臉毛茸茸的。但到了西元前二世紀中葉，羅馬的菁英人物或許受到當時希臘時尚的啟發，開始剃鬍。迦太基的征服者偉大的西庇阿・艾米利安努斯（Scipio Aemilianus）將軍被認為是第一個每天刮鬍子的羅馬人，共和國晚期和帝國早期的所有名人都仿效他的榜樣。比較虛榮的凱撒大帝總是頂著梳得整整齊齊的旁分髮型和刮得乾乾淨淨的臉頰出現在公共場合。奧古斯都每天早上都會花點時間，讓三位理髮師一起為他刮臉修鬍。全帝國凡是有野心的男人都效法貴族的榜樣，把鬍鬚剃得精光。

接著我們的朋友哈德良出場了。數以千計的雕像和上百萬枚硬幣上都昭示著滿臉大鬍子的皇帝陛下；當地的時尚達人紛紛效法，在經歷了四個世紀的強制禁止之後，引領潮流的羅馬人再次蓄起了鬍子，他們在接下來的兩百年裡，留出各種長度和各種款式的鬍鬚，通常是效仿在位皇帝。一直到剃鬍的君士坦丁之後，才徹底扭轉了潮流。有時流行的鬍子是修剪整齊如哈德良的鬍子，有時則比較像是馬可．奧理略（Marcus Aurelius）所蓄的哲學家鬍鬚，也有像三世紀軍事皇帝常見的粗糙鬍渣。

在許多希臘和羅馬男人看來，就算是最濃密的鬍鬚，梳理起來一定還是比刮鬍子容易。古代的剃刀一般是由青銅或鐵刃製成，刀片通常呈鐮刀形，安裝在短柄上。即使是少數擁有合用鏡子[9]的人，也很難用這麼鈍的工具把自己的鬍子刮乾淨。據我們所知，很少人敢自己嘗試。有錢人讓奴隸為他們刮鬍子，其他人就找理髮師。

儘管有些時髦的理髮師在豪華的沙龍裡為貴族服務，但大多數理髮師都是開小店或露天擺攤的卑微工匠。想要刮鬍子的顧客坐在矮凳上，肩上披著麻布，用水打濕臉頰，使之柔軟。接著他心懷恐懼，看著理髮師手裡拿著剃刀彎下腰來。古代的剃刀很難保持鋒利，在它們被拖過畏縮的肌肉時，往往會拉扯和撕裂皮膚，很容易流血。儘管顧客拚命鼓起臉頰，盡力減少刮傷的風險，但除了最高明的理髮師，大部分的師傅都不免會把剃刀貼得離皮膚太近。[10]最駭人的是由理髮師的徒弟上場，他們熱忱有餘，技術不足，而且有時只獲准使用已經鈍掉的剃刀。

9 雖然玻璃鏡子在羅馬時代就開始出現，但古典時期大多數的鏡子都是拋光的青銅小圓盤。只有富人才有大的掛鏡。

10 一位羅馬作家熱心地建議用蜘蛛網來黏合刮鬍子的傷口。

對於想要刮鬍子但又害怕剃鬚痛苦的人來說，除了使用剃刀之外，還有其他幾種選擇。一名希臘暴君擔心自己的喉嚨會被割斷，因此訓練他的女兒用燒紅的堅果殼燒掉他的鬍渣。比較傳統的方法是在自己的臉上塗上除毛的松脂，並且不辭辛苦地拔除討人厭的毛囊。人們也用同樣的方法，再加上用粗糙的浮石撕扯毛髮這種同樣教人不快的技巧來拔除體毛。

顯然有些婦女會刮除腿毛（或者更確切地說，用蠟、浮石，和手拔的方法去毛）。例如有位羅馬詩人建議女士在和未來的情人見面之前，要確定自己的雙腿光滑。相當於比基尼熱蠟除毛的古典版本似乎也相當常見。[11]比較不清楚的是，不屬於城市菁英階層的女性是否也會這麼做，大部分人可能不會，尤其因為她們的腿幾乎總有衣服遮住。古代作家很少提到這個問題，因為他們對男性剃光腿毛這類醜聞更感興趣。

尤其是在羅馬世界，許多男人都會去除部分或全部的體毛。例如，奧托（Otho）皇帝就因煞費苦心地保持全身上下光滑無毛而聞名。這種做法為傳統主義者帶來了一連串棘手的問題。少數敢於發聲的人說，剃除體毛就等於自願放棄男子氣概。至少有一次，一位留著鬍子的哲學家和剛除完毛的演說家就為除毛是否合乎道德公開激辯。溫和派願意讓步，主張身體的某些部位可以適當地剃毛。他們承認，上流紳士可以而且應該清除腋毛，[12]但只有自甘墮落的人才會低級到剃腿毛。

03｜他們養什麼樣的寵物？

特摩索斯（Termessos）古城的廢墟漫山遍野盡是墳墓。它們布滿了四面八方的山丘——成堆成排的石棺櫛比鱗次，雜草叢生，殘破不堪，一片荒蕪。大部分的石棺都巨大而笨重，但有些則比較簡樸，半隱藏在它們沈重的同伴之後。其中有個帶有尖頂蓋子的灰色石箱，上面刻著簡短的墓誌銘，最後一句仍然清晰可辨：「我是狗狗史蒂芬諾斯；羅多彼為我建造了墳墓。」

狗是古典世界中最受歡迎的寵物。體型最大的狗傳統上稱為莫洛西亞犬（Molossians），是一種胸部厚實的獒犬（mastiffs）。最初培育來獵捕野豬，後來也用來看家，有時還可以拉車。[13]另一個大型的品種是「印地安」獵犬（Indian hound），據說是公虎和母狗交配的結果。（一

11 據說希臘一座城市的居民崇拜狄奧尼索斯（Dionysus，希臘神話中的酒神），尊他為「生殖器去毛者」。很難了解這項特殊的工作為什麼需要神力襄助。

12 許多羅馬浴場都有專業的師傅幫忙拔除腋毛（以及其他麻煩縫隙的毛），隨時值班。

13 據說有位行事古怪的羅馬皇帝用四隻大狗拖著雙輪車，繞行他的莊園。

▲ 一座羅馬墓碑上的瑪爾濟斯犬。Grave Stele for Helena，西元150-200年。The J. Paul Getty Musem, Villa Collection。（數位影像由蓋提博物館開放內容計畫〔Getty's Open Content Program〕提供）

般認為這種品種的狗很少，因為老虎經常在完事之後就把狗吃掉。）苗條敏捷的拉科尼亞獵犬（Laconian hound）可以追捕鹿和野兔，長久以來一直都是最主要的中型狗，不過到了羅馬時代，這種狗卻被同樣纖細但跑得更快的渥塔格斯（Vertragus）犬取代，它是現代灰狗的祖先。最著名的小型犬種是瑪爾濟斯，這種短腿長毛的小動物最大的用處是能夠放進手提包裡。[14]狗的名字往往反映出牠們的外觀，莫洛西亞和拉科尼亞獵犬總是取名「勇氣」、「騎兵」和「旋風」等雄糾糾氣昂昂的名字，而玩賞用的小狗則往往稱為「寶貝」、「珍珠」或「小不點兒」。

許多富有的希臘人和羅馬人會養一到三隻瑪爾濟斯，在希臘花瓶上的圖顯示牠們被拴在主人的餐榻上。在羅馬世界，牠們成為淑女的時尚配件，被夾抱在束腰罩袍的皺褶中。這些小狗往往被寵壞了：有位羅馬詩人描述了一個溺愛小狗的主人委託他人為自己的寵物狗米西畫了一幅畫。倍受喜愛的獵狗也同樣受到寵溺，一位希臘歷史學家在他的作品中長篇大論地談他的靈緹（greyhound），在他寫作時，牠就臥在一旁，每天陪他上體育館。亞歷山大大帝以他忠實的獵犬佩里塔斯（Peritas）之名替一座城市命名。[15]

14 牠們確實有個實用的功能：讓瑪爾濟斯依偎在人的肚子上，據説可以緩解消化不良。順帶一提，古代的瑪爾濟斯犬看起來比較像博美犬，而不像現代的瑪爾濟斯（牠們與現代瑪爾濟斯並無直接關係）。

15 為了回報主人的寵愛，寵物狗常常會對主人表現出非凡的忠誠。比如在一世紀初，有一位羅馬貴族因叛無論多麼疼愛他們的狗，富裕的家庭仍然把餵食、遛狗，和其他雜務交給奴隸和食客去做。有位古代作家就描述了一位清心寡欲的哲人被派去照顧贊助金主活蹦亂跳的小狗，結果惹人發噱（這隻狗總是糾纏哲學家的鬍子）。狗通常吃的是殘羹剩飯和走味的麵包，不過受寵的獵犬可能可以吃到特別烘焙的狗餅乾。人們雖然知道一些基本的醫療——有時公狗會遭絕育，但當時的獸醫護理還很簡陋。比如當時的人以為，只要每天晚上讓狗睡在人身旁，就可以治癒牠的疥癬。[16]不過古代狗的壽命似乎與牠們的現代後裔相去不遠：根據亞里士多德的說法，有些品種的狗壽命長達二十年。

貓遠遠不及狗那麼受歡迎。牠們從埃及進入古希臘羅馬的世界，雖然長久以來，牠們在埃及一直是神聖的動物和珍貴的寵物，[17]然而希臘人和羅馬人卻只把牠們當成捕捉老鼠的獵人，而不是同伴。即使是在捕鼠方面，貓也不如雪貂和馴蛇那麼常見，直到羅馬帝國時代才有了改變。至少在上流階層的家裡，牠們不受歡迎的原因是屋內飼養了大量的馴鳥。

有一位希臘哲學家養過一隻鵝，無論他走到哪裡，鵝都會跟在後面。另一位則有與寵物鷓鴣交談的習慣。富有的羅馬人飼養孔雀是因為牠們美麗，養夜鶯和畫眉是因為牠們的鳴叫好聽，養烏鴉和鸚鵡則是因為牠們會說話的能力。印度鸚鵡特別受到珍視，也經常接受訓練，招待客人並表演其他特技。一位希臘歷史學家養了一隻會能歌善舞，並會稱呼訪客名字的鸚鵡，長達二十年。也有鸚鵡學會向凱撒致敬，當然也免不了學會咒罵。把家裡養的鸚鵡灌醉，然後教牠複述髒話，成了宴會上玩的把戲。然而這樣做會有風險：有作家感嘆說，一旦鸚鵡學會說髒話，牠就永遠不會停止。

有些希臘人和羅馬人堅持要飼養大蛇作為寵物，令他們大部分的同胞大感不安。冷血的皇帝提比略（Tiberius）就以愛蛇著稱，亞歷山大大帝的母親同樣也是愛蛇人。羅馬貴族也很流行養蛇，他們把蛇掛在肩上，並允許牠們在宴會上的菜餚之間滑行。[18]和蛇同樣不受歡迎的客人是許多羅馬名流當寵物的猴子（可能是巴巴里獼猴 Barbary macaques），牠們經常在餐桌上造成嚴重的破壞。

羅馬皇帝養的寵物最奇特，最教人肅然起敬。他們特別喜歡養獅子。圖密善（Domitian）

國罪而遭處死，他的狗不肯離開他的遺體，甚至還為主人帶來麵包屑。貴族的屍體被扔進台伯河時，那隻狗跳進河中，試圖把它從水裡推出來。

16 這只會讓同睡的人得疥癬。

17 一名羅馬士兵在亞歷山卓（Alexandria）不小心殺死一隻貓，結果遭埃及暴民私刑處死。

18 由於從沒有人詳細描述過這些寵物蛇，因此牠們的品種並不確定，無毒且相對溫馴的四線蛇是合理的可能。曾有作家講述在羅馬有一隻會吃小孩的大蛇，如果這不是胡說八道，那麼我們可以推想可能是有某個魯莽的羅馬人從印度買來的霸王蟒走失了。

曾經強迫一位他不喜歡的元老與他最凶猛的寵物獅子搏鬥（可是教皇帝大失所望的是，這位元老是個老練的獵人，他擊敗了這頭猛獸）。卡拉卡拉（Caracalla）總是有一隻名叫「彎刀」的獅子陪伴，他坐在寶座上，像〇〇七裡的壞蛋一樣撫摸牠。在他之後，有一位皇帝喜歡在宴會中把一群已拔除牙齒的馴服獅子放出來，讓客人猝不及防，開他們的玩笑。[19]另一種受歡迎的帝王寵物是熊，瓦倫提尼安一世（Valentinian I）就養了兩隻會吃人的母熊，名叫「金箔」和「純真」，牠們養在他臥室旁的籠子裡，以政治犯為豐盛的餐點。有個志同道合的前任皇帝據說在宴會時把人扔給他的寵物熊，以便帶動氣氛。[20]有些皇帝在宮殿裡打造了整座動物園。尼祿允許成群的馴養和野生動物在他的黃金屋裡漫步，據說後來的一位皇帝還擁有大象、麋鹿、獅子、花豹、老虎、長頸鹿、鬣狗、河馬，和一頭孤單的犀牛。

儘管皇家動物園中大部分的動物都不能說是寵物，但有些動物並不僅是權力的象徵。比如卡拉卡拉的獅子就睡在他的臥室裡，據說在他被暗殺的那天，那頭獅子曾試圖救他的命。瓦倫提尼安非常疼愛他的一頭熊，不忍心看牠被關在籠中，最後把牠野放到偏遠的森林裡。有時候，人類最好的朋友會吃掉他的敵人。

04 他們用什麼方法避孕？

曾經有一場黑雨席捲利比亞東部的山丘。據說在黑雨落下之處，長出了羅盤草（silphium）。這是一種引人注目的高大植物，生有黑色的根、單獨一支粗莖，和叢生的金葉子。希臘附近殖民地昔蘭尼（Cyrene，在今利比亞境內）的居民很快就發現這種植物有很多用處，它養肥了當地的羊，[21]把它的莖葉切丁沾醋，可作宴會佳餚，它芬芳的花朵可用來製作香水。

然而，真正重要的是它的樹脂，羅盤草的樹脂除了撒在食物上增添風味之外，還有多種藥用用途，包括（但不限於）除毛、舒緩眼睛疲勞、緩解蚊蟲叮咬、消除疣、預防毒箭的不良影響，

此外，它還是強效避孕藥。因此，人們把羅盤草雕刻在硬幣上，用歌曲來歌頌——而且把它採

19 有些羅馬貴族也豢養獅子，但大多數人（有位詩人如是說）都因餵食和訓練牠們需要的高昂費用而卻步。

20 並非個個羅馬人都如此嗜血。有一位年輕皇帝非常喜愛一隻名叫「羅馬」的寵物雞，另一位則喜歡觀賞小狗和小豬玩耍。

21 用羅盤草餵養的牛羊肉風味倍受稱讚。然而吃這種草的山羊卻會打嗝。

▲ 昔蘭尼硬幣上所刻畫的羅盤草。（古典錢幣學集團公司〔Classical Numismatic Group Inc.,www.cngcoins.com〕）

到絕種。尼祿得到了最後一莖羅盤草。[22]

即使在羅盤草消失之前，古典世界使用避孕措施也很有限。大多數希臘和羅馬的自由人都會結婚，而公認婚姻的目的就是生兒育女。兒童疾病造成慘重的死亡，提升了一般人生育的壓力：如果只生幾個孩子，到頭來很可能全部都會夭折。因此大多數婦女盡可能多生孩子，生育時間的間隔則視禁欲和哺乳來決定。由於婦女以母乳哺餵寶寶的時間通常是兩年，而且一般也鼓勵她們避免在這段期間行房（理論的根據是精子會破壞母乳），因此她們在沒有使用任何避孕措施的情況下，往往間隔數年才會再度懷孕。

然而，有些婦女卻因某些原因，要更大幅地限制自己的生育力。對妓女、未婚女性，以及許多奴隸來說，孩子是一種負擔。極度貧困的父母常常無法再養活另一張飢餓的嘴。而在社會量表的另一頭，貴族家庭有時則會只生一兩個繼承人，來保障自己的財富和地位。

除了禁欲之外，最基本的避孕方式就是另類版的週期避孕法。人們以為婦女在月經週期的中期最不容易受孕，但其實這是生育力最強的時期，因此在這時候奉行這個理論的男女很容易就會當上父母。比較可靠的替代方案是非陰道性行為。[23]某些傳統的性交中斷法也可能避免懷孕——據某位作者說，如果女方屏住呼吸，尤其有效。

古典世界沒有留下保險套的證據，不過陰道屏障和栓劑卻很常見。事實上，幾乎任何看起來可能捕捉、冷卻或以其他方式阻礙精子的物質都被派上用場，石榴皮碎片和浸了油或樹脂的小塊海綿似乎尤其流行。侵入性較小的一種方法是要一方或雙方用壓碎的杜松子、雪松樹脂，或橄欖油塗抹生殖器。就像某些栓劑一樣，這些物質具有真正的避孕作用，可能至少有部分的效果。然而我們不免懷疑，這對當事人的體驗恐怕沒有多少助益。

口服藥物也很普遍。儘管有些藥物呈現銅礦石那種刺激的色調，或散發出烤騾子睪丸的麝

22 至少有一位作家這麼寫。其他文獻則顯示：羅盤草倖存的時間稍長一點，還有一些樂觀的學者認為，在某些偏遠的利比亞山谷中，它可能仍然欣欣向榮。

23 暴君皮西斯特拉圖斯（Pisistratus）因與妻子肛交，造成醜聞，而被迫逃離雅典。

香氣味，但大多數都是由植物萃取物攪拌到水或酒中調和而成。除了已經消失教人遺憾的羅盤草之外，常見的成分還包括唇萼薄荷、柳樹，還有兩種名字教人產生許多聯想的植物：噴瓜（squirting cucumber）和死亡胡蘿蔔（death carrot）。其中一些萃取物如果適量服用，實際上可能會有效。不過對於許多女性佩戴的避孕護身符，情況就不同了。這些護身符融合了從黃鼠狼肝臟到毛蜘蛛頭等五花八門各種成分的內容物。如果一切都失靈，魔法總是存在的。有一種預防懷孕的咒語得要先抓住一隻青蛙，逼牠吞下浸泡在經血中的種子，然後把牠放回野外。

就算用了騾子睪丸或死亡胡蘿蔔來增強效力，在魚水之歡後，想要避孕的女性依舊可以立即採取額外的預防措施。當時的人認為事後可以用幾杯冷水來冷卻精子，讓它們不孕，或者用磨成粉的河狸睪丸粉末把它們擦掉，[24]或者及時用力打噴嚏，把它們排出子宮。

由於希臘和羅馬醫師把受孕視為漸進的過程，因此避孕和我們現代人所謂的早期流產之間並沒有明確的區別。在受孕後的最初幾天和幾週內，女性可能會嘗試乘坐顛簸的馬車或上下蹦跳，以防止精子進入子宮。可是一過了這個初期階段，墮胎就既會遭非議而且危險。[25]花草茶是最安全的方式，但栓劑（可能會傷害子宮）更有效。只有萬不得已才會用手術的方法。

在大多數情況下，意外懷孕的婦女會避免墮胎的危險，妊娠足月。嬰兒的命運將在出生不久後由他的父親來決定（如果母親是女奴，則由母親的主人決定）。[26]如果寶寶健康且合法，尤其是男性，那麼他就有很大的機會被家族接納。但如果父親不肯認孩子，寶寶就遭拋棄——他會被帶到外面，聽天由命。拋棄未必意味死刑。嬰兒經常被帶到公共場所，例如寺廟門口，有很大的機會獲救。[27]有時母親會留下一個撥浪鼓、戒指或其他標記，以便日後可以辨認他們。然而存活下來也未必就是好事，許多棄嬰被奴隸販子撿去，撫養成為妓女或乞丐。只有少數幸運兒會被自由人的家庭收養。

就像羅馬競技場的野蠻和古代奴隸制度的殘酷一樣，棄嬰揭示了我們與古典世界之間的鴻溝。對大多數希臘人和羅馬人來說，人生是一場鬥爭，建立家庭需要艱難的選擇。這些決定可能經過策畫，但我們絕不該認為它們很容易。

---

24 河狸睪丸用作避孕藥非常搶手。民間傳說，河狸知道人們為什麼追捕自己，因此在走投無路之時，會咬下自己的睪丸，朝追捕者扔去。（不過如果你想知道真相，河狸其實並不會這樣做——即使想也辦不到，牠們的牙齒搆不到自己的睪丸。）

25 古代醫師大都認為，約四十天的胎兒就擁有人的特性。儘管有哲學和醫學界的人士批評，但幾乎各地仍然接受在這段時期之後終止妊娠，直到西元三世紀，皇帝才頒布法令禁止墮胎。

26 在斯巴達，作父親的會在元老院中展示新生兒。健康的孩子（有一個健康測驗是把他們泡在酒裡洗澡）會被撫養長大，而看似生病的寶寶則被留在偏僻的山谷裡等死。

27 嬰兒也會被留在城市的郊區，通常在垃圾場附近。從這種地方救出來的嬰兒有時會被死腦筋的救援者取名為「Stercorius」（糞堆男孩）。

05 他們手術之後存活的機會有多大？

這支箭大約九十公分長，上面有個匕首大小的帶刺歹毒箭頭，襯著紅棕色的天空閃閃發光，它呼嘯一聲穿越沙塵，觸及鍍金盾牌邊緣，擊穿亞歷山大的胸甲。大帝發出一聲叫喊，不支倒地。在他的手下撲向敵軍搖搖欲墜的戰線時，亞歷山大被拖到後方，氣喘吁吁，鮮血淋漓。人們割開他的胸甲，發現箭已射穿了他的胸骨，擦破了他的肺。箭頭嵌在骨頭裡，難以撼動。據傳是亞歷山大的護衛用劍尖把這支箭挑了出來。然而大多數古代作者都歸功於他的醫生，他細心地在他身上切口，取出箭頭，止住了隨後的出血。

亞歷山大一如既往，幸運地存活下來。許多接受手術的希臘人和羅馬人可就沒那麼幸運了。由於古代的醫生不了解細菌學說，從沒有為手術器械消毒，而且又因為人體解剖是禁忌，[28]使他們往往對人體結構只有一知半解。認真盡責的醫生會藉著解剖動物來彌補所知的不足；偉大的醫學家蓋倫（Galen）解剖猿、豬、山羊、鴕鳥，還至少解剖過一頭大象。[29]但就連蓋倫也從沒辦法充分利用屍體來解剖，他羨慕皇帝的隨軍醫生，因為他們獲准切割難得取得的蠻人屍體。

蓋倫是古典世界的名醫，當時的名醫專為富人和名人服務，這個族群肆意揮霍、說話快速、競爭激烈。這些醫生提出並反對流行的治療方法，像決鬥一樣展示外科手術，在節慶上較勁，[30]有時還會對彼此下毒。不過大多數醫生則周旋在沒那麼顯赫的社交圈。在羅馬城，許多醫生都是專門從事拔牙或清除膀胱結石的自由人。儘管他們缺乏正式的醫學教育——當時並沒有考執照的程序，有一些醫術精湛，但相當多的醫生卻並非如此。一位羅馬作者寫道，許多墓碑上都刻著這樣的碑文：「一夥醫生害死了我。」

儘管醫術平庸，但古代醫生依然能夠進行複雜的外科手術。他們的基本工具和現代外科手術的工具一樣：探針、手術刀、鑷子，甚至還有一種被稱為抽膿器的注射器，然而作業的條件卻很簡陋。儘管有時會使用曼德拉草（mandrake）或罌粟汁等草藥鎮靜劑，但即使在最痛苦的

---

28 然而，偶爾也會進行人體解剖。有很短的一段時間，希臘化時期的亞歷山卓甚至允許醫師對罪犯進行活體解剖。

29 蓋倫經常在公開場合進行解剖和活體解剖，展示他的技巧，並要求觀眾大聲說出他下一步應該切開的器官或身體部位。

30 在以弗所（Ephesus，今土耳其）舉行的一個醫學慶典上，有各種競賽，包括設計新的或改進手術器械、診斷病例研究，以及——顯然，現場手術。

過程中，患者仍然保持清醒。有一位古代作者滿不在乎地評論說，優秀外科醫生的標記，就是他不會因病患痛苦的慘叫而心軟。想也知道，手術當然會盡快完成。在切割完成之後，切口被固定住或縫合，並用樹脂或蜂蜜（我們現在知道，它們具有溫和的防腐作用）塗抹。有些傷口用濕布覆蓋；有些則用亞麻布包紮。[31]

外科醫生經常被召來治療戰傷。儘管早在《伊里亞德》中，就證實有戰場醫學，但我們對羅馬帝國軍隊的醫生了解最多，這是古典世界的軍隊中，唯一有醫務人員和醫院的軍隊。在戰鬥中受傷的羅馬士兵會由所屬部隊醫務人員作臨時包紮，然後，只要一有可能，軍團醫生更仔細地為他治療。他們會清洗傷口，燒灼止血，並且包紮。他們用鑷子拔出弓箭，並用一種稱為「戴奧克勒斯勺子」（the spoon of Diocles）的奇特工具把它撬鬆，或（如果箭頭深深嵌入手臂或腿裡）用一根細棒，由四肢另一側的切口把它推出來。毒箭也以同樣的方式處理，但會快速一點。[32]投石索（sling）的鉛彈如果打中人體，可能會像箭一樣深深嵌進體內，醫師會用齒狀工具扭鬆，或者以耳用探針把它鉤出來。殘毀的四肢會遭切除。[33]傷患經過如此粗暴的治療，卻意外地能夠存活下來。比如有一次，一支箭射在一名羅馬士兵的鼻子和右眼之間，徹底穿過他的頭部，箭頭由他的頸後突出來。教人難以置信的是，一名軍醫竟然能把箭由他的傷口中拔了出來，不但沒有害死他，甚至（據稱）連疤痕都不留。

在一般平民的生活中，大部分要動的手術都是小手術，最常見的是拔牙。儘管希臘人和羅馬人用牙粉和牙籤來清潔牙齒，蛀牙卻很猖獗。只有富人才能負擔得起黃金牙套和假牙；對其他人而言，牙科的意思就是要動鉗子和拔牙。在古希臘和羅馬，最常見的非緊急手術是消除靜脈曲張，這種手術更不舒服，因為必須切除或燒灼每一根蔓生的血管。西塞羅（Cicero）號稱是第一個不用綁縛就能接受手術的勇敢人士。較不常見的醫美手術包括男性縮乳術和原始的抽脂術。

偶爾見到最嚴重的手術是顱骨穿孔術，切除顱骨病變或斷裂的部分。我們的消息來源以教人心驚肉跳的細節描述了整個過程：首先要剝開頭皮，露出頭骨。然後在目標部位周圍鑽出小孔，並用鑿子敲斷之間的骨橋（建議用羊毛堵住病患的耳朵，消除削鑿和斷裂的聲音）。醫師小心地移除碎裂的部分，通常使用特殊的工具來保護腦膜。然後再把頭骨的邊緣銼平，用浸過油的羊毛或止血膏藥覆蓋傷口，病人獲准步履蹣跚地回家。

---

31 有各種各樣的繃帶包紮技術和風格，有些名字十分有趣，比如「眼睛」和「長耳野兔」。
32 有位作者推薦用狗血作為抗毒血清。
33 一名羅馬軍官在戰鬥中受傷二十三次，四肢全都癱瘓。然而他並沒有因此而灰心喪氣，而是用鐵爪代替了失去的右手，並繼續服役，表現傑出。

顱骨穿孔術多少有存活的可能，然而不論是哪一種大手術，作完之後因感染而死亡的情況都很常見。例如，馬可·奧理略就有個兒子在切除脖子上的腫瘤後不久就去世了，後來也有一位皇帝死於膀胱結石手術。只是和這些證據相反的是，有文章記載危險的手術成功的故事。蓋倫曾經救過一名幾乎被開膛破肚的角鬥士。[34]後來他又有更了不起的壯舉：從一個奴隸男孩跳動的心臟上方，移除受感染的胸骨和心包膜。但是蓋倫是例外——他自己也很清楚。即使是技巧最高超的醫生，侵入性手術也必然經常導致病患死亡。曾有詩人開玩笑說，他的醫生終於發現自己的技能所在，改行去當殯葬業者。許多希臘人和羅馬人一定頗有同感。

06｜最美味的珍饈是什麼？

地中海海鰻（Mediterranean moray，又名羅馬海鰻）生得其貌不揚，曲折的身體分泌出黏液，眼睛像珠子一般又小又圓，全身冷冰冰的。牠潛伏在洞穴中，在石頭之間遊走，用彎曲的牙齒撕裂獵物。儘管牠集掠食動物的凶狠和蠕蟲的醜陋於一身，卻是古典世界的佳餚。羅馬上流社會人士特別喜愛牠滑溜溜的魅力。海鰻在花園住宅的景觀水池中游泳，浮出水面，從戴著珠寶的手中奪取肉塊食物。[35]最誘人的鰻魚成了珍貴的寵物，不但取了名字，還飾有項鍊和耳環。比較小的鰻則配上濃郁的醬汁，被津津有味地吃下肚子。

只有富人才享受得起海鰻這種值得懷疑的美味。絕大多數的希臘人和羅馬人幾乎每餐都是

---

34 蓋倫記錄說，這人雖然活了下來，但終其餘生都感到寒冷。

35 奧古斯都皇帝的心腹維迪烏斯·波里歐（Vedius Pollio），就把惹火他的奴隸丟進裝滿飢餓海鰻的坑裡，然後他再吃那些海鰻。

▲ 這就是海鰻！龐貝城牧神之家（the House if the Faun）的海洋鑲嵌畫，現收藏於那不勒斯國家考古博物館。（作者照片）

麵包或粥[36]，用油、蜂蜜或香草調味。根據季節和供應的情況，可能會佐以山羊起司、豆類，或一點豬肉或雞肉。[37]在鄉下，這種單調的飲食可以靠狩獵和釣魚緩解。宗教節慶——以祭祀的動物作公共燒烤分享，是城市飲食變化的主要來源，尤其是在希臘世界。除了羅馬時代豬肉激增之外，長期以來唯一真正的變化是新作物的引進，尤其是桃子、杏子和檸檬。

相較之下，上流社會飲食的特色是種類繁多，而且流行時尚變化迅速。儘管許多城市都有小酒館，但卻沒有高檔餐廳。希臘羅馬的菁英都在家中用餐，菜餚由經過嚴格訓練的大批廚房奴隸準備。他們半倚在長榻上用餐，支著左肘，使用刀子、湯匙，和牙籤，但從不用叉子。因此他們的主菜上桌時都是小塊，經常需要擦手。不過只有羅馬人使用餐巾。[38]

由於民主精神不鼓勵炫耀財富，因此古雅典的菁英宴會相對儉樸。餐宴通常以精製小麥麵包開始，配上小份的貝類、蔬菜，和其他開胃菜。接下來是主菜。儘管小山羊和羔羊肉是公認的美味佳餚，但真正奢華的雅典宴會卻是以魚為主。美食家推崇種複雜的魚類等級制度，從不起眼的鳳尾魚到高貴的鮪魚，其中最昂貴的是科佩斯湖（Lake Copais）的淡水鰻魚：[39]在技術工人一整天的工資是一德拉克馬（drachma，古希臘銀幣）的時代，一條科佩斯鰻魚可能要花

---

36 根據某些估計，穀物——小麥、大麥，和其他可製成麵包或粥的食用穀物，占平民消耗所有熱量的七五%。儘管大麥很常見，尤其是在希臘，但小麥始終是首選穀物。無論是小麥還是大麥，麵包的品質差異很大，從窮人吃的厚實黑麵包，到富人餐桌上精美的白麵包捲。龐貝城的一份購物清單提到三種等級的麵包，最便宜的是「給奴隸吃的麵包」。

37 在希臘歷史的早期，鵝是主要的家禽。雞剛由東方進口的時候，人們更重視的是鬥雞的勇氣，而非雞蛋。

38 希臘人用粗麵包片當作餐巾。由於羅馬筵席上會由奴隸奉上一盆有香味的水洗手，因此羅馬人的餐巾主要是用來在晚宴時保護主人的長榻，並在餐後用來打包殘羹剩飯。有些餐巾是由石棉製成的，因此具有可以用火燒烤後就潔白如新的實用特性。

39 科佩斯湖是位於雅典以北約六十英里的沼澤淡水湖，於十九世紀乾涸。湖中的鰻魚在古代倍受推崇，因此特大的鰻魚會用月桂葉包裹，供奉神明。

費十二德拉克馬。

一如所料，斯巴達人幾乎沒有什麼精緻的餐飲，他們的招牌菜是用血和醋烹製的湯，味苦色黑。希臘世界的烹飪熱點是西西里島的繁榮城市，史上第一本食譜就在這裡誕生。美食的熱潮在希臘化君主的宮廷裡推向巔峰。一個惡名昭彰的例子是國王托勒密八世（Ptolemy VIII，因娶了他的妹妹和侄女而聞名）寫了數篇關於美味佳餚的博學論文，而且因為不斷飲宴而肥胖到幾乎無法行走，因此被大不敬的臣民稱為「大肚皮」。

然而，即使是像托勒密這種的國王宴會也不如羅馬菁英的飲宴。在羅馬歷史之初（或者後來的羅馬人喜歡這麼想），富人和窮人都安於簡樸的食物。但在他們征服希臘人之後——他們注意到希臘人吃的比他們好得多，於是羅馬上流社會開始引進希臘廚師和希臘食譜，並為兩者注入羅馬的競爭和炫耀精神，結果形成了一種有時奢華到使人難以置信的餐飲文化。

羅馬宴會的各個方面都經過精心設計，教人驚艷。餐廳通常以三張長榻為中心，排列成U字形，[40]布置則盡主人所能負擔地華麗精美。地板上舖著鑲嵌地毯；牆壁上的濕壁畫閃閃發光；透過高高的窗戶可以看到花園的景觀。當然，皇帝的宴筵更是首屈一指。尼祿極其奢華的黃金屋，主宴會廳上方是有星星閃閃發光的圓形建築，客人斜倚在下面時，圓形建築就會旋轉。宮中其他的餐廳有象牙色的天花板，上面裝有噴灑香水的管子和灑放玫瑰花瓣的鑲板。[41]

天氣暖和時，皇帝和最富裕的臣民會在他們別墅濺著水花的噴泉和精心修剪的綠樹叢中舉行宴會。有位元老喜歡在花園躺椅上食用漂浮在一旁噴泉中的菜餚，周圍有修剪成他名字字母的灌木叢環繞。

羅馬的宴會首先上一輪開胃菜——沙拉、蝸牛和沙丁魚都很受歡迎，搭配蜂蜜酒。接下來的晚餐通常包括三至七道菜，盛在閃閃發光的銀盤上。[42]食物的種類應有盡有：各種各樣的鳥類，形形色色的甲殼類、五花八門的淡水和鹹水魚鮮；各式水果蔬菜；以及從野牛到野豬林林總總的肉類。如果以現代標準來看，這些菜餚的口味很重：通常都會灑以胡椒、澆上蜂蜜，並配上魚露（*garum*，由魚內臟曬乾後製成的調味醬汁）。

40 希臘人顯然是由近東養成了在宴會上斜倚進食的習慣。儘管並非所有的地方都使用長榻——某些地區的希臘人比較喜歡椅子，而且各地區非正式的用餐可能都是坐著，但它們享有盛譽。羅馬人在他們歷史的早期就沿襲希臘人（可能是學伊特拉斯坎人the Etruscans）斜倚用餐的做法。這個習慣一直延續下來：直到十一世紀，拜占庭宮廷仍然在長榻上享用盛宴。

41 據說後來有一位皇帝因為讓太多的玫瑰花瓣同時落下，而讓好幾位客人窒息。

42 除了上菜的家奴之外，每位客人都會帶一名私僕，在整個用餐過程中站在自己的餐榻後面，幫忙倒酒，趕蒼蠅，並在兩道菜之間送上一碗玫瑰香味的水。還有更多奴隸在廚房的幕後工作。比如我們從銘文中得知，皇宮有數十位訓練有素的廚師，聽從一位傲慢的主廚指揮。

這些食物被展示、偽裝和分割，讓客人對主人的財富有恰當的了解，因而生出驚奇敬畏之心。有一本羅馬小說中描述了一場缺乏品味的宴會，席中的菜餚包括一頭塞滿活鳥的野豬、一頭填入打結的臘腸充當內臟的豬，還有一塊形狀像腫脹的生育之神普里阿普斯（Priapus）的蛋糕。眼花繚亂的賓客挑選自己喜歡的菜餚品嚐，偶爾打個嗝以表示他們的感謝。[43]經過幾個小時悠閒的細嚼慢嚥之後，以蜂蜜蛋糕、水果，和堅果組成的甜點結束盛宴。

羅馬人喜歡的美食包羅萬象。他們喜歡睡鼠（dormice），花數個月的時間把這種夜間活動的囓齒動物放在特製容器中養肥，然後再烘烤，並浸泡在蜂蜜中，當作開胃小菜。羅馬人也喜食母豬的乳房、子宮和生殖部位——有傳言說，有一位皇帝就是吃了有毒的母豬子宮而遇害。在比較奇特的肉類中，象鼻和象心特別受推崇。鳥頭是一味珍饈（紅鶴的舌頭尤其受歡迎）。孔雀肉銷路暢旺，因此義大利各地都出現了專門飼養牠們的農場。那不勒斯灣畔盧克林湖（Lucrine Lake）養殖的牡蠣一直很受歡迎。在污染破壞味道之前，最有價值的魚是台伯河的海鱸魚。後來則公認鱘魚（但還沒有魚子醬）是首屈一指的淡水魚珍饈。不過，所有魚類中最負盛名的是不起眼的鬍鬚鯔魚（bearded mullet）。[44]

羅馬人的晚餐可能花費驚人。在大多數人每年的收入在五百到一千塞斯特斯（sesterces）之間時，頂級元老光是一次宴會就可能花費一百萬塞斯特斯以上。據說有一位皇帝宴請十二名賓客的一頓晚餐就花費了六百萬塞斯特斯，席上每位客人都獲賜一個奴隸、高腳水晶杯、珍貴的香水，和鑲銀的馬車。[45]短命皇帝維特利烏斯（Vitellius）舉辦了更豪奢的晚宴，他派人端上一個巨大的拼盤，上面堆滿了來自帝國各個角落的美味佳餚：七鰓鰻的精子和梭子魚肝臟，雉雞和孔雀的腦，以及排成扇形閃閃發光的紅鶴舌。這道菜的烹飪價值可能存疑，但傳達的訊息很明確：食物就是力量。

43 當時的人認為偶爾打嗝是一種禮貌，略微吐一點口水也算正常，明顯的脹氣則比較不合宜，不過有些醫生認為忍住脹氣有害健康。儘管嘔吐室（指專門用來反胃的房間）是無稽之談，但有些羅馬人確實在兩道菜之間或在飯後催吐。有些人這樣做是因為暴食症，但大多數人都相信定期嘔吐清清腸胃對消化系統有益。

44 烹飪鯔魚既是藝術也是科學。據說有些廚師認為，唯有在烤魚之前親吻魚嘴，才能防止魚肚在烤箱中爆裂。

45 據說另一位皇帝賜給每位賓客一位太監，作為宴會小禮物。

07 他們喝多少酒？

酒是一種享受。各種體裁的詩歌都歌頌飲酒之樂，有些人認為，義人的靈魂再沒有比幸福永恆的酩酊之樂更崇高的命運了。

酒是靈丹妙藥。斯巴達人把孩子浸在酒裡洗澡，讓他們的皮膚更堅韌，哲學家皇帝馬可·奧理略夜夜都服用鴉片酒，以防失眠。

酒是主要的飲料。荷馬筆下的英雄在特洛伊城外紮營時，收到一船又一船的這種貨物。羅馬帝國的四十萬大軍，每一個士兵每天都分到半品脫（約二三六cc）啤酒。

酒也是一種邪惡的東西。聖奧古斯丁嚴肅地反省了他母親年輕時的酗酒行為，亞歷山大大帝則因為酒後暴怒失控，殺死了他最優秀的軍官，終生懊悔。

現代品酒行家對希臘和羅馬的葡萄酒一定不感興趣。這些酒只要存放超過一年，通常都會變質。酒裡含有無數的葡萄皮和葡萄籽，必須過濾之後才能上桌。由於它存放在內壁塗有瀝青或樹脂的瓶中，滋味和氣味都像松節油，希臘人和羅馬人只能在杯子裡加上蜂蜜、香草、香料、香水和／或大理石粉，掩蓋部分的味道。古代的葡萄酒就算沒有別的好處，至少經濟實惠。龐貝城一家酒吧外的招牌就廣告一杯普通的葡萄酒價格是一「阿斯」（*as*，羅馬硬幣，一阿斯的價格大約是一條麵包價格的一半），好一點的葡萄酒是二「阿斯」，上等葡萄酒是四「阿斯」。

口味隨著時間流轉而變化。荷馬筆下的英雄喝的是用山羊起司和大麥調味的蜂蜜甜紅酒。古典時代的雅典人則偏好在愛琴海島嶼上生產的種類，包括一些用海水醃製的葡萄酒。羅馬人——史上第一批真正講究葡萄酒的勢利眼，喜歡來自義大利中部山區的白葡萄酒，這些白酒在印有年份和酒商的瓶中陳化數十年。有些義大利的陳釀，如西元前一二一年的酒，已成了經典酒款，因此保存了幾個世紀。比較不挑剔的羅馬人則安於用煙燻的人工「陳年」葡萄酒。

據估計，羅馬人平均每天大約喝一公升葡萄酒，相當於現代一又三分之一瓶。[46]儘管這種消費量在供應充裕的羅馬城中可能辦得到，但大多數羅馬人還有希臘人——恐怕喝不到那麼多。不論在哪裡，適度飲酒都是準則：日常的一餐如果喝超過一兩杯兌水的葡萄酒，就不尋常。一位羅馬詩人認為，一品脫（約現代的三分之二瓶）的酒就足夠一頓愉快的晚餐。然而有些人喝的比這個量多得多。蘇格拉底可以輕鬆地喝掉半加侖（一．九公升）的酒，而曾經有人

---

46 這其實並不像聽起來那麼嚴重。比如十八世紀巴黎的男子飲酒量大約也這麼多。在十六世紀，威尼斯兵工廠的工人每天要喝掉五公升葡萄酒，教人難以置信。

一口氣就喝掉了九公升半的酒，教皇帝提比略大吃一驚。[47]

儘管大多數古代葡萄酒的酒精含量可能在一五%左右，[48]但它的強度卻有很大的差異。奴隸和農場工人喝的是用切碎的葡萄皮所製成的「葡萄酒」，幾乎不含酒精；而在另一極端，據說有些義大利的葡萄酒如果陳化時間夠長，還會燃燒起來。然而沒有一個自重的希臘人或羅馬人會喝純酒，那是留給墮落的人和蠻族喝的。[49]事實上，至少有一個希臘城市把飲酒定為可判處死刑的罪。避喝烈酒不僅是表現自制，也是保障自身安全的作法。一般認為，飲用未兌水的葡萄酒免不了會導致精液被酒淹死、智力衰退和未老先衰（大致上按這個順序）。一座希臘墓碑上的銘文就說明了這樣的焦慮：「我，阿斯克勒庇亞德斯……活了二十二年。我喝了大量未兌水稀釋的酒，吐血，最後窒息而死。」

文明的飲酒方式是用水兌酒。當局對於理想的比例意見分歧，不過在大多數情況下，社交聚會上飲用的葡萄酒可能兌上三分之二至四分之三的水，這會把酒精量降低到和現代啤酒差不多。膽子大的人可能會冒險兌上一半的水，不過一般認為這種作法相當野蠻。[50]

矛盾的是，大多數希臘和羅馬人在生病的時候卻只喝酒精濃度高的葡萄酒。古代的醫生都狂熱相信葡萄酒的醫療功效，可以治療包括發燒到腸胃脹氣等各種疾病。葡萄酒被當作催吐劑：有位雅典名醫鼓勵病人飲酒，直到嘔吐為止。一個比較隨和的醫生則敦促病患只喝葡萄酒，直到他們酩酊大醉、心情愉快。

對於健康人來說，幾乎總是在社交活動才能喝得酣暢淋漓。在某些宗教場合，公然醉酒可以接受，甚至受到鼓勵：柏拉圖宣稱，只有在節日時才可以喝醉。歌誦酒神狄奧尼索斯的節日尤其容易飲酒過量，在其中一個節慶，人們把空的酒囊充氣塗油，放在空曠的地方。一些也用油把全身塗得滑溜溜的人，就會嘗試在滑膩的皮囊上跳舞或單腳跳躍。遊行隊伍同樣也可能酒氣沖天：在一次盛大的遊行中，一位希臘化王國的國王用一輛花車乘載用豹皮縫製、裝滿十一萬加侖佳釀的酒囊，向狄奧尼索斯致敬。這個巨無霸容器故意設計成會漏水，讓裝扮成半人半

47 提比略並非唯一對豪飲有興趣的皇帝。放蕩不羈的皇帝盧修斯・維魯斯（Lucius Verus）有一只巨大的水晶高腳杯，大到沒有人能喝乾。後來的皇帝奧勒良（Aurelian）常常叫小丑用類似古代啤酒槍（beer bong）的漏斗猛灌一整桶葡萄酒取樂。

48 酒精含量如此之高，是因為希臘人和羅馬人是在葡萄成熟且富含糖分的時候採摘葡萄，加上他們讓發酵自然完成——也就是持續發酵，直到所有的糖分都被消耗掉，或是酒精殺死了酵母，這時酒精含量約為一五%至一七%。

49 蠻族以嗜酒而惡名昭彰。據說高盧人（法國人的祖先，或許不是偶然）因為對葡萄酒太沉迷，因此入侵義大利，為的是要奪取更多的葡萄酒。

50 當斯巴達人想要烈酒時，他會點「斯基泰風格」（Scythian style）的酒——這是表示對蠻族斯基泰人的敬意。斯基泰人用骷髏高腳杯喝未經勾兌的酒，並用敵人的皮製成餐巾擦嘴。

羊森林之神薩特（satyrs）的人盛酒分發給觀眾。

然而最著名的社交飲酒場合是希臘人稱為酒會（symposia）的私人宴會。這種酒會通常有一至兩打人數的男士參加，他們懶洋洋地攤開四肢，半躺在房間四周的長榻上。吃完晚餐後，僕人把放食物的桌子搬走，換上新的木板，上面放著水果、堅果，和其他甜點。然後把稱作*krater*的調酒碗放在房間的中央。賓客戴上桃金孃或常春藤花環（一般認為這可以延緩酒醉），並選出一位主持人。在接下來的時間裡，將由這個人決定討論的話題、要玩的遊戲，以及最重要的是，大家要喝的酒要攙兌多少水。做出決定後，僕人就會把指定數量的水和酒混合在調酒碗裡，喝第一輪酒。酒會的賓客在不喝酒的時候，就一邊聊天一邊觀看表演。表演者幾乎都是年輕女性，通常是奴隸。她們翻滾、雜耍、模仿；有的則是長笛或齊特琴（cithara）的演奏專家。許多都是訓練有素的舞女，能夠表演相當於古代芭蕾到脫衣舞的各式舞蹈。

羅馬的飲酒聚會往往更有階級區別：為不同階級的客人提供不同的葡萄酒並不罕見。與希臘不同的是，女性可以參加，不過一般認為她們不應大量飲酒。[51] 葡萄酒盛裝在大型調酒碗中，夏天用雪冰鎮，冬天則用小型鍋爐加熱。而和希臘做法相反的是，宴會一開始，酒碗就被端出來，上酒與上菜交替進行。羅馬宴會與希臘的酒會一樣，有樂師和舞女（來自西班牙的戲班子尤其受歡迎）。有時賓客會聆聽演講和其他作品，通常由受過訓練的奴隸朗讀。如果運氣不好，主人可能會堅持要吟誦自己的詩。更精心安排的宴會則有著名演員表演的短劇或專業說書人說故事。比較不做作的聚會則欣賞柔體雜技演員的旋轉、小丑的俏皮話，或角鬥士的格鬥。

在希臘和羅馬的飲酒聚會上，理想的狀態是適量，但何謂適量，定義寬鬆。參加酒會的賓客喝酒的量應該足以社交，但又不能喝到失控的地步。有的希臘詩人建議人們喝酒的程度應以不必在回家的路上依靠奴隸攙扶為準。另一位詩人建議，任何酒會總共消耗的酒量不應超過三個調酒碗。不過這些指導方針未必受到重視。有的酒會淪為酒後鬥毆，人們用陶土夜壺丟擲對手的頭；有的則是喝到不省人事：曾有酒會的賓客以為他們喝酒的房間其實是一艘船，而且船正在下沉，他們把家具扔出窗外以拯救船隻，結果遭到逮捕，在承諾少喝酒後才被釋放。

羅馬人和希臘人一樣，似乎對飲酒節制也是光說不練。羅馬的宴會通常持續八小時。據我們所知，有些還持續好幾天。如此長時間的聚會讓參加者受到嚴重的影響。例如馬克·安東尼（Mark Antony）經過了一個這樣的漫長夜晚後，在次日的公開會議上嘔吐到托加袍的皺褶裡；他最後覺得有必要寫一本小冊子來為自己辯護，反駁自己是無可救藥酒鬼的指控。然而，安東

51 有一段墓誌銘顯示，至少有一些女性是正式的參與者。在墓誌銘中，作丈夫的稱讚妻子懂得如何玩樂和喝酒。有趣的是，古代醫生認為女性比男性更不易醉酒。相較之下，老年人被認為特別容易受到酒精影響，因為他們的身體「乾燥」，而且他們往往喜歡烈酒。

尼絕非唯一一位因酗酒而臭名遠播的羅馬人。尼祿在位初期就曾於豪飲之後，喬裝成奴隸，衝上羅馬街頭。在角鬥士保鑣的掩護之下，這個皇帝和一群醉漢同伴闖入商店、攻擊行人，常造成嚴重的破壞。

希臘和羅馬宴會觥籌交錯的氛圍催生了形形色色的飲酒遊戲，最直接的就是拚酒。在典型的希臘版本中，兩名或更多參賽者會喝光越來越大的酒杯。唯一的規則就是每一杯都必須一口氣喝完，停下來喘口氣的人就會被取消資格。根據一位古代作家的說法，亞歷山大大帝在喝完「海格力斯之碗」（裝有至少七．五公升酒的巨大高腳杯）的酒後發燒而死。在亞歷山大主持的另一場飲酒比賽中，至少有四十一人因酒精中毒而死亡。羅馬的飲酒比賽似乎比較平靜。有時主人擲骰子，客人必須按骰子的分數喝同樣數量的酒。一個變化的玩法是喝和主人名字字母數量一樣多杯的酒。由於羅馬人的全名動輒就有二十個字母以上，因此這恐怕是艱鉅的任務。

除了拚酒之外，古典希臘飲酒時最受歡迎的遊戲是科塔博斯（*kottabos*）。這遊戲的玩法是搖動杯子，將杯裡剩餘的酒渣或殘酒潑灑出來，擊中一個小的目標。在最有名的版本中，目標是一個放在大約二．一公尺高架上的青銅小圓盤。這個架子設位於房間中央，與會賓客人輪流由他們的長榻上揮灑酒杯中的酒。他們用食指勾住杯子的把手，以上臂轉動杯子潑灑酒水。只要成功射中圓盤，讓它由原本放置之處掉落下來，就會落在架上內建的金屬平台上。另一種

▲一名科塔博斯玩家正在旋轉他的杯子。請注意，他的左手還拿著另一個非常大的杯子，讓他一邊玩，一邊用左手喝酒。現藏於羅浮宮。（攝影：Bibi Saint-Pol，維基共享資源）

（可能較簡單的）科塔博斯版本，則是瞄準漂浮在一大碗水中的小陶杯。[52]

酒會上另一種流行的飲酒遊戲則是以猜謎為主，由一位客人提出一個謎語，例如：「一頭死驢卡在我的耳朵裡；我在做什麼？」並敦促其他客人回應。如果回答正確——在本例中，答案是「聽長笛演奏」（希臘長笛常用驢腿骨製作），可能可以得到一塊蛋糕或舞女的吻作為獎勵。而猜錯的人則被罰喝下大量的酒，有時還攙兌鹽水。同樣困難的——至少在喝得醉醺醺之時，是用手指觸摸以阻止硬幣旋轉的遊戲。儘管羅馬宴會上可能也有類似的遊

52 有時候，舞女會與食客一起玩耍：一尊希臘花瓶上就刻畫了一個名叫史米克拉（Smikra，即「苗條」之意）的妓女正在旋轉杯子玩科塔博斯。

戲，但羅馬人通常更喜歡賭博。骰子遊戲雖然非法，但羅馬人不論任何階級都豪賭擲骰子，尤其當葡萄酒讓他們放鬆壓抑之後。有一位皇帝非常沉迷骰子遊戲，還寫了一本關於這個主題的專書。

不論是在希臘或羅馬的宴會上，在擲骰子或其他博弈遊戲中輸了的人就得受罰，可能包括裸體跳舞、讓一名吹長笛的女孩騎在背上繞屋而行，或者一輪豪飲。在希臘人北方的蠻族鄰居色雷斯人（Thracians）的飲酒聚會中，賭注比較高。大家抽籤選出一位倒楣的賓客，給他一把小刀，然後把他掛在房間中央的絞索上，讓他在其他賓客的眼前揮舞刀子，試圖在喪失意識之前割斷繩子。萬一失敗，他就會窒息。

有時，參加酒會的嘉賓會排成驚人的康加（conga）舞隊，衝上街道，擾亂另一場聚會。不過通常狂歡者會由可靠的奴隸陪伴、帶路，或扛在身上，搖搖晃晃地回家。接下來那個討厭的早晨得用來緩解宿醉，有些受害者緊抱著剛剪下的常春藤和桃金孃製成的花環，有些則吞下蜂蜜、咀嚼包心菜，或咬嚼杏仁，[53]還有些人則把紫水晶貼在皮膚上、在泥巴裡打滾，或者作健身操，其餘的人則覺得再喝點酒以毒攻毒最有效。

08｜他們如何記錄時間？

地球的習慣一直都沒變。從前和現在一樣，地球繞地軸自轉一週需要略少於二十四小時的時間，繞太陽公轉一週則需要略多於三百六十五天的時間。從前和現在一樣，日子的節奏和季節的輪迴都被認為是固定的自然模式。從前和現在一樣，都有測量和管理時間的技術和技巧。但能夠了解時間是一回事，真正要記錄時間又是另一回事。

按照現代的標準，古典時代的人對時間的態度可說是隨性到了輕忽的地步。就以安排我們一天的小時為例，雅典人認為不需要用它們；而儘管羅馬人使用小時，但他們使用的方式卻很奇怪，把白天和黑夜分為十二個相等的部分，並隨著季節的變化而擴大和縮小。在仲夏時節，白天的每個小時約為七十五分鐘；隆冬之際，則只有四十五分鐘。

53（酗酒的）羅馬王子德魯蘇斯（Drusus）的私人醫生喜歡與他的這位病人一起吃喝，他總是在宴會前吃五六個苦杏仁，預防醉酒。

就算在有時鐘的地方，它們也不可靠。最常見的種類是日晷，早在西元前六世紀就在希臘出現，並於西元前三世紀傳入羅馬。早期的日晷由一根棍子或柱子組成，它來回移動的影子可以讓人對時間有個概念。由希臘化時期開始，開發出帶有小時線更複雜型式的日晷。[54]在夜裡和陰天，滴漏（水鐘）是唯一可用的計時器，其中有些是精細複雜的機器，能夠發出喇叭聲、發射石頭，或移動雕像來標記時間。不過大部分的計時器並不複雜，就像在雅典法庭為演講計時的穿孔容器。水鐘除了用在法庭和軍營（用來標記值班時間）以外，其他地方很少見。在使用時，它們的時間往往會和附近其他所有的鐘都不一樣。[55]哲學家塞內卡（Seneca）調侃說，「哲學家會比時鐘更早意見一致。」

雖然計日的慣例有所不同，但記錄日期卻相對簡單。在雅典，天數的計算是到一個月的第二十天，接著就是下個月的開始。羅馬人計算日子是以 Kalends（每月的第一天）、Nones（第五或第七天）或 Ides（第十三或第十五天）為準。在希臘化世界中廣泛使用的馬其頓曆（Macedonian calendar）則像我們一樣使用連續數目的日期。在大多數地方，至少按理論上來說，月份是以月球的週期為準，因此大約有三十天長。除此之外，則十分多樣。希臘世界的月份通常按照當地的宗教節日命名。我們仍在使用的羅馬月份則兼容並蓄，包括諸神（三月 March 是戰神 Mars 的月份）、數字（九月是「第七個月」；十二月是「第十個月」），和皇帝（七月 July 源自朱利烏斯・凱撒 Julius Caesar・，八月 August 取自奧古斯都 Augustus）的折衷組合。[56]

由於月份（無論它們的名稱是什麼）是陰曆，而又因為太陰年（十二個月亮的朔望週期）比三百六十五天的太陽年短十一天，因此需要定期調整，讓月份與季節保持一致。雅典人和羅馬人都採取了每隔一年左右增加一個月的權宜之計。最後雅典人設計出一個複雜的算法，使他們的日曆能夠保持接近太陽年。然而，由於粗心和腐敗，負責定期調整日曆的羅馬官員未能盡責，導致日期與季節不同步，差到三個月之久。一直到凱撒宣布次年（西元前四十六年）延長

---

54 最宏偉的日晷是由羅馬奧古斯都皇帝所建，它位於廣場上，是二一〇公分高的埃及方尖碑，有鍍金的子午線。（由於地震和沉降，它很快就變得不準確，必須重新鋪設子午線。）另一個極端是最忙碌的希臘人和羅馬人所攜帶的手提日晷。

55 這些技術的困難阻礙了更精確的計時。儘管有多種細分時間的方案——由「點」（points，相當於十五分鐘）到「盎司」（ounces，大約八秒），但這些方案並非日常使用。我們現有的分和秒是中世紀晚期所創。

56 本來應會有更多以皇帝為名的月份，例如尼祿就以自己的名字為四月命名（還想順便把羅馬改稱為「尼祿波利斯 Neropolis」）。圖密善把九月和十月重新命名為「日耳曼尼庫斯」（在日耳曼獲勝後，Germanicus）和「圖密善」。康茂德也不甘示弱，把每個月都按他自己和他的頭銜命名，包括「亞馬遜」（Amazon）、「海格力斯」，和「Exsuperatorius」（無與倫比）。這些月份的名稱都隨著為它們取名的暴君一起湮滅了。

至四百四十五天，而且此後每一年將是三百六十五天，每四年增加一個閏日，才終於結束這場混亂。經過一些調整，[57]這就是我們今天使用的曆法。

幾乎每個城市都有自己制定年份的方法。最常見的方法是用重要官員的名字來定年份，例如在雅典，執政官就以他的名字來為年份命名。羅馬人同樣以兩位執政官的名字來訂定日期。[58]由西元三世紀晚期開始，也慣常以十五年的稅收週期（稱為indictions，即財產估值詔示，每隔十五年發布一次，作為徵稅依據）來確定日期。記錄年份的另一種作法是以重大歷史事件的時間計數。例如有些羅馬城市的時代由它們納入帝國版圖、它們所在地區建省，或皇帝巡視的時間開始。一千多年來，敘利亞的許多城市都採用塞琉古時代（Seleucid Era），這個時代始於西元前三一二年，是亞歷山大大帝手下一位大將占領巴比倫的日子。

史學家試圖創造通用的年表。希臘學者有時會參考奧運會來確定歷史事件的日期，因為（據說）自西元前七七六年以來，奧運會一直都是每四年舉行一次。[59]羅馬史學家則喜歡由羅馬建國開始計算日期，最後訂定羅馬王政時代始於西元前七五三年。然而這些日期都只是學術慣例。在日常生活中，年份依舊是藉著執政官、地方行政官和國王的統治日期來計算。

基督教興起，讓人們有了新的方法和動機，要創造通用的紀年法。最初基督徒一心要確定創世的日期——這個問題攸關實際利益，因為許多人相信世界將在創造之後六千年結束。經過大量筆墨和教會的爭議，希臘學者認定西元前五五〇九年是時間之始，並依此確定他們的年表日期。[60]埃及的基督徒則傾向（而且迄今依然）使用「殉道者紀年」（Era of the Martyrs），以西元二八四年，也就是大規模迫害基督徒的羅馬皇帝戴克里先（Diocletian）登基那一年為始。然而，基督教對紀年最重要的貢獻是在六世紀之初，當時耶穌紀元（AD，anno Domini，主的年份之意）制度出現。它的發明者是一位謙遜的羅馬僧侶狄奧尼修斯·伊希格斯（Dionysius Exiguus，意為謙虛的狄奧尼修斯），以數學能力知名。狄奧尼修斯在計算未來幾年復活節的

---

57 凱撒及和他同代的人認為一個太陽年是三百六十五又四分之一天，然而由於實際的時間少了約十一分鐘，所以年份逐漸與太陽不同步。到了十六世紀，日期整整落後了太陽年十天。一五八二年，教宗葛利果十三世（Gregory XIII）頒布了改革後的曆法，省略一些閏日，減少了太陽年和曆法之間的差異。儘管天主教國家很快就採用這種新計年法，但在其他地方卻花了幾個世紀才開始通行。凱撒的原始曆法在希臘和羅馬一直使用到一九二四年，在東正教教會，也還是用它來計算復活節的日期。

58 用執政官的統治時間來計日一直持續到古代晚期。最後一位西方執政官於西元五三四年就任，最後一位東方執政官則在七年後任職。儘管長期以來硬幣和建築碑文依慣例都以皇帝的統治年份為標識，但直到六世紀末，拜占庭皇帝才開始按執政的年份來計年。

59 第一屆奧運之前的日期，各方莫衷一是。例如特洛伊戰爭結束的時間就被定為西元前一三三四年至一一三五年，最後達成的共識是在一一八三年左右。

60 由中世紀初期開始，西歐的學者傾向的日期大約是西元前四〇〇〇年——這個估計的日子在十七世紀由大主教厄謝爾（Archbishop Ussher）最後精算，認為創世發生在西元前四〇〇四年十月二十三日。

日期時，設計了一個從耶穌誕生起計算年份的計畫。雖然他並沒有打算要創建通用的計年制度，但AD卻意外地逐漸演變成了通用的紀年法。[61]

我們已經探討了希臘人和羅馬人怎麼推算時辰、揣度日期和計數年份。但還有一個重要的問題：他們有沒有週末？

他們一直都有假期，像定義一年的年度宗教節日就是。不過並非所有的節日都會遵守——因為到了西元二世紀，羅馬年份三分之一以上的日子都是正式的節慶，不過比較重要的節日一定會是假日。[62]只是循環出現的週末假日發展很緩慢。儘管有些希臘城市根據月相，把月份分為九天或十天，但這對日常生活並沒有什麼重大的影響。與週末最接近的羅馬日子是**nundinae**，就是每八天舉行一次的市集日。在鄉村地區，**nundinae** 是當地農民進城出售農產品的場合，但在羅馬城，**nundinae** 被當作假期，在此這個日子，孩子們不必上學，家人可以去拜訪親友。

每週七天的制度似乎是在埃及的首都亞歷山卓演化發展而來。它一開始是占星學的產物。

希臘人和羅馬人知道有七個行星，認為它們沿著固定軌道繞著地球運行：月亮、水星、金星、太陽、火星、木星和土星。[63]

占星家聲稱，每一天都由一個行星統治，而天體的影響按規律循環，一個接一個行星按照我們迄今仍然指定給日子的順序排列：土星（Saturn）（星期六 Saturday）、太陽（the sun）（星期日 Sunday）、月亮（the moon）（星期一 Monday）、火星（Mars）（星期二 Tuesday）、水星（Mercury）（星期三 Wednesday）、木星（Jupiter）（星期四 Thursday）和金星（Venus）（星

---

61 AD制度最先在盎格魯－撒克遜英格蘭流行起來，這多少要歸功於八世紀的學者貝德（Bede），他在有關紀年和歷史的著作中採用了這種制度。到九世紀末，它已經流傳到法國和德國西部，到十世紀末，普及到整個義大利境內。然而，西班牙各王國有自己的紀年法，在十三和十四世紀之前一直抗拒西元制。即使在這種系統被普遍採用之後，幾乎也只有在教會和學術的環境中才會使用西元日期，直到現代初期。值得注意的是，西元前（BC）的用法直到十八世紀後期才變得普遍。

62 在馬可·奧理略統治時期，有一百三十五天留作官方的節日和比賽運動之用。儘管不可能確定實際遵循這些節日的情況，但在羅馬帝國統治埃及的時期，每年學徒可有十八至三十六天的休息，這個事實顯示，除了最重要的慶祝活動之外，工匠都在工作。

63 希臘人以眾神的名字為行星命名的做法似乎是效法巴比倫人。羅馬人一如既往，只是蕭規曹隨。儘管有些闡釋者聲稱眾神居住在與祂們同名的行星上，甚至眾神就是行星，但通常認為行星和眾神以更籠統的方式聯繫在一起。

期五 Friday）。[64]到了西元一世紀，隨著人們對占星學的興趣大增，每週七天的制度已經在羅馬帝國流傳開來。

古老得多的猶太週——碰巧也有七天，後來逐漸與行星週同化，猶太教的安息日落在星期六。羅馬人一直認為猶太人拒絕在安息日工作是懶惰的表現，但從占星學的角度來看，星期六是一週裡最不吉利的一天（因此不適合做生意），猶太習俗開始顯得更加合理。有位一世紀的希臘學者只在週六講課——大概是因為這時可以吸引更多的群眾），這顯示週六實際上已成為許多非猶太人的假日。

然而，羅馬帝國晚期（以及中世紀歐洲）的休息日卻註定是週日。基督徒幾乎從一開始就尊崇星期日，羅馬皇帝一旦皈依基督教，很快就正式規定週日應該用於禮拜。君士坦丁宣布星期日為宗教節日，並禁止除農務勞動以外的所有工作。到四世紀末，另一位皇帝把禁令擴大到農場工人。他的繼任者之一再加上最後的一擊，禁止週日的戰車競賽、野獸搏鬥和戲劇表演。終於有了稱得上週末的日子——但只要有皇帝插手，絕不會是好事。

晚期羅馬帝國的居民與我們使用同樣的年份、月份和週。到了古代末期，他們甚至開始採用相同的日期制度。然而，我們不應該認為他們和我們用同樣的方式看待時間。如果你在古羅馬或君士坦丁堡的街上隨機攔住一個路人，他或她恐怕無法告訴你時間，也可能不知道年份。

古典世界的歷史學家很清楚每個愛拖延的人都知道的真理：只有在你認為時間重要時，時間才重要。

64 一週中每一天的英文名稱是由定居在羅馬帝國境內並借用其計時方式的日耳曼民族發明的。由於他們沒有與土星同等的神明，因此把土星日通盤借去使用。太陽日和月亮日很直接了當。然而對於火星（戰神），他們用自己的戰神Tiw代替（Tiw日＝星期二）；沃登（Woden）取代了水星（沃登日Woden's day＝星期三Wednesday），索爾（Thor）代表木星（雷神日Thor's day＝星期四Thursday），弗麗嘉（Frigg）代表金星（弗麗嘉日Frigg's day＝星期五Friday）。義大利語、法語和西班牙語或多或少完整地保留了一週中各個日子的拉丁名稱，不過他們用主日（domenica、dimanche、domingo）取代了異教的太陽日。相較之下，在拜占庭帝國，一週中的日子已完全基督教化了。即使到現在，希臘人也只命名安息日和主日，週日則按數字計算。葡萄牙人也採取類似的作法。

第二部
社會

09 他們的壽命有多長？

哲學家克里西波斯（Chrysippus）七十三歲時大笑而死。羅馬政治家老加圖（Cato the Elder）的小兒子出生時，他已經八十歲了。希臘化時代的國王獨眼的安提柯（Antigonus the One-eyed）陣亡時年逾八十一。據說希臘劇作家索福克利斯（Sophocles）在九十歲時因快樂和／或被葡萄噎死。史學家希羅尼穆斯（Hieronymus）活到一百零四歲，而且我們很有把握，他那時仍然是活力充沛的情人。悲情詩人亞歷克西斯（Alexis）一百零六歲時，就在可能是他親自寫的場景中，接受頒發給他的最後一部戲劇獎項時，倒在舞台上。由這些例子可以看出，顯然有些希臘人和羅馬人活到了耄耋之年，但同樣明顯的是，這些人寥寥可數，極其罕見。

大部分的希臘人和羅馬人都英年早逝。大約一半的兒童在青春期前死亡。活到三十歲的人有很大的機會可以活到五、六十歲。然而真正的老年人很少。[1] 許多人童年時就死亡，因此出生時的預期壽命可能在二十至三十歲之間。[2] 沒有跡象顯示這樣的情況後來會有所改變，因為死亡的基本原因沒變：惡劣的衛生條件、營養不良和疾病。

古代的醫師推測，疾病是由天氣變化、來自沼澤的瘴氣、體液失衡，和神明的報應等多種因素綜合而引起的。然而儘管人們知道某些疾病會傳染，並且模糊地懷疑帶病的微生物活在污濁的空氣中，但他們從未發展出任何相當於細菌學說的理論，對於預防或治療疾病，他們同樣也能力不足。

古希臘人飽受流行性腮腺炎、瘧疾、白喉、痢疾、小兒麻痺、肝炎、結核病和傷寒（以及其他疾病）的折磨。此外，羅馬人還必須應付奧古斯都時代從埃及傳入的痲瘋病；約在同一時期開始在東部省份傳播的黑死病；[3]以及在馬可·奧理略統治時出現肆虐的天花。一個世紀後，

---

1 烏爾比安（Ulpian）的「生命表」（life table）這份羅馬文件，概述了（出於稅收目的）特定年齡的人預計可以生存多長時間，為了解古代人口的年齡結構提供了有趣的認識。根據表格的預測，二十歲出頭的人平均可以再活二十八年，接近四十歲的人還有大約二十年可活；六十歲以上的人，只能再活五年。一位學者把生命表和現代人口模型比較，得出了這個估計值的殘酷含義：當時的人在出生之後，有一半會在五歲時死亡，三分之二會在三十歲時死亡，百分之八十會在五十歲時死亡，百分之九十到六十歲就會死亡。

2 羅馬帝國統治下埃及的人口普查結果顯示，女性出生時的預期壽命為二十二歲，男性約為二十五歲。與現代女性不同的是，古代女性的預期壽命往往比男性稍短，這主要是因為分娩非常危險。高達一至二%的分娩可能致命，而且由於大多數婦女至少生產五或六次，這些機率都會累計增加。

3 然而這種鼠疫並沒有廣泛傳播，可能是因為黑鼠剛開始移入歐洲。五個世紀後，老鼠無所不在，新的鼠疫爆發，使羅馬帝國徹底覆亡。

▲ 一位羅馬長者。西元一世紀的半身像，現藏於大都會藝術博物館。（公共版權圖片）

神祕的西普里安瘟疫（Plague of Cyprian，可能是伊波拉病毒的一種形式）突然出現，成千上萬人死亡，然後瘟疫又消失了。在一般的情況下，成年希臘人和羅馬人最常見的殺手可能是傷寒、結核病和（低窪地區的）瘧疾。在兒童之中，痢疾和其他胃腸道疾病更為致命。

城市——尤其是大城市，是造成傳染的污穢場所。過度擁擠且飽受瘧疾蹂躪的羅馬大都會可能是整個帝國中最不健康的地方，需要不斷注入移民來維持人口。[4]鄉村相對安全，尤其是在遠離瘧疾沼澤的高地。有一位羅馬元老院的議員曾在信中提到，住在他別墅附近山上的人特別長壽——不過他認為這是拜宜人的山風之賜。

儘管受到疾病摧殘，但西元前十世紀到西元二世紀，地中海世界的人口仍然緩慢而穩定地成長。這種增長可能是因為持續的高生育率：縱觀希臘和羅馬歷史，女性必然平均生育五、六個孩子（其中兩、三個能活到成年）。當然，在戰爭或飢荒時期，地區人口會減少，但整體趨勢是增加的。

就像預期壽命一樣，任何特定時地的實際人口規模都只是近似值。古雅典的領土（面積約

---

4 一八七六年，工人在為新公寓建築打地基時，意外地在一扇羅馬的古城門外發現了一個巨大的墓坑。挖掘者估計至少有兩萬四千具屍體被丟進坑裡，可能是在流行疫病期間。然而他在附近又發現其他數十個坑，顯示羅馬有許多人因病死亡，因此經常把一車車的屍體傾倒在城外。

相當於羅德島或盧森堡）的人口可能約為三十萬。橫跨地中海的羅馬帝國在奧古斯都統治時期約有五千萬居民。在接下來的一個半世紀裡，帝國臣民的數量大幅增長，可能在西元二世紀中葉達到頂峰，數量約為六千萬人——可能是當時全世界人口的五分之一。

然後天花來襲。據估計，最初的疫情爆發導致帝國一〇%的人口死亡，而且這種疾病可能已經在主要城市永久存在。在六世紀初，一場致命的鼠疫席捲了整個東羅馬帝國，造成了更大的人口衝擊，數百萬人死亡。在這次和後續的大流行病之後，地中海世界的人口可能減少到不到二世紀的一半。

不過在幾次大流行病之間，基本的人口結構並沒有改變：大約一半的兒童在青春期前死亡，出生時的預期壽命仍然是二十多歲。只有大約十分之一的人能活到六十歲，只有百分之一的人能活到八十歲生日。

儘管面對這些殘酷的現實，希臘人和羅馬人仍然希望長壽。除了單純的好運之外，人們認為能長命百歲有一部分原因是宜居的氣候，一部分是因為個人的健康。適度飲食的重要性已是眾所周知：一位希臘演說家把自己的長壽歸功於他從不吃油膩的食物或酗酒。[5]定期運動的好處也獲得認可。事實上，許多希臘城市都為老年男性預留了全部或部分體育館。[6]古雅典甚至舉辦一年一度的「選美比賽」，選拔身強力壯的老年人參加宗教遊行。人們認為快走和球類運動可以使衰老的身體保持柔軟靈活，尤其如果能輔以有力的按摩。一位七十多歲的羅馬議員堅持每天下午裸體散步。

希臘人和羅馬人對老人有刻板印象。例如他們認為老人行動遲緩、多疑、愛講古，而且脾氣暴躁。不過這樣的批評被另一種觀念平衡，即年齡帶來智慧，老年人值得尊重。[7]在某些地方，老年人擁有真正的政治影響力，例如斯巴達有個元老院，成員都年逾六十——他們在政府中舉足輕重。同樣地，在羅馬元老院，最年長的成員按照慣例首先發言。羅馬人也賦予老年人很大的社會權力：至少在理論上，老年人保有對子孫的絕對法定權力。

老年的菁英可能會享受相當於現代退休的生活。例如年老的皇帝戴克里先退位後，搬進堅

---

5 人們認為偏遠民族的長壽反映出他們所吃的食物。據說斯里蘭卡人民因為吃樹蛇，因此活到高齡；伊索比亞人能活到一百二十歲，是因為他們只吃水煮肉、只喝奶；傳說中國人能活到三百歲，因為他們從不喝酒。可是這個傳言卻遭一位義大利百歲人瑞打臉，他告訴奧古斯都，長壽的祕訣是（意譯）「皮膚上的油和血液中的酒」。

6 我們不禁疑惑，希臘人裸體運動的習慣是否導致老人有自己的健身房的原因之一。正如柏拉圖所說的，老人裸體慢跑「並不太美觀」。

7 尊重老人的通則也有例外。羅馬有句俗諺說：「把老人從橋上丟下去」。據傳其他文化對老人甚至更不尊重。據說撒丁島人在父母還健在之時就為他們挖好墳墓，撞他們的頭，然後把他們扔進去。

固的大花園別墅，養花蒔草。但大多數人只有在身體吃不消時才會停止工作。這可能發生在相對年輕的時候：由骨骼證據來看，許多男性在三十多歲時就已經飽受關節炎折磨。無法養活自己的人只能依靠親戚接濟，否則唯一的選擇就是乞討——或者挨餓。

對大多數希臘和羅馬人來說，生命短暫。然而一如我們先前所見，有些人卻是例外。當今的黎巴嫩有一座樸素的羅馬時代墓碑，紀念活到百歲的「魯菲拉，一位善良而開朗的女性」。魯菲拉或許確實活了一百歲（古代墓誌銘往往會四捨五入），也或許真的很善良、開朗，然而在她長達一世紀左右的一生中，可能會看到她的丈夫、所有的孩子、幾乎所有的孫子，以及一半以上的曾孫去世。在古典世界裡，晚年一定是非常孤獨的。

10 他們的身材有多高？

在三世紀時，羅馬帝國有幾年是由一個名叫馬克西米努斯（Maximinus）的巨人統治。他的手大到可以把女人的手鐲當戒指戴；腳也寬到他的一隻靴子成了旅遊景點。他可以在摔角比賽中擊敗任何七個人，可以用拳頭捏碎石頭，也可以一巴掌擊倒一匹馬。和他同時代的人都對他敬畏有加，如果我們能相信他們的證言，他的身高就超過兩百四十三公分。[8]

有些希臘和羅馬人更高大。在幾次羅馬遊行中，曾有身高兩百七十四公分的阿拉伯人現身，幾個更高巨人的遺體則保存在御花園裡。羅馬人也為一個聲音洪亮但身高不到六十公分的男子感到驚訝，還議論一位身材同樣矮小，娶了自由民（原是奴隸）為妻的朝臣是非。然而，

8 唯一提供他身高的消息來源聲稱他有八英尺半（約二六〇公分）高，但由於羅馬的尺寸比現代的稍短，因此折算起來，馬克西米努斯的身高大約為二五一公分。儘管我們無法知道他實際的身高，但由他的硬幣肖像中可看到他過度生長的臉部骨骼，顯示他可能患有肢端肥大症，這是一種通常與巨人症相關的疾病。

▲ 馬克西米努斯皇帝。半身像現藏於卡比托林博物館（the Capitoline museums）。（Marie-Lan Nguyen 攝，維基共享資源）

我們的消息來源對於不那麼特別人物的身高，卻幾乎隻字未提。我們確實知道奧古斯都皇帝身高恰好比一百七十公分略低（但他穿著厚底鞋使自己看起來較高）。我們也知道，在某些時期，軍團中最負盛名部隊的新兵至少應有一七三公分，但一七八公分或以上更理想。[9]為了了解大部分希臘和羅馬人的身高，我們得查看他們的屍體。

人的骨骼承載著一輩子的故事。牙齒記錄著童年的營養和疾病，手的骨頭攜帶著勞動的壓力和傷痕，長骨（尤其是股骨）刻畫出身高。在赫庫蘭尼姆（Herculaneum）古城船庫中發現的骨骼——可能是古典世界最著名的人類遺骸，透露了骨骼可以告訴我們多少資訊。

赫庫蘭尼姆就像鄰近的龐貝城一樣，於西元七九年因維蘇威火山爆發而被摧毀。大多數居民在火山爆發的最初幾個小時內就逃離了，但仍有數百人留在港口旁的一排石製船庫裡避難。死神在半夜找上他們，當時一股過熱的氣體挾裹全市，難民的屍體被埋在十八公尺深的火山碎屑中，原封不動，直到數十年前才被發現，這些難民的遺體提供了羅馬生活獨特的橫切面。

船庫裡有一些赫庫蘭尼姆人很富有。有一組骨頭是一名四十多歲的男子，他的雙手沒有因體力勞動的壓力而留下痕跡，手臂和肩膀卻因經常在浴場裡健身而塑型。其他受害者顯然很

9 到了古代後期，當國家急需士兵時，對士兵的身高要求降低為略低於一六五公分，不過還是保留其他的條件：直到最後，仍然要求新兵至少要有一個睪丸。

窮，例如被稱為「舵手」的骸骨因童年缺乏營養而發育不良，而且因為一生持續地辛勞工作而彎曲變形。一位體面的羅馬主婦——因為她佩戴的珠寶而被暱稱為「戒指太太」，生有一口完美的牙齒，她的骸骨就在兩名女性附近（其中一名仍戴著金髮編成的接髮），挖掘的學者認定她們是妓女。甚至還有一名羅馬士兵，他的骨頭上有厚實的肌肉和戰鬥傷疤的痕跡。

這名士兵身高近一七五公分，屬於船庫裡偏高的男人。舵手身高一六三公分，算是偏矮的男人。戒指太太身高不到一五七公分；在她旁邊發現的兩名女性身高分別是一五五和一六三公分。棚屋裡的男性平均身高是一六八公分，女性的平均身高是一五五公分。這些數字與附近龐貝城地區的數字非常吻合，在龐貝城發現的骨頭顯示男女性的平均身高分別為一六六和一五五公分。

儘管羅馬帝國時期義大利其他許多地區的居民都比較矮，[10]但古典希臘人的身高卻似乎和龐貝城大致相同。最近一項骨骼證據調查顯示，男性平均身高略低於一七〇公分，女性平均身高則為一五六公分。

北方蠻族的身材高大得多。例如當凱撒的軍隊朝一座高盧城鎮推動攻城塔（siege tower）時，城裡的居民站在城牆上，嘲笑他們個子雖然矮小，卻能移動如此龐大的器械。[11]羅馬軍團士兵的平均身高與北方蠻族的平均身高之間，差異可能約五至七．五公分——並不驚人，但卻真實。雖然部分是遺傳的關係，但主要源自飲食。北方人，尤其是北方的菁英階層，經常食用乳製品和紅肉，而大多數希臘人和羅馬人則否。說到身高，真是「你不吃什麼，你就是什麼」。

10 羅馬帝國時期義大利中部的男性平均身高估計為一六四公分，明顯比羅馬時期之前和之後的平均低，可能是因為羅馬帝國時代人口壓力和流行病最為嚴重。由於羅馬人滿為患、疾病肆虐，可憐的居民可能是整個帝國人口中最矮小的。龐貝和赫庫蘭尼姆的居民之所以較為高大，可能是因為這兩個城市都濱海，因此可以由鮮魚獲得充足的蛋白質。

11 羅馬人對高盧女性的印象尤其深刻，她們幾乎和她們的丈夫一樣高，而且還更強壯。一位羅馬作家把高盧婦女的拳打腳踢比喻為石弩發射的石彈。

11 他們的收入如何？

那時經濟學尚未發明，但武力已經是老朋友了。因此當羅馬皇帝戴克里先和其他的皇帝決定要結束失控數十年的通貨膨脹時，他們的解決辦法非常直接：物價管制和薪資上限，違者處死。根據法令，農場工人和騾夫每天最多可得二十五第納爾（denarius，一種小型的銀幣），外加餐費。木匠或麵包師傅可以賺五十第納爾。壁畫師可得七十五第納爾，而技巧熟練的藝術家酬勞則是兩倍。理髮師或浴室服務員每服務一次只能收取兩個第納爾的費用。然而律師卻能用他們的三寸不爛之舌而誆騙一千第納爾。儘管這些數字與現實經濟情況沒有多大關係，但它們清晰地反映了職業的階級高低，以及在這個世界中，很少有人賺得比他們餬口所需還多得多的嚴峻事實。

古代經濟從未完全貨幣化。硬幣在城市和軍營中最為常見，而且在羅馬帝國時代比之前或之後更為普遍。然而，它們總是和以物易物及賒帳一起使用。[12]在古典時期，眾多希臘貨幣中使用最廣泛的是雅典銀幣德拉克馬（drachma）。在一般的商業交易中使用的是較大的四德拉克馬銀幣（tetradrachm，價值相當於四德拉克馬的大銀幣），但在日常購物時，雅典人通常使用奧博爾（Obols），即價值六分之一德拉克馬的小銀幣。[13]在帝國時代早期，最有價值的羅馬硬幣是奧雷烏斯（aureus）金幣，主要用於向士兵支付特殊獎金。每個金幣價值二十五銀第納爾，這才是貨幣流通的真正基礎。最後，每個第納爾相當於四個塞斯特斯（sesterces），這是一種大銅幣，是用來計算價格和工資的標準單位。

在西元前四世紀的雅典，一個公民及其家人每天需要三奧博爾（半德拉克馬）的收入，才能過上舒適的生活——大約每年一八〇德拉克馬。根據已知的價格，一個四口之家在西元二世紀的羅馬可能需要約一千兩百塞斯特斯，才能達到相同的生活水準。[14]儘管以這些數字和現代中產階級的工資相比不能算完全錯誤，但拿它們其與我們資料中描述的收入作對比，會比較有意義。

12 即使在羅馬帝國時代，有些省份也以小麥繳納部分或全部稅款。

13 「Obol」源自「串」一字，顯然是因為在硬幣出現之前，人們用鐵串作貨幣之故。「Drachma」同樣意味著「一把」，意思是「一把鐵串」。在整個古典時期，斯巴達人依舊使用一堆叮噹作響的鐵串作為貨幣。

14 在帝國的其他地區，不到一千二百塞斯特斯生活就綽綽有餘了。儘管羅馬的麵包（拜帝國補貼之賜）相對便宜，但房租卻很高。

在古典收入階級的最底層，略高於奴隸的，是沒有特殊技巧的日常勞工。在農村，這些人通常被僱來幫忙收割；在城市（尤其是在帝國時期的羅馬），他們常見於大型建築工作中。他們在任何地方都賺不到高薪。在古典雅典，當有工作的時候，他們通常每天賺約一德拉克馬。在羅馬世界，勞工的工資似乎已經接近可以維持生計的水準：龐貝城的工人每天可賺一至四塞斯特斯（加上食物）。專業的工人可以指望更高的收入。例如在雅典郊外的一座寺廟，熟練的工人每天最多能賺兩個半德拉克馬——比生手多一個德拉克馬。同樣地，在羅馬世界，工匠的收入遠高於一般勞工。[15]如上所述，戴克里先的價格法令認定麵包師傅的收入是農場工人的兩倍，壁畫家是農場工人的三倍，藝術家是六倍。

在西元前五世紀，雅典重裝步兵和雅典海軍划槳手每天賺取一德拉克馬，與不需要特殊技能的工人相同。由西元一世紀末到二世紀末，羅馬軍團士兵每年賺取一千二百塞斯特斯。[16]如果與他們退伍時拿到的巨額獎金（一萬兩千塞斯特斯）合計，一般士兵的收入就與工匠師傅大致相同。官員的薪水要好得多，一名一般百夫長每年收入一萬八千塞斯特斯；軍團總百夫長七萬二千塞斯特斯；總司令每年的軍餉高達二十萬塞斯特斯，相當於一百六十七名軍團士兵的所得。

古代律師的收入，就像他們的現代同僚一樣，可能低得可憐，也可能高得可惡。儘管雅典人應該在法庭上為自己發言，但他們經常聘請專業的演講人來撰寫演講稿。至少有一些法律演講撰稿人獲得了豐厚的報酬；一名被告許諾給在他受審期間支持他的人一萬八千德拉克馬——足以養活一百個家庭一年。羅馬律師在帝國時代之前一直被禁止收取服務費，即使禁令解除，他們的收費也有一萬塞斯特斯（大約是軍團士兵年薪的八倍）的上限。然而用昂貴的「禮物」酬謝律師似乎是慣例。比如西塞羅就從一位客戶那裡收到一筆兩百萬塞斯特斯的「貸款」，他從未想過要償還這筆錢。[17]

在古典希臘，人們很尊重醫生，而且他們的報酬顯然很高。曾有一位醫生一出手就捐出六千德拉克馬給雅典市，另一位醫生據說每年可以賺一萬兩千德拉克馬（你可能還記得，一個雅典家庭可以用一百八十德拉克馬生活一年）。在羅馬時期，儘管許多醫生都是地位較低的自由民，但也有少數人變得非常富有。卡利古拉和克勞狄烏斯（Claudius）兩位皇帝的私人醫生年薪五十萬塞斯特斯（相當於四一六名軍團士兵）——即便如此，正如他常提醒兩位雇主的那

---

15 製造石弩的師傅、梯子工匠、試味員，和一百多種其他職業的行業協會獲得了羅馬帝國的認可。

16 他們實際上收到的工資比這個少，因為有很大一部分被用來扣除食物和設備費用。新皇帝即位和其他特殊場合所獲得的獎金，僅能抵消部分的損失。

17 比較不富裕的羅馬人可能會用成袋的豆子或大麥酬謝他們的律師。

樣，這個金額也比他自行懸壺所賺到的錢要少。他說的是實話：另一位以提倡冰浴而知名的羅馬名醫，向一名病人收取了二十萬塞斯特斯的治療費。

無論當時或現在，大多數教師的薪水都很微薄。然而，就像在法律和醫學領域一樣，少數為富人和名人服務的教師賺的錢很多。雅典頂尖的演說家向演講課程的學生收取一千到一萬德拉克馬的費用，而當時大多數人每天只賺一兩個德拉克馬。羅馬世界的演講教授甚至更擅長敲貴族父母的竹槓；據說有人一年賺了四十萬塞斯特斯——相當於三三三名軍團士兵。[18]在羅馬、雅典，和其他大城市，有些最傑出的教師擔任修辭學和哲學講座教授——最接近現代終身教授的職位，因此獲得了高達十萬塞斯特斯的額外薪酬。

古典雅典的藝人收入不高，主要是因為他們大多數都是奴隸。[19]不過他們有些羅馬同行卻和任何名醫或教授一樣富有。一位著名的默劇演員一年收入二十萬塞斯特斯，偉大的喜劇演員羅斯修斯（Roscius）賺得更多。儘管羅馬劇作家很少靠劇本致富，但奧古斯都皇帝卻賞賜一百萬塞斯特斯給一位膾炙人口悲劇的幸運作者。另一位皇帝則賞給兩位特別抒情的七弦琴手各二十萬。著名的退休角鬥士在競技場表演的報酬可能與此差不多。然而所有羅馬藝人中，最富有的是馬克西穆斯競技場（Circus Maximus）的戰車手。一位戰車手在漫長而忙碌的生涯中，贏了一四六二場比賽和近三千六百萬塞斯特斯的獎金。這個金額足以支付近三萬名軍團士兵的年薪，使他相當於現代的億萬富翁。

最富有的希臘人和羅馬人都是自僱人士。在雅典和羅馬，菁英人士理想的生涯是公職和由大莊園的收入謹慎維持的農閒生活。儘管農業用地利潤並不特別高——平均年回報率估計約為六%，但這卻是古典世界最安全、最體面的投資。然而很少有貴族會安於完全靠出售農作物為生。羅馬富豪經常投資城市的房地產。巨富的參議員克拉蘇（Crassus）擁有一群被訓練成消防員和建築工人的奴隸團隊。每當羅馬發生火災時，他都會迅速趕到現場，以超低價買下燃燒中的建物，再派奴隸去滅火，之後再把建築物重建出租。奴隸企業是另一個最受菁英青睞的投資：例如，克拉蘇訓練他的一些奴隸成為抄寫員、銀匠和受僱的服務生。雖然直接參與商業活動是禁忌，貴族可以而且確實透過代理人和下屬參與。最後，貸款利息是一個重要的收入來源，特別是對於羅馬菁英來說。大筆資金以可變利率借出：對朋友的利率低至四%，對高風險企業的利率高達六〇%。[20]

---

18 大多數羅馬演講教授的年收入可能約兩千塞斯特斯。只有少數超級巨星才能享有如此高昂的價格。

19 妓女是這條規則的部分例外，據說有的夜渡資是一萬德拉克馬。

20 哲學家塞內卡（他碰巧也是極其富有的商人）藉著收回他借給一些不列顛首領的四千萬塞斯特斯，協助征服了不列顛。

那麼雅典和羅馬最頂尖的一%到底是多麼富有？在古典時期的任何時候，都有數百名雅典人擁有三塔倫特（talents，一萬八千德拉克馬）以上。已知的雅典最富有的人擁有兩百塔蘭特（一百二十萬德拉克馬）——足以養活六千六百多個家庭一年。這樣的鉅金與羅馬菁英的財富相比，卻顯得黯然失色。在羅馬帝國時代，議員的資格是至少要擁有一百萬塞斯特斯（相當於八三三名軍團士兵薪水）的個人財富，而且大多數議員都比這多得多。西塞羅擁有價值約一千三百萬塞斯特斯的財產，可能在元老院財富中屬於中等。我們的消防朋友克拉蘇是最富有的議員之一，身家達兩億塞斯特斯。到了西元一世紀，我們知道有兩個羅馬人價值四億，足以支付三十三萬軍團士兵的年薪。共和國末期的偉大將軍甚至更富有。在取得一場勝利後，龐培（Pompey）發給士兵和軍官三億八千四百萬塞斯特斯，然後又捐贈了兩億塞斯特斯給國家。

當然，最富有的人是羅馬皇帝。即使我們想像把皇帝的財產和國庫之間分開，但光是羅馬皇帝個人就擁有埃及（以及遍布義大利和各省的數百處巨大莊園）的事實就顯示他們不可思議的財富規模。有些皇帝對自己的財富不像其他皇帝那麼含蓄，卡利古拉喜歡斜倚在成堆的金幣上，尼祿曾經把一千萬塞斯特斯堆在面前，只是為了看看這會是什麼樣子。據說尼祿在位的十三年期間，光是在禮物上就花費了教人咋舌的二十二億塞斯特斯，相當於超過一百八十三萬三千名中帝國時期軍團士兵的年薪。[21]

就像各地方和各時代的超級富豪一樣，最富有的希臘人和羅馬人都有創意十足的花錢方式。羅馬菁英在家具上投入龐大的資金：西塞羅斥資五十萬塞斯特斯買一張柑橘木餐具櫃，他的一個朋友花了兩倍的金錢買一張桌子。上選古董也需要同樣高昂的價格；一名識貨的羅馬人付了一百萬塞斯特斯購買一件希臘大師製作的小雕像。[22]他們還花還更高的價錢購買花園洋房和聯排房屋。西塞羅花了三百五十萬塞斯特斯買一座可以俯瞰羅馬廣場的房子，和他同時代的另一人則花了一千五百萬塞斯特斯買下相鄰的豪宅。[23]卡利古拉的妻子在宴會上戴著價值四千萬塞斯特斯的翡翠和珍珠，擊敗了所有的炫富者。不過古典歷史上教人印象最深刻的買賣發生在一個半世紀之後，買家花了兩億五千萬塞斯特斯的賄賂，買下了羅馬帝國的皇位，只是他在兩個月後就遭到暗殺，因此這實在是不智的投資。

21 相較之下，尼祿統治時期羅馬軍隊的年度預算估計為五億塞斯特斯，由總額約為六億七千萬塞斯特斯的年度總收益中支出。

22 新雕像的價格便宜得多。一座真人大小的大理石或青銅肖像在外省通常花費為三千至六千塞斯特斯，不過在羅馬城，有的雕像要花費三萬塞斯特斯或更多。

23 一位雅典大亨可能會支付五塔蘭特（三萬德拉克馬）購買一處房產。希臘房屋的平均價格可能在一千五百至三千德拉克馬之間。

12 他們的城市有多危險？

古典城市有多種害死居民或造成居民不便的方式。火災的威脅蜷伏在每一個乾燥易燃的屋頂上，每一條潮濕的下水道都潛藏著疾病的威脅，每個路人都是潛在的小偷；人群很可能會變成暴民，街道上處處糞便，市場上滿是寄生蟲，建築物搖搖欲墜。簡而言之，危險無所不在。但在羅馬這個古代世界最大、文獻記載最豐富的城市，對生命、肢體和腸道健康的威脅尤其繁多。

最富有的羅馬人在擁有淙淙泉水和涼爽大理石地板的豪宅中接待訪客，其他人則住在從設備齊全到骯髒污穢的公寓裡。羅馬公寓建築——稱作「因蘇拉」（*insulae*，島嶼之意）通常為三或四層高。[24]底層是商店，最好的公寓就在商店之上，因為相對接近街道，因此大幅減少了上下階梯的數量，並可以有原始的排水管道系統。更上面的樓層擠滿了較小和較便宜的單位，這些樓層往往是偷工減料的擴建。[25]頂樓公寓有時會倒塌，壓在街上，整座「因蘇拉」也可能會如此。

走出破敗的公寓，羅馬人還得要當心小偷。每天早上，扒手都會在廣場和街上活動，看準粗心和分心的人下手。每天下午，都會有順手牽羊的人在浴場的更衣室裡閒逛，悄悄搜尋貴重物品。每天晚上，專業的小偷——有些穿著有釘子的鞋子好爬牆，他們爬上屋頂，鑽進窗戶。在重大節慶期間，許多鄰里幾乎空無一人，竊盜十分猖獗，以至於皇帝派出武裝巡邏隊上街。

在夜晚行走的任何人都可能遭到搶劫、毆打，甚至更糟。即使在光天化日之下，都一樣可能受傷：有作家提到有個精神錯亂的貴族對每一個經過的人都打耳光。街頭暴力很常見，[26]尤其是在共和國最後幾十年動盪的時期，黑道分子在街頭打鬥，罪犯膽大妄為，甚至組成行會。

羅馬政府對於保護人民所採取的行動有限。有的罪行——尤其是叛國和弒父，受到嚴厲的刑罰，理由是它們危及國家的穩定或神意。然而，盜竊或攻擊的受害者卻只能自力救濟，政府

---

24 儘管法律規定因蘇拉的高度為二．一公尺——後來更限制為一．八公尺，以策安全，但有一些建築物似乎突破了這個限制。尤其是費里克利斯公寓（Insula of Felicles），它高到成了觀光勝地。

25 最便宜的房間通常租給來自農村的農民勞工，按日或按週收取租金。不過大多數公寓的租約為期一年。窮人都害怕七月一日——房租日，因為付不出租金的人會被趕出來，加入擠在羅馬橋梁和寺廟門廊下流浪者的行列。

26 在元老院會議之前，通常會搜查議員是否攜帶匕首。但這並不能阻止他們在業餘時間殺人。即使在整體情況穩定的一世紀，我們也聽說過元老議員把妻子推出窗外，或者在情緒激動時殺死情人。

鼓勵他們自行追查侵犯他們的罪犯；如果成功，可以把此事提交法庭，或者，他們也可以像維持治安的人那樣自由報復。

就像十九世紀以前幾乎所有的城市一樣，羅馬沒有專業警察，不過在帝國時代，被稱為警備隊（*vigiles*）的消防員夜裡會在街上巡邏，逮捕任何膽大包天或行動遲緩的現行犯。同樣地，白天，城市大隊——駐紮在羅馬的軍團，則會逮捕違法的人。雄心勃勃的官員偶爾會命令他們打擊犯罪，然而比起把罪犯繩之以法，這些士兵往往對索賄更有興趣。

羅馬人民無法依賴民政當局，只能自求多福。他們鎖住大門，閂上窗戶，拿著棍棒的看守人守在門廳。在夜晚冒險外出的人通常會帶上武裝後援。[27]為了獲得額外的保護，羅馬人也會向守衛鉸鍊和門的小神明求助，並向街頭魔術師購買防盜咒語。

但沒有任何咒語可以阻止羅馬常年的內亂。大多數的暴亂是因糧價居高不下或不合民意的法律所引發。有些內亂則是更大衝突的延伸：例如在四世紀，一場教宗選舉的紛爭導致數百人死亡。[28]如果城市軍團未能恢復秩序，皇帝就會派出禁衛軍。即使在一般的情況下，禁衛軍依舊以殘暴出名，有皇帝甚至要三令五申，禁止他們毆打無辜的人民。他們對抗議民眾從不姑息，有一次，禁衛騎兵屠殺了數百名抗議民眾，結果城市軍團反倒加入民眾攻擊禁衛軍。另一次，禁衛軍和憤怒的民眾及獲得解放的角鬥士連續戰鬥了三天，把整片地區付之一炬。

即使禁衛軍安分地待在軍營，火災仍然是持續的威脅。雖然大多數因蘇拉的外牆是磚面混凝土，但它們的閣樓、隔間、家具和地板卻都是木製的。懸在街道上方的陽台、寺廟的屋椽，以及羅馬競技場的上層座位也是木製。[29]在羅馬漫長而炎熱的夏季，所有這些木材都變得乾燥——火花無所不在。許多羅馬人都備有一桶水或幾罐醋，以防燈火倒下或火盆溢出。一旦火苗竄起，他們只能抓起自己的貴重物品，急奔下樓，希望警備隊趕快來。

羅馬的警備隊消防員駐紮在全城各消防站。每天晚上，他們提著斧頭和水桶在黑暗的街道上步行，一聞到煙味或看到火災跡象時，就衝向危險的建築物，打破大門，排成一條通往最近泉水的水桶鏈。如果這樣做無法遏止火勢，就會派人疾奔消防站尋求支援和重型設備。等裝備抵達時，消防員就改做他們最擅長的事：拆除。在沒有加壓總水管或軟管的情況下，防止火勢蔓延唯一的方法就是使它缺乏可燃物，而減少可燃物唯一可靠的方法，就是把鄰近所有的建築

---

27 富有的羅馬人經常僱用角鬥士作為保鑣。

28 當然，許多騷亂都是由瑣碎的事件引發的。亞歷山卓曾爆發一場騷亂，起因是一名奴隸和一名士兵爭論誰的鞋子比較好。據說以弗所的人曾因浴室的水太冷而暴動。

29 三世紀之初，閃電引燃了羅馬競技場的上層座席。儘管大家費了九牛二虎之力想撲滅大火——據說消防員「排乾了所有輸水道的水」，但大火還是燒毀了整個建築。花了多年維修，才終於能再次使用。

▲ 在羅馬港口奧斯提亞（Ostia）的大型公廁。（作者照片）

物全都夷為平地。他們用鎬、抓鉤和小型石弩完成這樣的破壞工作。瓦礫上鋪著浸過醋的毯子。等火勢受到控制後，附屬在每個警備隊的醫護人員負責救治受傷的平民。因疏忽而引發火災的人會遭到公開毆打。接著消防員回到他們的崗位，留下房東（和他們的保險員）來處理悶燒的廢墟。

在乾燥而風大的夜晚，火焰從一個屋頂蔓延到另一個屋頂的速度比消防員所能控制的速度還快時，皇帝可能會派出奴隸，或召集平民志工來協助對抗火海。然而有時候任何人都無能為力。西元六四年，羅馬史上最嚴重的一場大火持續了六天六夜，一直到數百棟建築物都被拆毀，形成龐大的防火線之後，才得以遏止。尼祿試圖用寬闊的街道和全部石造的結構來為這座城市防火。他的一位繼任皇帝在羅馬港口奧斯提亞建造了十四座「尼祿之火祭壇」獻給水神尼普頓（Neptune）——負責水中事務的神，也是消防救火的好盟友。[30]然而，就算是尼普頓，也無法阻止羅馬焚燒。

尼普頓在台伯河的管理上同樣不負責任。冬季大雨過後，台伯河水位可能會上升十五公尺，淹沒整個市中心，時間長達一週。人們提出過各種防洪的計畫：凱撒考慮在城市下方挖掘一條新河道，參議院委員會建議改變台伯河一些支流的路線，但都沒有實際的行動，洪水繼續淹沒建築物，牆壁長黴，糧食腐爛。

羅馬的糧食供應往往是麻煩的根源。大多數羅馬人的飲食以麵包為主，每年需要大約二十萬公噸小麥來養活這座城市，其中三分之一也許是透過著名的穀物救濟品（grain dole）制度發放，[31]其餘的則在自由市場上出售，但價格由政府監管。不論免費或是補助，羅馬的糧食都是

30 實際上負責防火的神是次要的女神斯塔塔·瑪特（Stata Mater，「防火之母」之意）。

31 到共和國晚期，羅馬政府開始向男性羅馬公民提供免費糧食。在帝國時代早期，領取免費糧食者的數量僅限於二十萬人左右，每個人領取的數量足以養活自己和一名家屬一個月。要領取穀物的羅馬人前往分配中心（一個很大的門廊），拿出一個標記。在接下來的一個月裡，他會把部分穀物交給附近的麵包師傅研磨和烘烤。到後來，皇帝乾脆省去了中間商，開始分發烤好的麵包。

從西西里島、突尼西亞，尤其是埃及的肥沃土地進口而來。每年夏季，數百艘糧食船駛入台伯河口廣闊的港口建築，透過人力或牛隻拖曳駁船逆流而上，把船運的貨物送到羅馬，並貯存在巨大的倉庫中。如果這個方法順利運作，市內及其周邊地區的糧食可供應無虞，但如果遭到惡劣的天氣、洪水或暴亂，造成供應短缺，羅馬就得勒緊褲帶了。儘管真正的飢荒很少見，但糧食短缺和價格上漲卻是常事。

羅馬有十一條輸水道，每天可以輸送數億加侖的水，因此供水比較可靠。與一般人認知相反的是，羅馬人並沒有被含鉛的水管毒害。他們知道鉛有毒，所以大部分的水管都是用陶土製成。此外，由於輸水道輸送的水中鈣含量很高，水垢很快就覆蓋了少數幾根鉛製的水管，防止金屬滲入水中。簡而言之，羅馬的水相當適合飲用，但它簡陋的污水處理系統可就談不上健康。

據估計，羅馬的人口每天產生四萬五千公斤糞便，其中一些是透過城市的公共廁所輸送。這些建築——經常有裝飾，偶爾還會加熱——位於繁忙的通衢大道旁，或是在浴場的隱密角落。它們通常會有一打或更多的座位並排而設——有時多達六十四個，沒有隔間，也沒有任何明顯的隱私考量。事實上，公共廁所的氣氛可能十分友好。一位羅馬詩人曾描述有一名男子在廁所中花言巧語，試圖說服同伴請客。由於輸水道溢出的水流沖洗了廁所座位下方的水槽，因此這些設施相對衛生——不像代替衛生紙的公共海綿。[32]比較急迫的健康危害是在通風不良的污水管道中積聚的甲烷氣體，偶爾污水管道會被點燃，讓火球冒出座位。[33]

私人浴廁很少會與下水道相通。由於古代管道沒有存水彎（traps），直接連接污水管道，使家裡充滿有毒氣體以及包括老鼠到章魚等害蟲。[34]可以想見大部分羅馬人寧可選擇化糞池廁所，通常設在廚房裡外，方便倒入廚餘。有些公寓建築設有公共污水坑，用赤陶土管與多個公寓單位相連。然而，絕大多數羅馬人的公寓裡只有夜壺。把夜壺裡的東西倒入下水道或廁所的人還算客氣，其他的人則把糞便丟到街上，與糞肥、垃圾和動物屍體混在一起。理論上，街道會由附近噴泉溢出的水清潔，這些水沿著排水溝流入下水道。然而事實上，這些水恐怕頂多只是潤濕了污垢。至少，收水肥的人可能會定期清理動物和人類排泄物，其餘的則任其腐爛散發出惡臭，直到一場大雨把它們沖走。

32 有人說，當時的人有時候會使用裝滿水的小罐（相當於現代的長嘴水壺或坐浴盆）來清潔肛門。

33 儘管廁所有令人厭惡的一面，但它至少確實降低了人們拉野屎的比率；許多羅馬屋主都發現必須要在靠街的牆上漆上警句 cacator cave malum（在此大小便天打雷劈）。另一方面，城市的漂洗工人則積極鼓勵人們公然小便，他們在街角放置罐子，收集用來清洗衣服的尿液。

34 根據一位羅馬作家的記載，有一隻大章魚穿過污水管闖入一間倉庫。當牠從廁所裡冒出來時，屋主與牠展開勝負難定的斧頭和觸手大戰，終於逮住了牠。

由於羅馬骯髒的街道是疾病的滋生地，因此人們體內都有寄生蟲爬行。他們飽受腸胃炎引發的腹瀉折磨，每年都會出現瘧疾的發燒和發冷症狀。下水道孳生的蚊蟲和看不見的病原體，而非火災或小偷，使得羅馬的生活成為死亡之前不愉快的短暫前奏。

13一奴隸多常獲得自由？

在古典時期的雅典和共和晚期的羅馬，每三個人就有一個是奴隸。[35]奴隸與自由人一起行走、工作和生活，他們說的是同樣的語言，穿的是同款式的衣服，但即使與地位最低的自由鄰居相比，他們還是有所不同：在毫無預警的情況下，他們會被出售，會受到毫不留情的懲罰，甚或被殺死，而對方不必擔心遭到報復。在法律眼中，奴隸不是人，而是工具或牲畜——用希臘文來說，就是「*andropodon*」：人腳上的東西。然而，除了這個基本的事實之外，同是奴隸，生活也有天壤之別。

許多奴隸在鄉村生活和工作，通常是在上流人物擁有的大莊園裡。也有奴隸在城市作坊裡工作，生產從盾牌到鞋子的各種物品。有些奴隸獨立生活，經營用部分所得向主人「租」來的

35 儘管一直都有奴隸存在，但在古典時期其他大部分的地區和時間，奴隸的數量較少。根據埃及紙莎草紙記載的證據，在羅馬帝國時代早期，約有一〇％的人口遭奴役。

店面。然而，在我們的資料中最常見的奴隸，是管理富人房屋相對享有特權的少數人。[36]這些奴隸娛樂並侍候主人，按摩他的四肢，管理他的財務，跟隨他上戰場和進浴場，並且為（至少有一位衰老的參議員）他刷牙。他們接受過訓練，可以滿足各種突發的興致。[37]有一個目不識丁的暴發戶想要擠進上流社會，於是他買下九個聰明的奴隸，要他們背誦一系列文學經典，然後帶他們去參加晚宴，以便他們隨時可以提示他名言雋語；另一個富婆沒那麼愛裝腔作勢，她很寵愛她的男舞團，喜歡在棋戲的空檔看他們表演。

除了管理有錢人的豪宅之外，奴隸還幫忙經營城市和治理國家。在古典雅典，奴隸維持公共集會的秩序，並從事處決囚犯和提交法律文件等苦差事。同樣地，在羅馬，奴隸負責維持輸水道的暢通，並且（一旦獲得自由）擔任消防隊員。皇室奴隸則是享有很高權威的特殊群體，負責管理宮殿，監督龐大的帝國資產網路，並協助管理羅馬帝國的財政。

與主人密切合作的奴隸有時會成為他們的心腹。例如，西塞羅信任他的奴隸祕書蒂羅（Tiro）管理他的財務，稱他為朋友，在他生病時為他安排最好的醫療。另一位羅馬參議員出錢讓一名獲釋奴隸（他最喜歡的希臘喜劇讀劇人）前往埃及養病。然而像這樣的幸運兒很少。得不到主人恩寵的奴隸通常都只有基本的食物，睡在狹窄的房間裡，正常家庭生活的權利也被剝奪。[38]對於在田野裡勞作的大批奴隸來說，生活十分艱難，至於在礦坑裡勞動的上萬奴隸，則如同活在地獄。這些男性和女性被鏈在令人窒息的黑暗中，經歷了最殘酷的非人待遇。

即使在比較友善的環境中，奴隸也總是會受到漫不經心的羞辱和殘酷的對待。例如奧古斯都曾經打斷一名奴隸的雙腿作為懲罰，並且毫不在乎地把將一名獲釋的奴隸釘死在十字架上，只因為他吃了一隻名種鬥鵪鶉。[39]後來的皇帝立法禁止主人閹割奴隸或（無故）把他們賣作妓女或角鬥士。然而，活活燒死陰謀反抗主人的奴隸卻是合法的行為。在日常生活中，主人對待奴隸的方式並沒有真正的法律或社會限制。受虐奴隸唯一的出路是逃到神廟（或在羅馬世界，逃到皇帝的雕像前）要求讓自己被賣給其他人。

儘管希臘人和羅馬人最後對奴役自己的同胞感到良心不安，但他們從未質疑奴隸制度本

36 羅馬貴族家庭通常擁有數百名高度專業化的奴隸。工作包括執鏡、擦洗銀器、繪畫經理和香油師傅。提比略有個奴隸專門以滑稽的方式模仿羅馬名人。

37 尤其是在羅馬世界，富有的主人為擁有特殊才能的奴隸支付天價。當大多數奴隸的價格在一千到三千塞斯特斯之間時，就有羅馬富豪為年輕英俊的斟酒奴隸付了十萬塞斯特斯，為（假的）同卵雙胞胎付了二十萬塞斯特斯，為著名的學者付了七十萬塞斯特斯。

38 很少有希臘奴隸能獲准戀愛結婚。同樣地，羅馬奴隸也不准結婚，不過非正式的結合似乎相當普遍。有些主人可能會鼓勵奴隸生孩子，但這樣做的人必須忍受可能遭販賣而使家庭破碎的可怕結果——這種做法在君士坦丁統治時期是合法的。

39 對懲罰自己的奴隸感到不安的羅馬人，可以按固定價碼租用公家的施刑者。

身。亞里士多德聲稱，缺乏自我管理能力的人（換句話說，野蠻人）是天生的奴隸。柏拉圖只反對對希臘人的奴役，尤其是對柏拉圖的奴役（他曾被易怒的暴君賣作奴隸）。即使是主張人人生而平等的斯多噶學派，也認為就野心和貪婪來說，肉體的奴役比起精神的奴役危害較小，他們只呼籲作主人的要仁慈。早期基督徒嚴厲批評對奴隸的性虐待，然而，儘管人們期望接受苦行修道生活方式的信徒會釋放他們的奴隸——曾有一名非常富有的虔誠婦女釋放了至少八千名奴隸——但很少有主教反對奴隸制本身，而且教會的發展似乎並沒有讓奴隸的數量顯著減少。

由於希臘和羅馬的主人沒有釋放奴隸的社會壓力，因此奴隸獲得解放主要是憑運氣。在危機期間，大量奴隸可能被解放成為士兵。動亂也為古代罕見的大規模奴隸起義創造了條件，其中最著名的是由角鬥士斯巴達克斯（Spartacus）所領導，共有七萬名奴隸起義抗暴，他們摧毀了兩個羅馬軍團，最後遭到鎮壓。比較常見的是個別的奴隸偷溜。[40]例如西塞羅的一名奴隸圖書館員逃到克羅埃西亞的山區，從此音信杳然。然而嘗試逃跑的情況相對稀少，被捕獲的逃奴會受到殘酷的懲罰，即使他們設法逃脫捕捉奴隸的人，也可能會發現自己受到排斥。

對大多數奴隸來說，解放（manumission，同意給予自由）是擺脫束縛唯一可行的方法。奴隸獲得自由的機會取決於他或她與主人的關係。農村莊園裡的奴隸幾乎不能指望和主人建立有用的融洽關係，而另一方面，受寵的家奴則有合理的機會。主人經常釋放他們的情人，有時——至少在羅馬世界，是為了與他們結婚。[41]有些人也釋放年輕的奴隸（通常是他們的親生子女），並收養他們作為繼承人。擔任私人祕書和研究助理的奴隸也有望獲得自由，在主人的商業企業中擔任關鍵角色的奴隸亦同。作為獨立工匠的奴隸則通常能夠購買自己的自由。

奴隸解放的儀式各有不同。在希臘世界，奴隸主可以正式把奴隸「賣」給神明，在節慶時宣布奴隸自由，甚至舉行審判，起訴奴隸並敗訴。羅馬奴隸可以正式登記為公民，在官員面前宣布獲得自由（即使官員只是路過），或者在證人面前獲釋。希臘和羅馬的主人都會在遺囑裡釋放奴隸。[42]

在雅典和其他希臘城市，獲釋的奴隸不是公民，無法參與政治或擁有房地產。相較之下，

40 奴隸主至少有能購買一次逃奴保險。亞歷山大大帝的一位官員需要為他的行李搬運車找搬運工，於是允許任何願意把奴工借給他的主人登記所屬奴隸的價值，並用幾個德拉克馬購買全額保險。

41 維斯帕先（Vespasian）、安敦尼．庇護（Antoninus Pius），和馬可．奧理略這幾位皇帝，在妻子去世後都與獲得自由的奴隸情婦同住（她們生育的子女不算婚生子女，因此不會造成繼承危機）。據說一位傑出的演說家擁有整個自由人情婦網路，分散在雅典各地。

42 羅馬人對於同時釋放數百甚至數千名奴隸的社會和經濟後果感到不安，因此把透過遺囑釋放的奴隸數量限制為一百名。

羅馬的獲釋奴隸成為正式公民（儘管他們擔任主要公職的資格遭到取消）。在這兩個社會中，獲得自由的奴隸對先前的主人依舊負有持續的義務，其中有時包括兼職無償勞動，在公眾面前也總得要對主人表示尊敬。儘管有些奴隸獲釋後不太適應自由，但許多都能致富，通常是在他們受奴役時所學到的行業中。例如，古雅典最著名的自由民是富有的銀行家帕西翁（Pasion）和福爾米翁（Phormion），他們都是奴隸職員出身。有些羅馬自由民透過商業投機或政務服務，累積了巨額財富，也有一些十分傑出，能夠娶到身分高的自由女性。一名自由民甚至累計擁有四一一六名以上的奴隸。

獲得自由的奴隸及其後代在許多領域都取得了傑出的成就，尤其是在羅馬世界。劇作家泰倫斯（Terrence）曾是奴隸，詩人賀拉斯（Horace）則是自由民之子。斯多噶派哲學家愛比克泰德（Epictetus）也是自由民，因在主人手中受傷而跛足。教宗加里多一世（Callixtus I）曾是奴隸；基督徒的大迫害者皇帝戴克里先可能是自由民的兒子。然而，最令人印象深刻的履歷屬於羅馬女奴穆薩（Musa），她後來成帕提亞帝國（Parthian Empire，即漢朝史籍所載的安息帝國）的太后。簡而言之，古代奴隸制可能未必是無期徒刑，但僅限於少數有才華的幸運兒才有望脫離。

14 離婚常見嗎？

每個認識這對夫婦的人都預料到他們將來必然免不了分手。他個性衝動、處事笨拙、個性卑鄙、脾氣暴躁。她生性多疑，盛氣凌人，性情和她丈夫一樣火爆。他們在坐立不安的客人面前互相攻擊、爭吵、尖叫。最後，在經歷多年不斷加劇的痛苦之後，不可避免的事情發生了：她搬了出去，而他則接受現實。我們都聽過類似的故事。然而，這對特別的夫妻是昆圖斯（Quintus）和龐波尼亞（Pomponia），這段特殊的婚姻在西元前四五年宣告失敗。

有些哲學家認為婚姻是一種消遣，有些有錢人認為這是一項糟糕的投資，有些教派譴責它是一種罪惡。然而在古典世界，幾乎其他所有的人都認為婚姻是必要的。只有透過婚姻，夫妻才能生育合法的孩子；只有透過婚姻，大多數男女才能達到某種程度的社會和經濟穩定；只有透過婚姻，權力菁英才能保持菁英和權力。

簡而言之，婚姻必不可少。此事非同小可，不能過度受到情感的影響。幾乎所有的婚姻都是由求婚者和準新娘的家人所安排的，新娘本人幾乎沒辦法插嘴，部分原因是她通常很年輕。

大多數希臘和羅馬女性還是少女就結婚了。貴族新娘往往剛過青春期，羅馬法律允許的最低結婚年齡是十二歲。相較之下，大多數男性則是在二十多歲或三十出頭結婚。夫妻年齡有十或十五歲的差距反映出婚姻目的的古老觀念：男人已經站穩腳跟，可以養家糊口，而女人則剛踏進生育年齡的門檻。一般認為夫妻雙方以彼此的愛戀來建立他們的關係並非必要，甚至也未必可取。

儘管婚姻之初存在著精打細算的考量，但理想的婚姻始終是和諧的終生關係，尤其是在較富裕的城市家庭中，夫妻應該相輔相成，作丈夫的在較廣闊的世界中賺取收入，妻子則在家中養育子女。雖然人們期望丈夫擔起主導的責任，但他也應該尊重妻子。然而這個理想卻因性權利的雙重標準而受到破壞。由於男性作為子女父親的身分，和他的男子氣概不容懷疑，因此女性通姦就受到最強烈的譴責；然而已婚男子通常可以自由地與妓女、奴隸和（在古典希臘）公民男孩發生性關係，[43]只有在引誘公民婦女時，他們才會面臨法律的制裁。

儘管許多希臘和羅馬婦女有離開丈夫的絕佳理由，但大部分離婚都是由男性提出，因此最常見的離婚原因是女性通姦。羅馬和雅典的法律都要求公民與不忠的妻子離婚。一名捉姦在床的婦女被不光彩地送回娘家，她出軌的對象——如果沒有被憤怒的丈夫當場殺死，也很可能會受到公開羞辱，有時人們會用拳頭大小的蘿蔔或帶刺的魚塞進他的肛門。不孕也可能會導致離婚。一名不舉的雅典男子毅然與妻子離異，讓她能擁有一個家庭，而有一位斯巴達國王則採取權宜之計，再娶一個妻子，避免離開他深愛但不孕的另一半。[44]根據後來的傳統，羅馬歷史上的第一次離婚同樣與一位無法生育的婦女有關。而最後，夫妻有時候就是感情漸漸疏遠了，例如雅典政治人物伯里克利（Pericles）與妻子和平分手，還幫助安排了她的再婚。根據羅馬時期埃及莎草紙上的敘述，處不來似乎是中產階級離婚常見的原因。

按現代標準來看，古典時期的離婚不正式的程度簡直驚人。沒有儀式，沒有正式的訴訟，而且——最奇怪也是最棒的是，沒有律師。在古典雅典，離婚可以由丈夫、妻子的父親，或（比較有難度）妻子提出。[45]在每一種情況下，婦女都會回到她的娘家。男方唯一的法律義務就是

---

43 然而，在某些地方和時期，風流韻事會受到社會期望的約束。在希臘化時代和羅馬時期的埃及，外遇（與女子或男孩）有時會成為離婚的理由。而且從受歡迎的哲學家和醫師的建議來看，羅馬帝國時代似乎有一種普遍的觀念，即丈夫應該把自己的性欲衝動限制在婚床上。

44 雖然古典世界的規則一直都是一夫一妻制，但也有一些例外。在斯巴達，年老或無能的丈夫可以邀請一位更有活力的熟人與妻子生孩子，任何女人都可以（在丈夫的允許下）和另一個斯巴達公民上床。在伯羅奔尼撒戰爭期間，雅典人實驗重婚，顯然是為了支持戰爭寡婦。當然，並非所有非正統的居住安排都得到國家的批准。一位羅馬自由婦女的墓誌銘就毫不羞赧地描述了一個「三人行」的家庭。

45 如果妻子的父親去世，而且她是唯一的繼承人，則法律要求她離開丈夫，並嫁給她的叔叔伯伯或堂兄弟，以保住家族財富。

歸還她的嫁妝，否則他可能會在法庭上遭到起訴。儘管離婚在羅馬也同樣簡單——只要一對夫婦自認為不再是婚姻狀態，就是合法離婚。但菁英階層的慣例是，要離婚的一方派自由人送短信通知配偶。離婚可以由女方把房子鑰匙交給她的前夫作為正式的手續，而前夫則用儀式性的短句回應：「帶著你的東西走吧！」和雅典人一樣，離婚的羅馬男子得負責歸還妻子的嫁妝。不過也像在雅典一樣，他通常擁有這段婚姻所生子女的單獨監護權。

古典世界的離婚頻率很難估量。在共和國最後的那段日子，雄心勃勃的羅馬政客把他們的妻子送給他們所支持的政治人物，而且也幾乎同樣頻繁地換妻。例如凱撒結過四次婚，他的競爭對手龐培和他的門徒馬克・安東尼都結過五次婚。[46]儘管奧古斯都皇帝自己也曾離兩次婚，但他支持懲罰婚外關係的婚姻法（也避免了藉通姦操弄政治的風險）似乎降低了羅馬菁英的離婚率。

我們對其他古典世界其他人口的離婚頻率知之甚少。從莎草紙的紀錄來看，離婚在羅馬埃及很常見，但並不特別頻繁。沒有理由認為其他地方的婚姻會更加脆弱。經濟和社會壓力都阻礙了離婚。對男人來說，離婚就意味著失去妻子的嫁妝。對女人來說，這意味著尊嚴的終結，意味著回歸往往會充滿敵意的娘家，以及失去孩子的事實。我們沒有統計數字，但毫無疑問，大多數希臘人和羅馬人仍然保持婚姻狀態，無論好壞，至死方休。

15 男人和男孩之間的關係會不會引起非議？

西元一三〇年，羅馬帝國得到了一位新神。這件事本身不足為奇，羅馬萬神殿總有空間收容一位大器晚成的神祇。只是這位特殊的神明是哈德良青春年少的男寵安提諾烏斯（Antinous），不久前才去世。他淹死在尼羅河之後，悲傷的皇帝決定——帝國的人民也善體人意地同意：安提諾烏斯應該列入不朽神明的殿堂。先前一顆毫不起眼的星星，如今被視為是這名魂歸離恨天青年的靈魂，忠心耿耿的各個城市找出種種理由，為這位清秀動人的神明建造幾尊雕像。對安提諾烏斯的膜拜和他的神諭在各行省興起。哈德良在尼羅河畔建立了安提諾波利斯（Antinoopolis），這座城市擁有寬闊的大道、陰府之神安提諾烏斯巨大的神廟，以及這名溺水男孩黯然神傷的肖像。

46 當然，並非所有共和國晚期的離婚都是政治性的。西塞羅離開了結婚三十年的妻子，娶了一個年輕得多的女人（可能是為了她的嫁妝），接著他很快就又與她離婚了。小加圖（Cato the Younger）與妻子離婚，讓她嫁給一個沒有孩子的朋友，等這位朋友去世後，又與她復婚。

▲ 神化的安提諾烏斯，具有狄奧尼索斯和冥王奧西里斯（Osiris）的屬性。這尊巨大的雕像現藏於梵蒂岡博物館。（作者照片）

在希臘和羅馬，與男孩發生性關係不算變態或猥褻兒童。一般認為男人本來就會被女人和男孩所吸引，只要他們愛戀的是合適的男孩，並以正確的方式處理這段關係，他們的行為就不會受到懲罰或批評。男寵也不算同性戀。在古典世界中，男人的性認同不是由他欲望的對象，而是由他在性關係中所扮演的角色來定義。生下來就是男性自由人在性行為中應該扮演主動積極的角色。[47]他們的性伴侶是女人或男孩相對不那麼重要，因為後兩者的社會地位都較低。

男人和男孩之間的關係在古典希臘最為明顯，少年愛（pederasty，字面意思是「愛男孩」）公開而普遍，這通常包括一名成年的男性公民（通常是二十多歲，有時更年長）和一名十來歲出頭到青少年中期的公民男孩。[48]儘管名義上和就某種程度的實際上，這是指導青少年，引導他們進入成人社會的手段，但其實卻總是建立在身體的吸引力，和我們所謂「法定強姦」（statutory rape）的基礎上。

少年愛這種男色關係的起源是個謎。古代作家推測，它最初是一種控制人口的措施，也可

47 古代的男子氣概與性方面的自信密不可分：有個古老的寓言說，普羅米修斯在用黏土塑造人類的過程中喝醉了酒，錯把男性生殖器黏在一批女性的身體上，因而創造了喜歡被侵入的男人。

48 一般的年齡範圍似乎是十二歲至十八歲——大致是從青春期開始到結束。人們認為男孩在十四歲左右，臉上剛開始長出鬍渣時，最具吸引力。

能是發生在伊底帕斯的父親看上了另一位神話親王的兒子之後。現代學者則列舉了其他因素，例如把希臘婦女排除在公共領域之外、男性入會儀式的傳統，以及宣傳貴族團結的願望。無論這種現象興起的原因是什麼，到西元前六世紀，它已在希臘各地流行，不過各地的風俗有所不同。年輕男子和男孩之間的關係被融入斯巴達著名的凶悍軍事教育中。[49]底比斯（Thebes）市發展出聖隊（Sacred Band），這是一支由一百五十對男性戀人組成的精銳部隊，倍受尊重。不過我們了解最多的還是雅典的現象，少年愛是上流社會的標記。

雅典的少年愛行為總是在關係密切的氏族，和貴族酒氣沖天的酒會中最為盛行。由於牽涉其中的男人和男孩都來自這座城市最好的家庭，因此這種關係受到為保護當事雙方避免蒙羞而制定的慣例約束。正如我們所看到的，人們理所當然地認為男人會受到青春少年的吸引，也認為男孩對成年男性只有輕微的性興趣。換句話說，男孩必須受到追求，不能光是給他們金錢，因為這意味著他們是妓男。必須致贈象徵這名男子愛情的禮物，例如野兔或鬥雞。至少在理論上，男孩可以拒絕這種示愛。

如果一個男孩接受追求者的愛，就會陪伴追求者參加社交聚會，引入他的朋友和盟友圈，並在公民政治的世界中獲得第一個立足點。然而，他也應該在性方面滿足男人。如果我們能相信花瓶畫上的證據，尊重的情人理當自制，把陽具插在男孩的大腿之間，避免讓他遭受肛交的恥辱。然而大部分男人恐怕都做不到。這種關係一直持續到男孩成年為止。過了那個時候，性就成了可恥的行為，因為這名男子正在貶低另一個公民同胞，而這個男孩則未能承擔他作為獨立自主成年人的適當角色。

在羅馬社會，公民男子和公民男孩之間的性關係是難以想像的。然而羅馬男子卻能隨心所欲地與奴隸男孩一起上床，這種做法在菁英階層中很普遍，他們為英俊的年輕人支付巨額費用。[50]在宴會上，這些寵兒往往是主人的斟酒人；就像哈德良的安提諾烏斯一樣，他們陪伴主人旅行，有時戴著絲綢面具來保護自己的膚色。[51]儘管後來的皇帝禁止奴隸男孩賣淫，但直到古代晚期，主人仍然繼續公開與年輕的寵兒睡覺。一直到羅馬世界信奉基督教之後，這種關係才被法律禁止。

一千年的孌童情色關係並未受到當時同代人的直接批評。儘管這種行為在喜劇中受嘲笑，

49 斯巴達人對雞姦上癮，在雅典成了流傳的笑話，在雅典，有人把肛交稱為「斯巴達式」。
50 奴隸販子知道青春期的男孩能賣到最高的價格，於是他們用羊睪丸的血塗抹英俊青年的臉，一般認為這種物質可以抑制鬍鬚的生長。
51 一如既往，我們最常聽到的是皇帝的罪。據說提比略有一整隊受過訓練的男孩奴隸，在他游泳時像小魚一樣啃咬他。也有傳説提到尼祿閹割了一名青春期的男孩，使他看起來像他死去的妻子。

並受到柏拉圖晚期作品的譴責，但在古典雅典，這似乎相對較無爭議。後來，尤其是在受斯多噶學派影響的知識圈，道德譴責比較普遍，然而卻從未到達顯著阻止這種做法的程度。羅馬帝國時代的希臘作家進行了風格化的辯論，對比女性和男孩的優點。在最長的一次辯論中，女性占了上風，但這是在對男孩之愛進行了大量毫不悔改的狂想之後。具有哲學傾向的羅馬作家對少年愛往往比較不屑，認為它不自然，或者充其量是輕浮行為。馬可．奧理略很慶幸自己能夠克制自己，抗拒奴隸男孩的魅力。

當然，羅馬奴隸別無選擇，只能屈從他們的主人。希臘男孩則至少有一點意志力，所以如果他們願意作男寵，應該是喜歡對方，甚至以受到戀人的注意為榮。有些少年確實可能把向他們求愛的男人視為榜樣，或以他們取代父親的角色——有一幅雅典塗鴉，顯然是一個少年寫的，就讚揚了他情人的勇氣。然而，我們也聽說過男孩抵抗男人的進犯。據傳，一名英俊的少年為了躲避一個想和他上床的暴君，而躍入沸水鍋中。至少一個體育館有正式的禁令，禁止酒鬼、瘋子和孌童進入。

16—為什麼他們的許多雕像都裸體？

我們不知道他的名字。我們所知道的只是，他有一把錘子、一把鑿子和一個任務：消滅眼前每一個石頭陽具。幾個世紀以來，希臘城市阿芙羅迪西亞斯（Aphrodisias）一直布滿裸體雕像和浮雕。然而如今，羅馬帝國已經成了基督教國家，藝術的裸露變成禁忌，阿芙羅迪西亞斯的善良人民決定要淨化他們的雕像。他們僱來執行這項任務的這個工人停了下來，敲碎了裸女雕像堅挺的乳頭，但他主要的目標是陽具。有些神和英雄受他一錘精準的敲擊去了勢，其他的則靠著仔細的鑿工而喪失了男性的特徵。無一倖免。

人們對裸體的緊張不安導致阿芙羅迪西亞斯的居民閹了他們的雕像，這種事在古代晚期之前從沒有聽說過。一千年來，希臘人和羅馬人委託製作並展示裸體的雕像，不需要遮羞的無花果葉，也毫無疑慮。自文藝復興以來對這種習俗的模仿，使我們許多人都分享了希臘羅馬風格的想法，認為裸體形式是藝術家適當的主題。然而我們往往會忘記這種想法在文化上是多麼特殊，以及希臘羅馬雕塑的裸體是多麼不同凡響。

這一切都始於希臘人，他們對裸男身體的欣賞前無古人，後無來者。在某種程度上，這反映了希臘男人不穿衣服的時間異常長的事實，只要他們在鍛鍊身體、參加運動比賽，或光是在體育館裡閒逛時，全都赤身露體。這種習俗背後的原因不得而知。希臘人似乎認為不穿衣服運動比較方便，而且可能也比較安全。[52]然而，纏腰布並不會真正地妨礙動作，而且希臘某些運動項目的運動員——例如拳擊和摔跤的殘酷合體「潘克拉辛」（pankration，即搏擊），需要

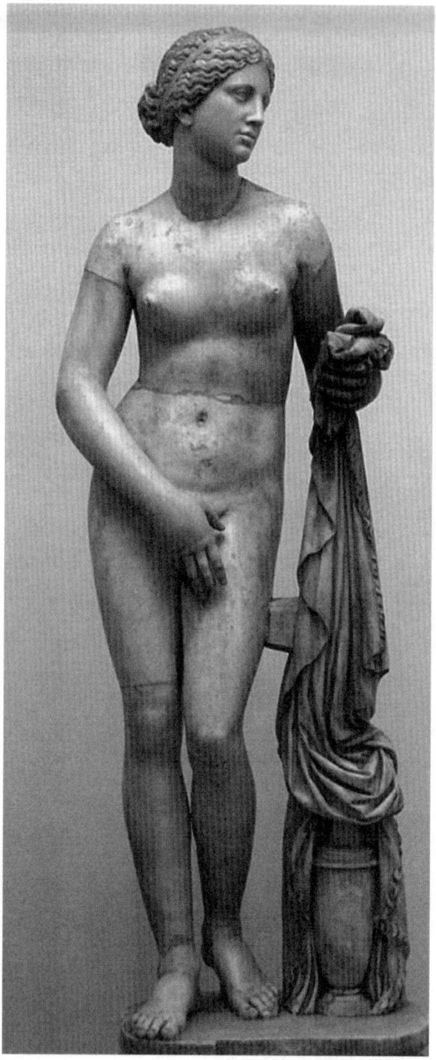

▲《克尼多斯的阿芙羅黛蒂》的眾多羅馬複製品之一。經修復的二世紀雕像現藏於羅馬阿爾騰普斯宮（Palazzo Altemps）。（攝影：Marie-Lan Nguyen，維基共享資源）

大量的踢腿動作——如果他們能保護自己的生殖器，效果會更好。最後，在體育館和運動比賽中裸體，也可能是為了平等：裸體的人看不出財富或地位。

大約在裸體成為希臘運動員標準打扮的同時，裸體男子雕像開始出現。儘管這些雕像的理想身材一定是以在健身房鍛鍊的運動員為藍本，但它們絕沒有寫實之意。[53]他們的裸體是為了傳達某種訊息，訊息的本質因時期、背景和主題而異。由於大多數古典希臘雕像和浮雕不是為了向眾神致敬，就是為了紀念死者，因此人們過去常以為希臘藝術中的裸體是顯示某人是（或類似於）神或英雄的方式，但如今學者認為裸體有更廣泛的意義，而且有時只不過是一種引人注意的表現。就算先前沒有，到了希臘化時代，它也已經成為一種藝術的傳統手法，幾乎自動地用在各種背景之下。

52 在運動競賽中裸體比賽的習慣，有時據說是在一位掉了纏腰布的短跑運動員贏得奧運會賽跑之後開始的。另一種說法是，一名賽跑選手不知何故被自己的纏腰帶絆倒，摔斷了脖子。第三種傳說解釋了為什麼奧運會上的訓練員（不參與運動）不穿衣服：據說有一次，一位寡婦喬裝成教練，跟著兒子去參加奧運，被人發現時，雖然免除了應有的懲罰——被扔下最近的懸崖，但法令規定，此後所有的訓練員都必須裸身。

53 然而有時，生活會模仿藝術。個性古怪的希臘將軍阿戈斯的尼科斯特拉托斯（Nikostratos of Argos）喜歡穿著像海格力斯的衣服參加戰鬥：裸體，肩上披著獅皮，以宣傳自己的力量和勇氣。

由於女性被排除在體育世界之外，並且處於主宰公共生活和公共雕塑的運動、政治和戰爭的聯結之外，因此女性裸體是後來的發展。希臘花瓶畫有展示裸女（通常是妓女）的傳統，但直到古典時期之末，第一個真人大小的裸女雕塑《克尼多斯的阿芙羅黛蒂》（Aphrodite of Knidos）才出現。這座刻畫正在沐浴的愛神雕像，模特兒是名妓芙里涅（Phryne），她非常美麗，據說曾因裸露乳房而贏了一場官司。不論這個故事的真相如何，阿芙羅黛蒂的雕像立刻引起轟動[54]，牢牢地奠定了裸女在希臘羅馬雕刻中的地位。

裸體，無論男女，在早期羅馬共和國的生活和藝術中都沒什麼地位。起初任何形式的公開裸體似乎都是禁忌：比如人們認為赤身露體的男人不倫不類，就連親生兒子看到自己裸體也不妥當。可以想見，羅馬沒有本土的裸體雕塑傳統。可是一旦將領開始征服東方，帶回希臘的傑作，許多羅馬菁英就成了希臘裸體藝術品的收藏家和鑑賞家。不久，羅馬的貴族顯要就開始訂作自己的裸體雕像。[55]

有些羅馬上流階級——其中首次包括了女性，在帝國時期繼續訂製裸體人像雕塑，不過帝國時期大多數的羅馬裸體雕塑要麼是希臘傑作的複製品（這些傑作是大量製作的，放在別墅和花園中展示），要麼就是皇帝的人像。這些帝王雕像模仿希臘英雄和神的形象，並傳達了皇帝教人敬畏的超人權力。有些雕像碩大無朋，只是即使是最威風凜凜的人像也跟所有傑出的希臘羅馬裸體雕像一樣，搭配的陽具尺寸過小，因而特別顯眼。

我們沒有理由認為古代男性天賦的寶貝不如現代男性。[56]然而在古典藝術品中，只有奴隸、蠻族，和零星的神話人物才會有大的老二。造成這種不成比例不相稱的原因有幾個。首先，正如我們所見，希臘雕塑中的男性裸體與體育館的世界息息相關，始終是以青少年運動員為藝術理想，呈現他在劇烈運動期間或剛結束後的模樣。而劇烈運動，尤其是裸體進行的劇烈運動，會導致陰莖和睪丸收縮。在長跑或摔角比賽後，裸體運動員的生殖器會明顯縮小。這個事實無疑造成了藝術的傳統。

---

54 這座雕像坐落在一座小廟的花園中，成為著名的旅遊景點。據說有一名年輕人深深迷戀它的美麗，因而對雕像作了禁忌之舉，結果留下了一個變色的污點，永遠刷不乾淨。

55 不過羅馬裸體與希臘裸體在兩個方面有所不同。羅馬裸體雕像的頭部往往是寫實的，有時與他們年輕和理想化的身體形成鮮明對比。而且他們經常會技巧地用斗篷覆蓋生殖器，因而不致全裸。

56 他們並不恥於展露自己的生殖器。有個雅典街頭幫派的成員就自稱是「Ithyphalloi」——意即「勃起的陰莖」。比較委婉的翻譯可能是「無畏的老二」。

然而，尺寸過小的生殖器一直是把現實風格化的一種表現，目的是要傳達他們暫時化身的那個男人的訊息。尤其特別小而且刻意刻畫得不起眼的陰莖宣揚的是自制。[57]在希臘花瓶畫上以及偶爾在雕塑中都可以看到男人那話兒上套著「狗繩」，用來強調這一訊息——一根繩子綁在陰莖上，把包皮拉到陰莖頭上，讓它向後捲曲。儘管運動員在訓練中，有時會在以這種方式束縛自己的生殖器，但「狗繩」在藝術中則是一種訊息，是以不那麼直接的形式傳達自我約束。[58]

和希臘羅馬藝術中那些生殖器小巧玲瓏的紳士對立的，是一柱擎天的蠻族和怪物——因為缺乏自制力而被如此定義的人和野獸。然而，古典藝術中最壯觀的生殖器卻屬於眾神。在古典希臘，最出類拔萃的陽具之神是負責葡萄酒和植物（以及其他）的狄奧尼索斯。在紀念酒神狄奧尼索斯的遊行中，就以裝在馬車上或由一群人抬著的巨大木製陽具，來象徵與生育力的聯繫，最大的紀錄長達五十四公尺。[59]後來狄奧尼索斯天賦異稟的兒子普里阿普斯也加入了他的大雕行列。普里阿普斯一直都不是重要的神，他基本上是X級的草地守護神，他的小雕像安置在花園裡是為了嚇阻鳥和小偷。

為了保持生育象徵的角色，因此雕刻或彩繪的陽具被視為幸運符。在古典雅典，路邊和許多房屋的門旁都矗立著荷米斯（Hermes）陰莖搶眼的粗糙雕像。羅馬兒童佩戴陽具護身符以避邪。在每一位凱旋的羅馬將軍戰車下，都掛著一根搖曳的神聖陽具，這是向（在所有人中偏偏是她們）維斯塔貞女（Vestal Virgins，羅馬女灶神維斯塔 Vesta 的六名處女祭司）借來的。無論是幸運符或是節制的標記，雕刻的陰莖都是古典城市景觀不可或缺的一部分。隨著基督教改變了對裸體的態度，這些大理石雕刻的肉體才逐漸開始顯得令人難以接受。

57 在雕塑中，就像在現實生活中一樣，文明的陰莖也是未受割禮的陰莖。雖然在古典歷史的大部分時期，埃及和中東部分地區都實行割禮，但希臘人和羅馬人認為這是對人體的噁心殘害。一位羅馬醫生甚至說，只有包皮因壞疽而脱落時，才允許進行包皮環切術。哈德良皇帝認為割禮等同閹割，他把割禮定為可判處死刑的罪行。這種作法惡名昭彰，因此想要使用地方體育館或公共浴室的猶太人有時會接受稱為 epispasm 的恢復包皮手術，這種手術做起來比聽起來更教人不快。

58 只有希臘人用「狗繩」。羅馬人更喜歡鎖陰術（infibulation），這是用線（後來用環）穿過包皮的穿孔以隱藏陰莖頭的小手術。受這種手術折磨的似乎主要是青少年（為了防止他們自慰）、歌手（為了讓他們的聲音更高），和奴隸（為了讓他們在浴室服侍主人沐浴時，保持適當得體的外觀）。

59 教人懷疑當行列走到轉角時，它是怎麼過去的。

第三部
信仰

17 他們相信他們的神話嗎？

根據可靠作者的說法，宙斯與他的兩個姊妹、至少六位嬸嬸阿姨、一百一十五名凡間婦女、無數的山林女神，以及大地之母（也是他的祖母）發生性關係。他把一個情人變成了一頭牛，不小心融化了另一個情人，還故意吃了第三個情人。在風流韻事所餘的罕有時刻，他心不在焉地統治宇宙，動不動就與其他神明爭吵，毆打不幸的凡人，還被怪物打斷腿筋。希臘人和羅馬人真的認為他們至高無上的神會這樣嗎？

要了解神話的意義，我們必須由希臘羅馬宗教的本質著手。幾乎所有的希臘人和羅馬人都承認眾神存在，而且對人類的事務很有興趣。雖然有哲學頭腦的菁英成員推測有單一至高無上的神或主神存在，但大多數人都同意有許多神。眾神中，十二位（左右）「奧林帕斯神」——以宙斯／朱比特為首的混亂上天家族最偉大。[1]但人們認為還有無數其他神明，從小妖魔到令人敬畏的母神西布莉（Cybele）和艾西斯（Isis）。

希臘和羅馬的宗教活動是地方性的、傳統的和現世的。儘管對眾神的信仰是意料中事，但

▲ 奧林帕斯十二神。由左至右分別是：赫斯提亞（Hestia，灶神，相當於羅馬神話中的維斯塔）、神使荷米斯、愛神阿芙羅黛蒂、戰神阿瑞斯（Ares）、農業女神狄蜜特（Demeter）、火神赫菲斯托斯（Hephaestus）、天后赫拉（Hera）、海神波賽頓（Poseidon）、智慧女神雅典娜（Athena）、眾神之王宙斯（Zeus）、月亮女神阿提米絲（Artemis）和太陽神阿波羅（Apollo）。圖中每一位神明都表現出自己的特性。例如，赫拉拿著權杖，波賽頓拿著三叉戟，宙斯揮舞著他的雷電。羅馬古城塔倫托（Tarentum）的浮雕，呈現奧林帕斯眾神的行列，現藏於美國馬里蘭州沃特斯藝術博物館（Walters Art Museum）。（公共版權圖片）

人們認為你對神的想法遠不如你為他們所做的重要。眾神可沒有讀心的習慣，也不會審視信徒的靈魂，他們要凡人以崇拜來換取他們的恩惠；而凡人崇拜他們最有效的方式就是獻祭。

人們為自己而向諸神獻祭，供品從微薄的蜂蜜蛋糕到牛隻，豐儉皆可。他們也舉行集體祭祀，為了公眾的福祉可能會屠宰數十甚至數百隻動物。這些儀式一絲不苟地執行，一向是古典宗教的核心。希臘人和羅馬人都從沒有制定過宗教經文法典、祭司的等級或道德規則。兩者其實都根本沒有真正緊密結

1 希臘人和羅馬人總以為他們的神受到所有民族的崇拜，只是名稱不同。例如有個神話說埃及的神明都是獸頭，因為希臘諸神逃到埃及，偽裝成動物，以躲避可怕的怪物提豐（Typhoeus）。有些希臘人推測，猶太教的神其實是狄奧尼索斯。

合的宗教，因為每個城市和村莊都有自己敬拜神明的傳統。這種豐富的多樣性由一些共同之處平衡：以奧林帕斯眾神為中心的共有萬神殿、一些著名的聖殿和神諭，以及我們稱之為神話關於諸神的龐雜故事。

希臘文學的頭幾部作品《伊里亞德》和《奧德賽》創作於西元前八世紀。那時希臘神話中所有熟悉的人物都已經出現：以宙斯為首的萬神殿，由較小神明組成的星雲星系，以及一群雖然不免一死但卻是超人的英雄。古典希臘作家推測這些神話發生在他們當時之前大約一千年——按照我們的算法，應是西元前一千五百至一千二百年間。然而人們也明白，神話中的過去與他們的現在有本質上的不同：以前的人比較高比較強壯，當時有可怕的怪物在荒野中遊蕩，諸神（以多種方式）更輕易地與人類往來。

在文化上，希臘神話具有多種功能：有些神話解釋了自然現象，有些則描述了宗教儀式的起源，還有一些人驗證了社會制度、提出了領土的主張，或認可了道德的原則。但很少神話具有任何單一的目的。大多數就是故事，僅此而已——人們對這些故事耳熟能詳，而且它們幾乎具有無限的彈性，人們不厭其煩地一說再說，闡釋再闡釋。儘管某些神話的文學記載享有盛譽，但沒有任何確定的版本。

那麼希臘人和羅馬人相信他們的神話嗎？一如所料，沒有單純的答案。對於大多數不識字的人，我們幾乎完全不知道他們的想法。不過至少菁英階層的成員認為社會大眾相信這些神話。一位專業解夢的作者說，大多數人都相信有關神明和英雄的故事，因此常會夢到他們。另一位作者則表示，他家附近的農民把希臘神話中特洛伊戰爭的領袖阿格曼農（Agamemnon）想像成現任的羅馬皇帝。[2]不說別的，這些神話當然塑造了人們應該怎麼想像諸神，而且因為神話中的諸神既熟悉又易懂，也可能擁有真的受人歡迎的吸引力。

菁英階級對這些神話的看法比較容易證實。大多數受過教育的希臘人和羅馬人都承認眾神存在，認可舉行傳統的宗教儀式，並且熟悉經典故事。但早在西元前六世紀，就有一些希臘哲學家和公共知識分子就開始批評傳統故事。古典時期一些比較激進的思想家提出的理論是，這些神話是古代歷史中半遺忘的事件，而諸神則是誤被記錯的人類國王。其他人推測，眾神和神話是在遙遠的過去發明，用來作為政治控制的手段。柏拉圖認為這些神話具有破壞作用，兒童不宜。亞里士多德認為它們是大眾的麻醉劑。後來的哲學家也同樣持批判態度。伊比鳩魯學派排斥神話，認為它們是人類無知和恐懼的產物；他們的斯多噶派對手則把神話重新解釋為寓

2　一位羅馬百夫長的墓誌銘言簡意賅地指出，他看到了「裸體的山林女神」。很難說這些女神究竟是不是神話。

言。[3]

在羅馬歷史之初，羅馬人就把他們的神祇和神話與希臘人的神祇和神話同化了。然而羅馬的菁英分子似乎認為希臘神話知識基本上是文化素養的問題，許多人都支持當時以哲學態度來看神話的作法。例如斯多噶學派的馬可・奧理略在他的《沉思錄》（*Meditations*）中把眾神寓言化，認為宙斯等於大自然。與他同時代的諷刺作家盧西恩（Lucian）寫了幾篇嘲笑這些神話的論文，其中一篇描述眾神驚恐地看著一位伊比鳩魯派的哲學家證明他們不存在。

無論哲學傾向如何，受過教育的希臘人和帝國時代的羅馬人往往會把對諸神的真誠信仰和對神話中不道德的厭惡融合在一起。一種越來越風行的折衷辦法是把神話歸咎於惡魔。在天空中遊蕩的小魔鬼早已經是流行宗教的特徵，但在帝國時期變得更加顯眼，柏拉圖派的哲學家開始強調他們的重要性，認為他們是人類與諸神的中間人。許多菁英人士相信神話中的眾神實際上是魔鬼（有些是邪惡的，有些則只是淘氣），他們在遙遠的過去迷惑人類。

在古代晚期的神話解釋中，寓言的意味加深了，魔鬼的數量也增加了。這個時代居主導地位的哲學流派新柏拉圖主義建立了理論，認為人類與難以言傳的至高無上存在之間，有許多層級的惡魔（包括奧林匹亞的眾神）。從這些角度來看，神話往往被看成精心設計的寓言。有一位哲學家甚至寫了一種類似於異教的教義問答，他堅持認為傳統神話是神聖的，因為它們呈現了眾神，以及他們對人類的恩賜。但他又趕緊補充說，不能用字面上的意義來理解它們。

早期的基督教作者借用異教的策略來攻擊神話。有些人提出神話中的神明就是魔鬼的論點，聲稱這些邪魔是撒旦派來引誘人類遠離真理。也有作者重提合理化的說法，認為眾神和神話代表對古代人類國王的模糊記憶。另外還有一些作者敦促基督徒同胞把神話視為文學，注意它們的道德教訓。

或許我們用一個相關問題作結會有所幫助：希臘人和羅馬人是否認為眾神真的住在奧林帕斯山上？

奧林帕斯山海拔二九一七公尺，是希臘的最高峰，與眾神息息相關。但這座山始終是一種比喻——有時被描述為一個實際的地點，有時被用作天空的同義詞。奧林帕斯這種雙重的概念在荷馬的作品中已經出現，而且在整個希臘（以及最後的拉丁）文學中一直都存在。

3 這些寓言通常是以字源為基礎。例如有人指出，戰神阿瑞斯的名字聽起來很像希臘文的「傷害」一詞。各種熱忱的哲學大道理隨之而來。

大多數受過教育的菁英成員都認為諸神無所不在、無跡可尋，或者非常遙遠。[4] 然而奧林帕斯山仍然被視為不同凡響的地方。西元前三百年左右，人們在這個山脈一座較低的山峰上建了一個祭壇。大約有一千年的時間，信徒在這個距離山巔約一・六公里的地方祭拜宙斯。由這個距離可以清楚地看到山頂並沒有鍍金的宮殿或正在日光浴的神明。然而對這座祭壇的描述強調了環境的超凡脫俗——他們說，風雨從未觸及祭壇，並表示至少有一些希臘人和羅馬人仍然想像在這座聖山上有神明存在。

就像希臘羅馬神話的其他方面一樣，眾神實際存在於奧林帕斯山的想法多少世紀以來一直受到懷疑，引發爭議，也在藝術和文學作品中忠實地提到它。很可能沒有多少人會相信這是不折不扣的事實。但許多人，或許是大多數人，都認為它為我們揭示了神的本質，不論線索多麼微弱。畢竟，我們很難了解眾神，而神話則有很多事要說。

18 他們相信鬼魂、怪物，和／或外星人嗎？

從前有一位哲學家租了一間鬼屋，原因很實際（租金相當合理），但他也想要藉此證明某件事。這位哲學家不相信有鬼，學識淵博的他認為，人死了就是死了，鬼魂的說法根本是胡說八道。有智慧和洞察力的人（比如他）除了恐懼本身，沒什麼好害怕的。於是在一個陽光明媚的下午，他住進了自己的新家，在滿是灰塵的房間裡攤開寫字桌，開始撰寫一篇極其精妙的論文，讓他的心思不去製造任何恐怖。很快地，他就按照計畫，全心全意投入了工作。

陰影聚集在安靜的角落。第一批夜鳥在昏暗的樹林裡啼叫。哲學家一直到幾乎看不見眼前的桌子，才從遐想中醒來，點起了燈。接著，正當他重新陷入寧靜的思緒之海時，卻覺得自己彷彿聽到遠處有什麼聲音——一種刺耳的聲音，就像鐵片刮在石頭上一樣。他搖搖頭，回身工

4 每個哲學流派對這個主題都有自己的想法。斯多噶學派聲稱神聖的原則隱含在萬物之中，柏拉圖主義者則把眾神分散在群星之中，伊比鳩魯派則給諸神分配了一個遠離人類煩惱世界的幸福境界，或者完全否認他們實體的存在。

作。

他桌上的燈歡快地發著光，他的鋼筆在凹凸不平的羊皮紙上刮擦，發出熟悉的聲響。他怎麼這麼傻，竟然會想像——且慢！又來了！那聲音，更接近了。這回可沒錯：鏈條的聲音，像蠕蟲盤踞的巨大鏈條，在相鄰廳堂的地板上滑行，嘶嘶作響。他的手發著抖，筆在紙上快速移動，他繼續寫作。有一段時間，一片寂靜。接著鐵鍊又叮噹作響。這回它們是在房間裡。

哲學家慢慢地放下了筆。他不慌不忙地抬起頭，如他所料，在他面前，他看到了一個鬼魂。那是一個老人家的幽靈，半透明，手腳上都拖著虛幻的鐐銬。幽靈以深不可測的雙眼注視著這位哲學家，然後舉起一隻纖細的手臂招呼，接著開始退出房間。哲學家稍微猶豫了一下，跟了上去。

幽靈滑過大廳，穿過一窪一窪水坑，映著月亮閃閃發光。在大廳的盡頭，一棵枯樹頂著穹蒼的庭院裡，幽靈停了下來。它一動不動地矗立了片刻，星光穿透過它的頭熠熠生輝。然後，毫無預警地，它消失了。

第二天，哲學家下令在幽魂消失的庭院開挖。工人在石板下方，在一團生鏽的鐵鍊中發現了一具骷髏。他們妥善地埋葬了這些骨頭，此後鬼魂就再也沒有出現過，哲學家從此在他的廉租公寓裡快樂地生活著。傳聞是這樣說的。

▲ 冥界的骷髏。博斯科雷亞萊杯（Boscoreale Cups，博斯科雷亞萊是義大利那不勒斯的一個城鎮，位於龐貝附近）之一，這是十九世紀的複製品，現藏於倫敦衛爾康博物館（Wellcome Collection）。（公共版權圖片）

有些哲學家否認靈魂不朽，有些則相信輪迴轉世，或者認為所有凡人到頭來都會與他們的創造者合而為一。然而，大多數希臘人和羅馬人認為死者居住在地下的洞窟裡。儘管對這個地下世界沒有單一或簡單的概念，但大多數作者都把它分為獎和懲的區域：正人君子的靈魂聚集在伊利希恩（Elysium，極樂世界）；惡人則判入塔塔羅斯（Tartarus，地獄深淵）。[5]然而，一如所有神話的事物一樣，我們不知道人們相信多少，或有多少人相信。

無論如何，人們明顯認為死者的靈魂並沒有完全與生者的世界隔絕。希臘人和羅馬人都認

5《奧德賽》記載了對希臘陰間最古老的描述，只有少數特殊的靈魂會受到獎勵或懲罰。每一個靈魂死後都要接受審判的想法似乎是後來才出現的，可能是受到埃及宗教的影響。

為死者能夠享用留在墳前的祭品，讓他們滿意是明智的做法。希臘人相信，某些靈魂擁有保祐或毀滅整個社區的力量，必須透過特殊的祭祀來安撫。羅馬人則較注重贏得死者的歡心，在家庭神龕中為他們供奉祭品，並在個人和國家危機期間祈求他們的庇祐。

然而，並非所有的鬼魂都能安撫。有些幽靈無法或不願穿越到來世，他們以惡鬼的形式在大地上漫遊。英年早逝者的靈魂仍然留在陽間，為他們的短命早夭而心懷怨恨。慘遭暴力殺害的幽魂則往往會徘徊不去，要向凶手報復。[6]被處決的罪犯和自殺者流連在死亡現場，未埋葬的幽靈被禁止進入冥界，因此一直四處徬徨，直到舉行葬禮為止。[7]

有些鬼魂看起來就像是他們活著時候的蒼白映像，有的則是被火葬柴堆燒焦了之後的一片漆黑，還有一些是活動的骷髏。雖然鬼魂通常像幻影一樣，但他們也可能是實體的，可以觸摸、毆打，或者與人熱戀——至少有一個例子。[8]他們對活人往往充滿敵意。[9]有些鬼魂只是害怕他們遇到的人，但比較惡毒的幽靈會讓受害者癲癇發作，在半夜毆打他們，對他們輕聲細語，直到他們自殺，或者乾脆就是把他們撕成碎片。[10]因此明智的做法是避開鬼魂出沒之處。

橫死的亡魂會在死亡地點徘徊不去，有時持續很長時間。一名年輕人在一個浴場遭謀殺後，幾個世紀都在浴場作祟，而在馬拉松戰役（西元前四九〇年）發生七百年後，希臘和波斯士兵的亡靈每個晚上仍在廝殺。墓地也會發現鬼魂，一位古典晚期的作家講過一個盜墓的故事：盜墓賊剛把貴重物品洗劫一空時，屍體就坐了起來，把盜墓賊的眼睛挖了出來。惡人的墳墓尤其危險：據說毒蛇就是從惡人的骨頭生出來的。在沒有月亮的夜晚，焦躁不安的靈魂聚集在交叉路口，那裡是月陰女神黑卡蒂（Hecate）的聖地。旅人聽到遠處的哀號，會祈禱那是看門狗的叫聲，而不是黑卡蒂的凶魂隊列。

---

6 凶手有時會採取預防措施，砍斷受害者的四肢，讓他們的鬼魂無法行走。

7 如果屍體無法取回——例如在海上死亡，就為他建造衣冠塚（空的墳墓），喊死者的名字三次，召喚遊魂入墳。

8 有個年輕人在一個陌生的城市作客。一天深夜，一位素昧平生的美女出現在他的房間裡，呢喃輕訴，說她需要他，然後爬上他的床。這男子面對飛來艷福，什麼問題都沒問。第二夜和第三夜，那名女子都來了，她每一次出現，他們都一番雲雨。這種情況持續了一段時間，直到被女主人發現。女主人看到這名神祕女子留下的戒指和胸帶時哭了起來，她告訴驚訝的年輕人，這些東西屬於她的女兒，她已經去世六個月了。第二天晚上，女主人和她的丈夫埋伏著等待鬼魂，但當他們見到女兒時，她倒在地板上——成了一具腐爛的屍體。

9 有些鬼魂則只是態度冷漠。西元三世紀初，亞歷山大大帝的鬼魂據稱出現在羅馬邊境，穿越兩個行省，並在舉行神祕儀式之後消失。根據各種流傳的說法，這個鬼魂和他的侍從自始至終都是完美的紳士，並沒有對任何人造成傷害。

10 有個可怕的傳說提到，希臘英雄阿基里斯（Achilles）的鬼魂住在黑海的一個小島上，他曾要求一位路過的商人把一名帶有特洛伊血統的女人帶到他的島上。商人效勞之後，鬼魂向他致謝，並立即肢解了那個女人。

儘管鬼魂充滿敵意，但它們也有其用處。透過一點魔法的誘哄，可以讓復仇的靈魂對付敵人和競爭對手。[11]人們也可以召喚比較不懷惡意的鬼魂，以預知未來。在煙霧繚繞的水池和作為冥界入口的潮濕洞穴裡召喚這樣的幽靈最容易，有些這樣的冥界門戶可以得到完全的神諭，祈求者可以在夢中與死者接觸。與逝者聯繫更方便的方法則是使用古代的通靈板（Ouija board）。[12]

有些希臘人和羅馬人懷疑幽靈之說。哲學家德謨克利特（Democritus）提出萬物都是由他稱為「原子」的無形粒子組成的理論，他確實搬進一座墳墓，以研究鬼魂的物質成分。近千年後，聖奧古斯丁（Saint Augustine）寫了一篇頭頭是道的文章，對人們如何想像他們看到已故親人的影像作了清楚的說明，把這種幻影比為醒著的夢。然而據我們所知，大部分的人依舊認為死者的靈魂在他們之間活動。

希臘人和羅馬人也樂於接受奇怪而和教人驚奇的動物，尤其如果這些生物住在偏遠的地方。舉個著名的例子：史學家希羅多德（Herodotus）聲稱，印度北部的高地到處都是大小如狗的螞蟻。這些生物在挖隧道時，掘出大量黃金，牠們把這些黃金堆在巢穴周圍，閃閃發光。在一天當中最熱的時候，趁著螞蟻都鑽到地下，人們盡可能收集最多的黃金，把它們裝進袋子，然後騎著腳程快的駱駝風馳電掣而去。他們非得快不可，因為螞蟻的速度快到教人難以置信，而且牠們絕對可以把尋寶的人撕成碎片。[13]

在希臘羅馬世界的其他角落，有比巨大的螞蟻更奇怪的東西，比如蛇怪巴西利斯克（basilisk），這是利比亞的一種蛇，有劇毒，光是牠的呼吸就可以使樹木枯萎，石頭裂開。[14]或者卡托布萊帕斯（catoblepas），一種大小如馬的生物，它的頭幾乎總是對著地面——幸好如此，因為任何人只要被牠的眼睛看到，就會立即被殺死。據說有一次，一隻卡托布萊帕斯用

11 懷疑自己遭到幽靈攻擊的人可以採取各種驅鬼的方法：讓青銅或鐵叮噹作響，用雙手做出保護的手勢，說出異國的咒語（據說埃及文的咒語特別有效），或者嘗試把棘手的靈魂困在泥娃娃裡。

12 通常的布置是一個圓形的金屬盤，邊緣刻有字母。把一個用細麻線吊起來的環掛在盤子上方，讓它擺動。它在盤子邊緣的字母上來回移動時，會透過適當的咒語和一些充滿創意的解釋，拼出單字。一位古代學者聲稱，他透過這種方法，發現了荷馬的故鄉（這是許多文人學士爭論的問題）。

13 希羅多德對掘金螞蟻的描述可能是受到喜馬拉雅旱獺（Himalayan marmots）故事的啟發，有時可以在牠們挖掘的深洞裡發現砂金。

14 一座希臘神殿購買了（市場上販售的）巴西利斯克皮，希望它有毒的氣息會讓鳥類和蜘蛛遠離價值不菲的壁畫。

惡毒的眼神消滅了整個羅馬部隊。

不過比起在蓋世無雙的獠牙暴君（Fanged Tyrant），卡托布萊帕斯就像小巫見大巫。這個龐然大物是由印度河流中飼養出來的野獸，可以吞掉整頭大象。[15]

怪物也是希臘和羅馬民間傳說中的固定角色。狼人的出現特別頻繁。最著名的古代狼人故事出現在一本羅馬小說中，敘述者在故事開頭與一個陌生人一起沿著月光照耀的路走。這個陌生人突然在路邊的一座墳墓旁停下來，脫掉衣服，變成了一頭狼。驚恐的敘述者跑去情人的家裡，聽說奴隸們才剛剛趕走了一頭凶猛的野獸，還打傷了它的脖子。第二天，他發現這名陌生人躺在床上，脖子已經被醫生包紮好了。在希臘一個偏遠的地方甚至還有一個節日，據說特色就是以人為祭品，讓他隨後變成一頭狼（只要他不吃人肉，九年後就會變回來）。

吸血鬼偶爾會在古代文學中出現。有個生動的故事說，一名學生被一個化身為美麗女人的吸血鬼所引誘。這個東西對受害人施了魔法，每天晚上都哄騙他進入一座有許多幽靈僕人的宅邸。最後，在這名學生要與吸血鬼結婚的當天，學生帶著老師去見準新娘。察覺真相的老師迫使吸血鬼露出真面目，它的鱗片和牙齒一閃而過，慌忙逃走了。希臘人和羅馬人也講過他們稱之為龍的巨蛇故事，其中最惡名昭彰的，是羅馬將軍雷古勒斯（Regulus）在北非遇到的一條，牠壓扁並吞噬了許多人，擲向牠的標槍從牠鱗甲的兩側彈開，使牠毫髮無傷，最後靠著彈如雨下的石弩才打死了牠。牠的皮被送回羅馬，據說有三十六公尺長。

最著名的希臘和羅馬怪物是神話中的生物。如我們所見，神話本身往往受到批評，但許多古代作家願意相信神話中的怪獸有事實根據。例如有一些遭遇半人半羊薩特的記載，這是一種有蹄且性欲亢進的類人生物。傳說羅馬人活捉了一隻薩特，並送到羅馬將軍蘇拉（Sulla）面前，他嘗試透過翻譯向薩特提問。據說薩特也居住在加那利群島。有一次，一艘被風吹到岸邊的船被一群薩特包圍，水手只能透過不太英勇的舉動，把一名婦女扔下海來分散他們的注意力，才得以逃脫。在埃及沙漠深處可以找到比較文明的薩特。聖安東尼在一個僻靜的山谷裡就遇到了一個給他水果吃的薩特，牠操著還過得去的希臘語，自稱是基督徒。[16]

人們看到特里頓（Tritons，人魚）和奈瑞茲（Nereids，美人魚）的頻率幾乎與看到薩特一樣頻繁。一隻西班牙特里頓習慣在夜間登船，並在甲板上閒逛，有時會用牠的體重擊沉小

15 蛇怪巴西利斯克故事的靈感可能來自埃及的眼鏡蛇。卡托布萊帕斯可能源於牛羚（角馬）的報導，牛羚有個沉重、下垂的頭。獠牙暴君（在中世紀的動物寓言中有三只角）可能是一條經過渲染的鹹水鱷魚。

16 有些生著狗頭的人雖然會吃人而且粗野，但也皈依了基督教。其中兩人擔任埃及聖徒聖墨丘利（Saint Mercurius）的保鑣。另一位狗頭皈依者克里斯托佛（Christopher）則成了旅行者的守護神，有著漫長而輝煌的職業生涯（沒有狗頭）。

船。[17]同樣地，半人半馬的山杜爾（Centaurs）也週期性地出現在古典世界的荒野中。一匹在阿拉伯山區被活捉的山杜爾被送去給埃及的羅馬總督。不幸的是，儘管盡量餵飽牠想要吃的肉，但牠還是死在路上了。牠的遺骸經過防腐處理，被轉送給皇帝，人們可以在宮殿的倉庫中參觀它們達幾世紀之久。

化石被解釋為神話中的人物和生物的遺骸，[18]其中有些被認為是人類，例如斯巴達人把一隻冰河時期大型哺乳動物的骨頭誤認為是英雄奧瑞斯特斯（Orestes）的骨頭，並為它們舉行了正式的葬禮。在克里特島，因地震而露出的巨大骨架（可能是鯨）被確認為巨人歐瑞恩（Orion）。另一場地震在現今的土耳其境內暴露了一隻哺乳動物的骨頭，當地人因為不願打擾他們認為是古代英雄的遺骸，因此只把一根三十公分長的臼齒送去給羅馬皇帝。皇帝很感興趣，委託人製作了一個按這顆巨大牙齒比例的頭部石膏模型。其他化石被視作著名神話中怪物的遺骸。一座希臘神殿得意地展示龐然大物卡利敦野豬（Calydonian Boar）的獠牙。一座羅馬神殿同樣因一具十二公尺長的生物骸骨而引以為傲，據說是海神波賽頓派來吞噬安多美達（Andromeda，希臘神話中的一位公主）的海怪遺骸。

許多希臘人和羅馬人都樂於接受奇怪的野獸存在未知世界的邊緣。甚至連希羅多德的掘金螞蟻似乎也可信：有一些它們的皮（疑似豹皮）為亞歷山大大帝的營地增色，在羅馬的一座神廟中，也可以參觀一對雄偉的螞蟻角。然而並非所有關於神奇動物的報告都為人們所接受。一位作者承認，有些心存懷疑的讀者可能不會相信一隻長翅膀的豬嚇壞了希臘一座島嶼的居民。另一個人嘲笑認為人會變成狼的人愚昧。有些怪物甚至受到科學根據的攻擊。例如蓋倫就指出，像半人半馬這樣的半人生物在肉體上是不可能的，因為人類和動物的兩部分需要不同的食物，否則不適合共居。另一位古代學者總結道，真正的奇蹟常常披著謊言的外衣，實在教人遺憾。

古人願意姑且相信神話中的怪物，但這並沒有延伸到外星人身上。偶爾有些熱心的現代人會聲稱希臘人和羅馬人無意中觀察到幽浮。然而希臘人和羅馬人本身並沒有外星會有智慧生命

17 在一座希臘神殿中可以看到一隻鹽醃的特里頓。據說牠的鱗片比人們想像的人魚要多得多。牠的頭不見了，因為據報，當地人把牠灌醉然後砍了牠的頭，以取得標本。這隻特里頓成了非常受歡迎的觀光名勝，還出現在當地的硬幣上（帶著頭）。

18 有時化石甚至會塑造神話：單眼孔的猛獁象（mammoth）頭骨可能是神話中獨眼巨人的原型。

存在的想法。他們認為月球軌道之外的領域是十全十美而且不變的，是諸神與惡魔的居處。有些哲學家認為星星本身就是神，人們一致認為新星的出現可以視為神靈降臨。[19]但星星之神從未降臨地球。

這些星球也與有時據說住在其上的個別神明有關。然而沒有一位古代作家認為眾神在他們的宇宙居所裡有凡人陪伴。[20]只有月亮，通往永恆的門檻，住在上面的是比較低等的生物；有些哲學家聲稱，剛死的人靈魂聚集在月球上。它們在那裡逗留幾個世紀，經陽光淨化，然後又落回地球，重生——或者像幽靈一樣徘徊。

19—他們會施展魔法嗎？

鬼魂不肯合作。它搖擺不定，死命掙扎，在林間空地的邊緣忽隱忽現，不願化為肉體。但女巫沒空理會死者突然改變的心意。她低聲念動咒語，把不情願的幽靈拖入她腳下的屍體。一瞬間，死者的眼睛猛然睜大，嘴唇張開了。隨著組織隆起，那東西搖搖晃晃地直立起來。女巫面對自己的傀儡，命令它體內的魂靈揭示這場蹂躪羅馬世界的戰爭結果如何。它服從了，聲音由腐爛的聲帶傳來。在鬼魂說出預言後，女巫示意屍體走向等待的柴堆。它躺了下來，用乳白色的眼睛看著木頭點燃，火舌開始舔咬屍體，僵硬的四肢抽搐起來，下巴在一個無聲的尖叫中張開，然後——魔法的繫帶斷裂了。灰燼緩緩落下，掉在安靜的空地上。

19 凱撒死後不久出現的明亮彗星被視為這位獨裁者成神的標記。在羅馬廣場凱撒神廟的山形牆上飾有彗星的鍍金圖像。

20 有些哲學家認為，行星的數量比標準的七顆（太陽、月亮、水星、金星、火星、木星、土星）多得多。然而關於這些多餘行星上的居民，卻並沒有經久不衰的猜測。

這一幕來自以風格浮誇和毫不在意品味而聞名的拉丁史詩《法薩利亞》（*Pharsalia*）。[21]儘管這首詩聽起來很聳動，但它反映了古典世界的人們對巫師和魔法普遍的焦慮。希臘人和羅馬人常用「魔法」一詞來涵蓋他們認為非法或危險儀式的總稱，因此古典作家常會發現「描述魔法不是什麼」比「定義魔法是什麼」更容易。不過他們在幾個關鍵上達成了一致的看法。首先，魔法是祕密的，必須隱藏，它建立在不為人知的知識和偷偷摸摸的實施上。其次，魔法是由個人並且為個人所用，不需要國家或社會的批准。最後，魔法至少具有潛在的攻擊性和破壞性。簡而言之，魔法的聲名狼藉。然而儘管哲學家對魔法抱著懷疑的態度——柏拉圖和馬可·奧理略都認為魔法師是騙子，但幾乎人人都接受魔法的效用。

許多希臘人和羅馬人都戴著已經施過魔法的護身符，來保護自己免受瘟疫、妖魔附身，和其他困境之害。[22]然而一直要到古代晚期，才有可以稱得上受社會尊重的魔法師。[23]大多數希臘和羅馬的魔法師都是在社會邊緣作業。[24]最常見的是街頭魔法師，他們表演奇蹟，讓人欣賞。其中一些以弄蛇和皮影戲為足，比較有野心的表演者則召喚惡魔，把他們的鬍鬚變紅，讓雕像微笑。[25]許多魔法業者以占卜為副業，賺取豐厚的外快。占卜未來的一種方法是召喚（恰好隱形）鬼魂，其他的方法包括觀察油在水面上的擴散，專心凝視油燈閃爍的火焰，以及凝視鏡子的深處。由於一般認為男孩特別容易受到神鬼的影響（猜想他們也很擅長賺得小費），因此魔法師常會僱用一名年輕的助手來幫助解讀預兆。

其他魔法都是有攻擊性的，有時人們會請不道德的魔法師來配製毒藥，但更常召請他們的目的是製作詛咒牌。詛咒牌大多是薄薄的鉛片，上面刻有咒語，詛咒使敵人或競爭對手失明、斷手斷腳、陽痿、貧窮、受到公開羞辱，和可怕死亡的組合。一旦製作得完美無缺，就會把鉛片捲起來，放進墳墓、溫泉，或其他接近不安鬼魂的地方。詛咒牌經常和小雕像放在一起（最

---

21 比如作者在某處花了幾百行來描寫恐怖的蛇攻擊人類，受害人血如泉湧，溶化成黏呼呼的物質，被飛蛇刺穿。

22 有些護身符由人們認為有益的寶石製成（例如紫水晶據說可以延緩醉酒）。師傅會在石頭上刻上簡短的訊息，以增強預期的效果；用來平息胃灼熱的護身符上面刻有「消化！消化！消化！」的字樣。其他護身符則加入動物的身體部位（蛇頭、鱷魚牙齒等），或寫在微小捲軸上的咒語。比如把描述月亮女神阿提米絲擊敗主司頭痛的女魔神安陶拉（Antaura）的整個短篇故事寫在銀箔上。

23 古代晚期見證了被稱作「降神術」（theurgy）的哲學魔法出現。降神術的儀式主要是促進哲學家的思想與至高無上的神之間的神祕結合。降神術師堅稱，他們與魔法師不同，並不想要讓眾神和宇宙屈服於他們的意志，而只是容許眾神和宇宙透過他們來運作。然而在實踐時，降神術師的伎倆也和街頭魔法師差不了多少。例如降神術大師楊布里柯斯（Iamblichus）曾經從他正在附近閒逛的溫泉中召喚出惡魔。

24 雖然許多魔法師都是男性，但古代文學中典型的魔法師是一位老婦人。傳說希臘北部色薩利（Thessaly）的女巫法力高強，可以把月亮從天上拉下來，就算不那麼有雄心，也可以把路過的旅人變成動物。

25 羅馬奴隸起義的領袖曾接受過創造這類魔術的訓練，他喜歡用噴火來驚嚇追隨者。

好有目標對象的頭髮或剪下的指甲），這些雕像就像古典時期的巫毒娃娃，它們被詛咒者以創造性的方式扭曲、肢解，和刺穿。人們非常重視施用這些黑魔法所造成的威脅。據說有一位羅馬王子就是被藏在他家牆壁和地板裡的詛咒牌所害。幾個世紀後，一位受眩暈頭痛所苦的演說家發現有個巫毒娃娃藏在他的課堂裡——用一隻被切掉了頭的蜥蜴做的，看來非常古怪。

所有的魔法，無論是什麼目的，都可以歸納為共鳴或者惡魔的概念。共鳴魔法利用被認為存在於所有物質之間的大自然親和力和反感力作用。例如，巫毒娃娃之所以「有效」，是因為它們和受害的目標相似，而且如果能用頭髮或指甲來強化這種相似，就最為有效。[26]同樣地，治療魔法往往也是共鳴魔法。一位羅馬作家聲稱，藉著慢慢地把切斷的蘆葦兩半接合在一起，同時唸動咒語，然後用連接的起來的蘆葦接觸骨折之處，就能接復斷骨。

然而，最壯觀的魔法卻是惡魔魔法。惡魔是空氣中的精靈，不朽或近乎不朽，充當諸神與人類之間的中介。最低級、最容易接觸到的惡魔是鬼魂，其他的惡魔是原神（primeval spirits），比較尊貴，難以召喚。至少在羅馬帝國的埃及行省，還有一些更強大的惡魔——提豐、阿布拉克薩斯（Abraxas）、無頭惡魔（the Headless One）與魔法息息相關，並且經常被咒語召喚。所有惡魔中最顯赫的是異教諸神本身，在古代晚期，人們把它們當成為不可言傳至高無上神明的僕人和代理人。[27]所有的惡魔，無論多麼強大，都是隱形而且沒有實體，靠祭祀的煙霧和凡人的氣息供養。它們可以變成任何他們想要的形狀：人，森林之神薩特，巨大的狗，甚至神明。有些魔鬼是善良的，有些在道德上則是中立的。但惡魔的地位越卑微，就越有可能會惡作劇或缺德。任何未能採取適當預防措施（施過咒的護身符、使用香草、能發出叮噹聲的鈴）的魔法師都有遭附身或被殺的危險。然而儘管惡魔十分危險，但它們卻也極其有用。它們能攻擊敵人，引誘情人，預言未來，並且——如果用束縛咒召喚，還可以在所有的魔法事務中充當助手。

無論有沒有惡魔的幫助，魔法的實踐都建立在知識的基礎上。任何法力夠強的魔法師都擁有大量的咒語（記在腦中，或潦草地寫在莎草紙上），用來預防冰雹、攻擊敵人，以及其他一切。雖然大多數咒語通常是用希臘語或拉丁語來唸誦，但至少會摻雜一些難以理解且聽起來神祕的短語，有些是埃及語或希伯來語的錯誤片段；其他一些——比如著名的「阿布拉卡達布拉」（abracadabra），純粹是多音節的胡謅。[28]有時候光唸咒還不夠；有一個咒語規定魔法師

26 有時人們認為真人大小的雕像可以成為活人的神奇分身。這種信仰在中世紀初期的君士坦丁堡尤其盛行，那裡到處都是古董雕像。一位拜占庭皇帝就把閃亮的新青銅生殖器焊接到他視為自己分身的青銅野豬上，希望治癒他的陽痿。

27 喜歡冒險的魔法師甚至可以從地獄的牢裡召喚泰坦十二神的領袖克洛諾斯（Cronus）；不過想這樣做的人最好佩戴野豬骨護身符保護自己，以免被那位暴躁的泰坦神殺死。

28 比較誇張的巫師可能（至少在容易受到影響的客戶面前）用死人的語言對鬼魂說話，這種語言似乎是由尖叫和呻吟構成。

必須在某種樹的葉子上寫下一個神祕的名字，然後把它舔乾淨。

除了神聖的語言之外，魔法師還必須了解魔法物質的特性。草藥及其他植物很重要，特別是在治療的時候。各種咒語都需要教人吃驚的動物成分——如果我們相信一位羅馬詩人的說法，包括狼的鬍子和蛇的牙齒，以及異國香料。它們既有助於營造適當的氛圍，觸發想像，又掩蓋了其他成分的惡臭。黑魔法通常需要與死亡有關的材料：謀殺受害人的血液和頭髮、沉船的釘子，或使用過的十字架碎片。整具屍體也有用處，有個咒語就要求把捲軸附在剛處決的罪犯屍體上。

就算不用屍體，施法也往往是漫長而複雜的過程。例如想要爭取情人的咒語需要在夜深人靜時前往角鬥場，召喚死在那裡的人的靈魂，並收集沾滿血跡的沙子，篩撒在未來情人的門檻上。召喚惡魔助手就更麻煩了，首先——根據指定用於此目的的幾個咒語之一，必須先雕刻一個惡魔的小蠟像，然後向雕像獻上一連串祭品，再在雕像面前勒死七隻鳥，讓惡魔品嚐它們的生命力。最後，在掐死更多的鳥（還要生吃其中一隻）之後，這位驚魂未定的魔法師唸動三個儀式口訣。那時，唯有在那時，惡魔才會屈尊出現。在戰車比賽中詛咒對手則比較簡單，只要把詛咒刻在一塊鉛板上，列出對手的名字，並嚴肅地咒他失明、痛苦，和／或死亡。完成後，咒文可能再繪上一兩幅被咒者被長著利牙的蛇勒死的圖畫作裝飾。在某個魅惑的夜晚，這塊石板可能會被塞進一座埋藏著不安分鬼魂的墳墓中，或者與一隻支離破碎的公雞一起埋在競技場的起跑柵門下。

或許可以想見，許多希臘人和羅馬人都反對施用魔法。早期羅馬和希臘各地的一些城市都禁止使用傷害公民的咒語，雅典法院有時候也會出現以指控巫術的案件。後來，一些比較多疑的皇帝對魔法全面譴責，把巫術視為叛國，展開全面的獵巫行動，要在羅馬貴族中搜捕使用魔法的人。大約在西元三百年撰寫的法律評論對證明施用魔法的人規定了嚴厲的懲罰——從入礦坑奴役到被野獸咬死。接下來的幾十年，帝國的法令落實了這些刑罰，接著又發生一輪異常血腥的政治迫害，這兩者多少都是受到基督教興起的啟發。

早期的基督徒與他們的異教鄰居不同，他們認為所有的魔法都是惡魔的魔法，惡魔是至高無上大魔鬼的僕人，因此魔法遭到教會和國家（君士坦丁之後）的明確譴責。儘管這些措施使得比較明顯的魔法形式轉入地下，但咒語仍在繼續唸誦，有時引用宗教經文中的段落，並召喚聖徒和天使。社會各階層依舊佩戴護身符。傳統的惰性確保了基本古典的魔法觀念——連同其中的惡魔和異國咒語，能夠延續到中世紀甚至更久之後。

20 他們會不會用活人祭祀？

少女躺在火把圍成的圓圈裡，眼神空洞。祭司抓緊了她，一刀刺穿，她當場香消玉殞。其他少女圍在屍體周圍，竊竊私語。每年她們都會在酒神節上奔跑，就像以前她們的母親和祖母一樣。每年老祭司都會舉著生鏽的劍，穿過火把照亮的樹林來追她們。這個儀式雖然奇特，但教人興奮多於恐懼。從沒有人記得有任何少女死亡，直到現在。死亡少女的朋友開始哭泣，祭司一臉震驚，跪倒在地。每個人心中都浮現了同一個念頭：酒神狄奧尼索斯真的要求用人血獻祭嗎？

據我們所知，這是他最後一次這樣做。當晚死於祭司劍下的少女是希臘最後一次活人祭典的受害者。在她遇害之時——大約是西元一世紀末，幾乎所有的希臘人和羅馬人都厭惡以活人祭祀的作法。然而他們承認，他們的祖先這樣做過。有時候他們自己也會沉迷其中。

在希臘和羅馬，獻祭一直是表示最虔誠的崇拜行為。有些人認為神明從祭祀的煙霧獲得滋養，有些則揣測神明喜歡供品的氣味，或只是欣賞這種象徵的姿態。無論出於哪一種原因，人們都一致認為，祭祀是平息眾神的憤怒並贏得眾神寵愛最有效的手段。在希臘世界，大部分的祭祀都遵循一套標準的模式。獻祭的動物被帶到祭壇上，[29]用水滴噴牠的臉，讓牠點頭，就好像同意犧牲一樣。儀式結束後，火堆在祭壇上點燃，然後把受害動物的幾根毛髮投入其中。主祭的祭司吟誦禱文；在祭壇周圍婦女的哀號聲中，這隻動物的喉嚨被割斷。屍體被屠宰，內臟放在烤肉叉上烤。包裹著脂肪的大腿骨在祭壇的火上熏烤，滋滋作響，其餘的肉則煮或烤熟，由參與祭典的人分享。羅馬人的祭祀方式大致相同，不過他們在祭祀後增加了檢視祭品內臟的程序。如果器官正常，就認為眾神同意這個祭品；否則就則必須重新獻祭。

蜂蜜餅、薰香、一碗又一碗的酒，和許多其他不流血的祭品也可以獻給眾神，而且也已經這樣做了，然而動物始終是必要的犧牲品。最能負擔得起的牲品是乳豬和雞，比較常見但也較昂貴的是綿羊、山羊和豬。最昂貴、最高級的祭品則是牛，它們的角經常鍍金以配合這個場合。[30]儘管幾乎任何動物都可以供奉給幾乎任何神明，但每一個神明都有他或她的偏愛的祭品。

---

29 大多數希臘聖殿的主祭壇就位於神廟門前，讓神的雕像可以「觀看」祭典。

30 在古典雅典，每日的平均工資約為一德拉克馬，乳豬的價格通常約為三德拉克馬；綿羊或山羊約十二德克拉馬；豬要二十德拉克馬或以上；牛則高達八十德拉克馬。只有國王、各城邦，和極其富有的人才能獻上一百頭牛，這在所有古典祭祀中，是最奢侈的獻祭。根據有一點牛總比都沒有牛好的原則，供不起牛的信徒可能向眾神獻上牛睪丸，讓自己滿意（恐怕公牛不會滿意）。

狄蜜特喜歡乳豬，阿芙羅黛蒂偏好鴿子，冥王黑帝斯堅持要狗。此外，祭祀習俗非常保守，而且各城市也都不相同。例如每年十月，羅馬人都會向戰神獻祭一匹馬，之後兩個街區的居民就會爭奪馬頭。蘭普薩庫斯（Lampsacus，位於現在土耳其西部的城市）的居民向陽具之神普里阿普斯獻上嘶叫的驢子。而在希臘帕特雷市（Patrae）一年一度的阿提米絲節期間，信徒把活豬、鹿、狼，偶爾還有熊趕進巨大的獻祭營火。

希臘人和羅馬人一致認為，用活人獻祭十分野蠻。這方面最惡名昭彰的是迦太基人，他們把幼兒獻給巴力（Baal）神。他們的習俗——如果我們能相信一位希臘作家聳人聽聞的描述，是把嬰兒放在偶像傾斜的青銅手掌中，讓嬰兒由那裡滑入一個開口的火坑。據說高盧人用柳條建造了巨大的人像，把囚犯關在裡面，然後把它點燃焚燒，以示對眾神的崇拜。日耳曼人在巨大的青銅鍋前以活人獻祭，大鍋滿了的時候就被翻倒，再由一名女祭司從溢出的血所形成的圖案中得出預言。陶利人（the Taurians，居於當今的克里米亞半島南部）把任何不幸在他們的海岸發生船難的人都送去獻祭，受害人的頭被釘在海邊長排的木樁上。

希臘人和羅馬人都相信他們的遠祖也曾經進行活人祭祀。在幾則神話中，眾神要求以活人為祭品，比如，希臘國王阿伽門農（Agamemnon）在前往特洛伊之前被迫把女兒伊菲革涅亞（Iphigenia）獻給阿提米絲，而阿基里斯也把將十二個特洛伊人丟進好友帕特羅克洛斯

（Paroclus）的火葬柴堆。[31]許多城市出名的儀式源自或者被認為源自於活人祭祀。在某些情況下，人們會用其他的祭品取代活人。羅馬人解釋他們在雷擊後會以一條魚、一個洋蔥和一根頭髮獻祭的奇怪習慣，說那與祭祀活人的效果相當。在其他情況下，則以芻像來取代活人獻祭。在希臘的一個節日以十四塊穿著女人衣服的木板丟進熊熊大火中焚燒。同樣地，羅馬人每年都會把綁住手腳的稻草人丟進台伯河。最後，在某些地方，先前的活人祭品已經改用象徵性的祭品。在羅馬高盧，酒瓶的頭有時會被用劍砍掉，讓酒液飛濺，就像儀式中喉嚨割開鮮血噴濺一樣。

儘管古典世界中有以活人獻祭的例子，但證據稀疏，而且有爭議。例如，現代史學家對一位雅典將軍以三名波斯王室成員向狄奧尼索斯獻祭的古老說法表示懷疑。學術界也質疑古希臘定期活人祭祀的最佳人選。在阿卡迪亞（Arcadia）的偏遠地區，貧瘠的呂凱翁（Mount Lykaion）山脊上，矗立著一座古老的宙斯聖殿。每隔四年，就有一個男孩在沾滿鮮血的灰燼上被獻祭——傳說如此，不過考古學家尚未找到任何明確的證據。

羅馬資料中提到的大多數活人獻祭也可以歸為謠言或誹謗。據稱，反叛的喀提林（Catiline）要他的同謀對著一個被犧牲男孩的內臟發誓保密（接著，為了保險起見，吃掉它

31　在希臘尤比亞島（Euboea）的萊夫坎迪（Lefkandi）發現了類似活人獻祭阿基里斯的歷史，大約在西元前九五〇年，一名女子顯然被獻祭，並埋葬在一位著名的戰士酋長旁邊。

們）。據說奧古斯都為了奉凱撒大帝為神，犧牲了至少三百名羅馬俘虜。這些故事沒有任何一個值得相信。然而羅馬人確實有做過活人獻祭。至少三次在國家遭逢危機時，四名受害者——兩名希臘人和兩名高盧人，被活埋在羅馬城門外。西元前九七年，這個習俗終於和所有其他形式的活人獻祭一起遭禁。

簡而言之，活人獻祭十分罕見。其他形式的儀式殺人比較普遍。[32]例如有些希臘城市每年都會選出一兩個極其醜陋的男人作為 *pharmakoi*（代罪者）。在特定的日子，把這些人被驅逐出城市，過程包括毆打、鞭笞和／或用石頭砸他們。有時——如果我們能相信我們的消息來源，他們會被殺死。然而這種儀式似乎隨著時間的演進，變得更加人道。希臘有個城市每年都會把代罪者丟下海邊的懸崖，後來發展出的習俗是為犧牲者提供大翅膀，並用繩子綁住一群活鳥，減緩他墜落的速度。當他與鳥兒和所有的東西一起墜入大海後，再用一艘小船將他救起，送出城外。

儘管羅馬的替罪羊節日（讓一名老人穿上獸皮，並用棍棒毆打他）並不會讓代罪者致死，但他們也非常樂意適時進行儀式性殺人。比如在羅馬將軍凱旋的日子，按照慣例，敵方的指揮官或國王會被勒死作為儀式。[33]更戲劇性的是，羅馬將軍為求贏得關鍵的戰鬥，可以把自己的生命交給眾神。[34]最後，在一個小型節慶中，死在競技場上的人的血會被倒在朱比特的雕像上。

內米（Nemi）祭司兼國王的奇特例子說明了古典世界儀式殺人的曖昧地位。內米湖離羅馬約三十二公里，位於樹林環繞的深火山口中，陰涼的湖岸是羅馬皇帝的避暑勝地。卡利古拉建造了兩艘巨大的遊樂駁船，每艘的長度都約七十六公尺，以便他能夠以適合身分的華貴莊嚴在涼爽的水上航行。離這片輝煌景象稍遠之處，有一座供奉戴安娜的古老樹林。這個聖所的祭司稱為內米國王（King of Nemi），一直是由一名逃亡的奴隸擔任。成為內米國王的唯一方法就是在一場單打獨鬥中殺死前任的國王。幾個世紀以來，奴隸在靜謐的樹林裡打鬥死亡，學者則紛紛揣測這一習俗的來由，認為是古早蠻族的影響。卡利古拉乘著他的巨大駁船漂流而過，並僱用一名暴徒攻擊現任國王取樂。不過對大多數人來說，內米國王只是煞風景的提示：諸神有時還是喜歡人血。

32 活人祭祀是把犧牲者獻給某一特定的神明或諸神。儀式謀殺的範圍更廣泛，是在宗教的情境下殺人，並沒有明確是把受害者作為獻給眾神的禮物，還是作為與眾神的溝通行為。不過我們猜這種差異對犧牲者來說並沒有多大的安慰。

33 有些將軍主張仁慈。龐培寬宏大量地饒恕了在他第三次大勝凱旋時遊街示眾的大部分領袖，而奧勒良則允許叛亂的女王芝諾比亞（Zenobia）囚禁在羅馬城外頤養天年。

34 一位羅馬歷史學家描述了這項儀式。將軍穿上托加袍，蒙住頭，站在長矛上。他複誦祭司口述的規則，正式把自己奉獻給地獄諸神。然後他騎上馬，獨自衝入敵陣。

21 德爾斐神諭為什麼蒸氣氤氳？

預兆無所不在。任何鳥兒的飛翔或突然的微風都可能會激發預兆的靈感。一句不經意的話語或製造物品的鑄模都可能有神聖的旨意。每天都會有人從受到啟發的唇中吐出智慧的珠璣；每夜都會有啟示乘著夢的翅膀降臨。對大多數凡夫俗子來說，這些跡象的意義都難以捉摸，因而得要聘請專業的占卜師或解夢師（或在必要時，聘請廉價的街頭魔法師）來幫忙。然而要了解眾神的意旨，最好的辦法就是拜訪解神諭的祭司。

人們祈求神諭，以求了解自己的健康狀況、婚姻前景、旅行計畫，以及生意成功的機率（以及其他諸多疑難雜症）。來自城市和國王的代表團針對條約的效力、政治改革的智慧、避免瘟疫或飢荒的最佳方法，以及需要神聖智慧的其他種種問題或爭議尋求神明的指示。無論主題是什麼，通常都會用公式化的方式提出問題，列出兩種明確的選擇。神諭的答案往往同樣直截了當，不過有時也會用詩意盎然或模稜兩可的言語來表達。[35]

在有些神諭之處，客戶必須躺在「醞釀」室的石凳上——有一個神殿規定他們得先用一張血淋淋的羊皮包裹自己，然後睡在那裡，希望能得到預言性質的夢。其他的神廟要求更多的作為。例如膽敢冒險求訪特羅弗尼烏斯神諭（the Oracle of Trophonius）的英勇人士，首先必須與世隔絕數天，以祭肉為食，並在當地的河流中沐浴。一旦他達到了適當的儀式潔淨程度，就要汲飲兩處泉水——一處讓他忘記過去，另一處幫助他記住未來，然後沿著搖搖晃晃的梯子爬下乾涸的井底，再從那裡鑽進一個洞穴，在黑暗中看到了奇怪的事物。最後，他渾身顫抖，暈頭轉向，再爬回陽光下，被帶到記憶之椅前，讓幾位祭司幫他解釋他所見的幻象。

如果不想承受那麼痛苦的體驗，客戶可以拜訪兒童先知。在羅馬附近一座幸運女神（Fortune）的神廟裡，由一個男孩從小盒子裡取出寫有文字的木塊；在埃及的一座神殿中，則是由在聖殿庭院玩耍的年輕人閒聊中得出神諭。其他的神諭則依賴動物，比如用笛子召喚魚群。另一個神諭則是靠一條大蛇，牠的專長是驗證年輕女子的貞操。[36]還有一條蛇用途更廣，

35 最著名的例子可能是利底亞（Lydia）國王克羅伊索斯（Croesus）。克羅伊索斯詢問德爾斐神諭他是否應該對波斯發動攻擊，神諭告知：如果他這樣做，就會摧毀一個偉大的王國。克羅伊索斯發動攻勢，但吃了敗仗，摧毀了偉大的王國——他自己的王國。

36 帶著大麥製糕點的婦女矇著眼睛走進神廟，到達蛇的巢穴，她們彎下腰把糕點獻給蛇。如果蛇吃了糕點，就證實了她們的童貞。

牠戴上一個人偶的頭，主持小亞細亞流行的神諭。其他場所則以會說話的骷髏頭為特色。不過這些比起阿波羅尼亞（Apollonia，現在阿爾巴尼亞的山城）的永恆火焰都黯然失色，這是一根火柱，藉由吞沒或排出祈求者投擲的香火，來表明眾神的意志。

最偉大的神諭雖沒有競爭對手的浮華耀眼，但它們的重心是受啟發的媒介，即用神的聲音說話的男人或女人。其中最古老的是多多納（Dodona）的宙斯神諭，被稱為「鴿子」的女祭司在那裡聆聽神聖橡樹葉子搖曳的沙沙聲。另一個主要的神諭屬於阿波羅，他是最常與預言相關的神。克拉羅斯（Claros，愛奧尼亞海岸的古希臘聖地）曾有著名的神諭，客戶在阿波羅及其家人的巨大雕像下獻祭，然後在他的地下房室中向先知求教。在迪迪瑪（Didyma，亦位於愛奧尼亞海岸）也有另一個神諭之地，由阿波羅的女祭司在巨大神殿最裡面的房間裡，把腳浸在聖泉水中預言。然而，比這兩者更偉大的是德爾斐神廟，它是古典世界最重要神諭的所在地。

德爾斐神諭矗立在希臘中部山區一座宏偉的天然圓形劇場中心。皮提亞（Pythia）——擔任阿波羅代言人的女祭司，每月舉行一次集會。[37]在指定的日子，祭司首先要確保神明有指示神諭的心情，作法是向一隻山羊潑冷水，如果山羊顫抖，一切就很順利（除了那頭山羊，牠立刻就被宰殺獻祭了）。想要求神諭的人按照他們的家鄉城市與德爾斐之間的友好關係決定排隊順序。每一位客戶來到隊伍的最前方時，就支付諮詢費，奉獻牲品，進入阿波羅神殿。然後他似乎是被帶進一間前廳，在那裡只能聽到皮提亞的聲音，但看不見皮提亞的身影。他提出需要指引的問題。皮提亞坐在三腳凳上，手裡拿著月桂樹枝，用神的聲音回答。通常，她的話語清晰連貫。但至少有一次，她像著了魔一樣尖叫咆哮。

有些古代作家聲稱，皮提亞的預言能力要歸功於她三腳凳下的岩石中滲出的蒸氣。[38]其實有記載說，這些散發的蒸氣是聖殿的地基。據說當首次有人定居在德爾斐附近時，發現了地面上有一條神祕的裂縫。只要是接近裂縫的山羊都會歇斯底里，而跟在後面的牧羊人就會滔滔不絕說出神諭。消息傳開之後，人們就聚集在裂縫周圍。然而有些人卻因為得到預視未來的能力而欣喜若狂，最後跌進了裂縫，消失無蹤。為了避免這種不幸，人們決定任命一位神諭者，以更專業的方式來面對預言的危險。西元一世紀有位地理學者把神諭的地點描述為一個深邃的洞

37 冬季不舉行神諭的集會，因為人們認為此時神明會在氣候較宜人的地方度假。在神諭日之前到達的人必須等待——只有亞歷山大大帝例外，他二話不說，就把皮提亞拖到她的三腳凳上。

38 曾有人聲稱希臘人使用會影響精神的植物來加強宗教體驗，但沒有他們確實這樣做的明確證據，使用消遣性藥物的證據同樣很少。儘管希臘人和羅馬人種植罌粟，但他們似乎只用麻醉性的植物乳汁來緩解疼痛和催眠。同樣地，他們種植大麻，主要是為了生產用於繩索和布料的大麻纖維。烏克蘭的斯基泰人（the Scythians）在蒸氣浴中加熱大麻籽，他們是已知唯一經常「吸食」大麻的古典民族。

▲ 德爾斐的阿波羅神殿。（維基共享資源）

穴，皮提亞坐在冒著蒸氣的裂縫上，遭神靈的感應而語無倫次。一個世紀後，傳記作家普魯塔克（Plutarch，他曾擔任德爾斐祭司）推測，神諭之所以式微，要追溯到原先啟發它的神聖蒸氣[39]消失。

在十九、二十世紀之交，法國的挖掘者開始在德爾斐清理阿波羅神殿時，原以為會在神殿下發現一個洞穴和冒著蒸氣的裂縫，沒想到他們發現的是一個下陷的小房間，地板是堅硬的岩石。學術界很快就達成共識，認為古代作家對德爾斐的描述反映的是文學傳統，而不是現實。他們認為山羊失常的故事是個傳說，為的是要解釋已遭遺忘的神諭起源；冒煙的神祕裂縫則被解釋為從未見過神諭室的作家自行杜撰；普魯塔克所描述的蒸氣則被認為是難以察覺的神力，而非如字面上的氣體。

二〇〇〇年代初期，一個跨領域的學者團隊重申神諭是受到化學物質影響的想法。他們根據新的地質調查，認為皮提亞三腳凳下方著名的裂縫實際上是瀝青石灰岩基岩中的斷層。他們推測，每當地質沿著這個斷層發生滑動時，斷層的摩擦就會使石灰岩中的一些石化成分蒸發，產生甲烷、乙烷和乙烯等氣體，這些氣體會向上飄到地表，並進入神諭室。曾被當作麻醉劑使用的乙烯可能會使人產生古代作家所描述的幻覺和痙攣。

雖說「可能」促成幻覺和痙攣——但實際上卻可能沒有。因為目前德爾斐基石產生的乙烯或任何其他使人興奮失控的氣體微乎其微，如果古代世界的這類氣體濃度比這高得多，那麼來求神諭的委託人（他們就坐在皮提亞附近）應該也會受到影響。然而他們並沒有，而且我們也沒有神廟突然發生大火的記錄（乙烯十分易燃），所以我們或許應該抱著懷疑的態度。學術的紛爭，就連德爾斐神諭也不敢解決。

39 希臘人知道神奇的地方很脆弱：據說有一處泉水的表面會呈現出遠方船隻和港口的迷人圖片，卻因一名婦女在這處泉水裡洗衣，而永遠遭到破壞。

22 一多神教持續了多久？

使者等待眾人安靜下來，然後賣弄地撕開了他所攜帶的卷軸封印，清了清喉嚨，把頭向後仰，開始宣讀。偉大而仁慈的狄奧多西（Theodosius）皇帝下令，只要占據塞拉比斯神廟（Temple of Serapis）的異教徒立刻散去，就不會受到懲罰。（此時，部分人群爆發出歡呼聲。使者瞇起眼睛，等歡呼聲平息才繼續。）不過經過深思熟慮，為了唯一的真實信仰，皇帝決定摧毀塞拉比斯神廟。立刻。

一片震驚的沉默。突然間，基督徒歡呼雀躍，異教徒憤怒呼喊。士兵不顧喧囂，列隊登上神廟的大理石階梯。一名男子手持斧頭，走近塞拉比斯神的巨大雕像。猶豫片刻後，他朝那鍍金的頭顱揮去。斧頭發出一聲巨響，金箔碎片在空中旋轉。這名士兵一次又一次地揮舞斧頭，直到神像脖子的木架彎曲變形，神像的頭撞到地板上。亞歷山卓的守護者塞拉比斯倒了下來。

西元三九二年，當亞歷山卓市宏偉的塞拉比斯神廟被摧毀時，羅馬帝國的居民可能有一半是基督徒。一個世紀前，帝國絕大多數的人口都是異教徒。[40]一個世紀後，異教徒所剩無幾。這場宗教革命的原因和速度難以三言兩語說明，但無論如何，這是一本要介紹相關內容的書，因此必須做一個簡單的摘要。

羅馬帝國的存在加速了基督教的興起，因為帝國的規模和穩定使傳教士和他們的信件能夠在廣闊的地區自由來去。語言也同樣重要，雖然耶穌和他的第一批門徒（通常）是用亞蘭語（**Aramaic**，又稱阿拉米語，古代中東通用的語言），但早期教會用的母語是希臘語，流行於整個羅馬東部省份。希臘語也是散居海外猶太人的語言，他們的社區有許多基督教的頭一批皈依者。另一個關鍵的先決條件，是早期羅馬帝國政府對大多數宗教事務採取自由放任的態度，使教會在它存在的頭兩個世紀中未受到系統性的迫害。

在最初的幾個世紀裡，基督教緩慢而穩定地發展。基督教的道德準則是吸引力的重要原

40「異教」（Pagan）一詞有點不當，因為「異教」一直都不是一種連貫的宗教。然而在這裡，我們用「異教」作為方便的術語，用來指希臘羅馬世界及其周圍種種教人眼花繚亂的多神教傳統，後來被基督教取代。

因。傳統的希臘羅馬多神論從未與任何明確或單一的道德體系有任何關係——一如我們所見，希臘羅馬的神話本身在道德上就有問題，而且有些異教徒長久以來也一直受更清晰易懂的猶太教所吸引。[41]基督教有類似的吸引力，又因遵守其戒律的人可獲得永恆的酬報，使這種吸引力更加強烈。受過教育的異教徒醉心於強調神聖一體的哲學思潮，基督教的一神論對他們是額外的誘惑。

教會的社會網路和它的教誨至少同樣重要。在最初從猶太社區招募的教徒之後，大多數基督教的皈依者都來自古典文明邊緣的人：奴隸、由奴隸獲得解放的自由民、旅居國外的僑民以及婦女。這些人被排除在他們所居城市的階級社會之外，於是在教會的平等主義社區中找到了有吸引力的選擇。基督教的慈善事業是另一個強而有力的皈依誘因。異教徒的捐助者慷慨解囊的對象往往是構成政治社群的成年男性公民，相對地，基督徒則會施捨給寡婦、孤兒和窮人。

不過並非所有早期的基督徒都來自貧困階層。幾乎從一開始，有些富人——尤其是帝國自由民和貴族寡婦，就受到教會的吸引，並藉由贊助來支持它。[42]無論貧富，每個大城市的信徒都受到一位主教的監督，即使是最大的基督教社區，也因他的活動而獲得傳統異教未曾見過的連貫性。

由於我們幾乎沒有聽說過西元二世紀和三世紀有傳教士，因此早期的基督教應該是透過非正式的方式傳播，由皈依者爭取家人和朋友的支持。基督教作家聲稱，公開的醫療、驅魔和其他奇蹟，說服了許多靈魂，而三世紀和四世紀之初在整個帝國內迫害基督徒，許多人殉道，獲得了異教徒的廣泛同情。不過一直到君士坦丁皈依，才終於使教會走上了主宰羅馬世界的軌道。

許多宗教學者都在研究君士坦丁信奉基督教的本質和真誠。就我們的目的而言，重要的是，由米爾維安大橋戰役（Battle of Milvian Bridge）中，君士坦丁命令士兵在盾牌上畫上基督教符號起，他就一直在提倡人們對基督教的興趣。在漫長而忙碌的統治過程中，他免除基督徒所有法律處罰，賦予神職人員重要的特權，召開了第一次大公會議（ecumenical council），並興建了一系列巨大的教堂。這些行動為羅馬歷史的其餘部分定下了基調。[43]

當君士坦丁皈依基督教時，羅馬帝國的居民中大約有百分之五至十是基督徒。儘管在羅馬

41 幾個世紀以來，猶太教的一神論和道德準則吸引了異教的信徒。然而這些「敬畏上帝的人」中，真正皈依猶太教的人相對較少，他們對割禮尤其敬謝不敏。

42 例如，在第二世紀末，羅馬教會得到了康茂德皇帝最寵愛的妃子瑪西亞（Marcia）的支持。

43 君士坦丁之後唯一的非基督教皇帝是尤利安（Julian）。在尤利安短暫的統治期間（西元三六一至三六三年），他下令修復寺廟，禁止基督徒擔任教職和高階政治職務，並試圖建立和基督教階級制度同等的異教宗教階級制度（皇帝本人擔任最高祭司，位於階級之首）。不過所有這些措施都隨著他駕崩而結束了。

以及北非和高盧的一些地區有大型的基督徒社區，但大多數基督徒還是集中在講希臘語的東部省份各城市。各地的農村基本上仍都是異教徒。然而到第四世紀，基督教有了驚人的擴張。每逢復活節，城市裡都擠滿了身穿白袍新受洗的教徒。每一年，教士和改宗皈依的信徒都會更深入偏遠的地區。

隨著基督徒數量和信心的增長，皇帝關閉了寺廟，限制了祭祀，最後禁止了公開信奉異教。同時，突襲（通常是由修道士劫掠團體執行）摧毀了許多城市的寺廟。最後的官方打擊發生在查士丁尼（Justinian）統治期間，他把少數僅存私下奉行異教的教徒逐出宮廷，關閉了最後幾間還在使用的神廟，並命令所有剩餘的異教徒接受洗禮。到查士丁尼統治的尾聲，在君士坦丁堡競技場舉行了一場活動，大規模焚燒異教經文和眾神的雕像，作為象徵性的結束。

然而在農村地區，傳統的崇拜方式依然存在。古典世界的城市與週邊地區之間經常有文化障礙，尤其是在使用的語言與城市的拉丁語或希臘語不同的鄉村。在許多地方，基督教在消除這種差距方面的進展緩慢。[44] 例如在查士丁尼統治期間，傳教士以弗所的約翰（John of Ephesus，「粉碎偶像者」）發現小亞細亞山區有數萬名異教徒村民。半個世紀後，教宗葛利果一世（Pope Gregory I）仍在試圖說服羅馬附近的農民，要他們停止崇拜聖樹，而且他對撒丁尼亞島（Sardinia）鄉村異教徒的皈依也不抱指望，因為這些異教徒賄賂了當地總督，讓他們繼續舊有的宗教活動。直到九世紀，希臘南部偏遠地區的牧羊人仍然崇拜舊的神明。

異教在近東的一些角落持續的時間甚至更長。西元五七九年，一位羅馬總督和當地權貴在敘利亞城市埃德薩（Edessa）附近向宙斯獻祭時被捕。在同一時期，位於南部不遠的赫利奧波利斯（Heliopolis），基督徒仍然很少。然而，所有羅馬城市中持續最久的異教城市是敘利亞邊境城鎮哈蘭（Harran）。哈蘭人民崇拜部分希臘化的眾神、由月神欣（Sin）統治的萬神殿。到了六世紀，他們頑強的宗教忠誠為他們的城市贏得了赫勒諾波利斯（Hellenopolis，意即異教徒之地）的綽號。羅馬皇帝和羅馬迫害者來來去去；接著阿拉伯人取代了羅馬人，一個哈里發國被另一個哈里發國取代。儘管經歷了這一切，哈蘭人民仍然忠於他們的神明。[45]月神欣的神殿及崇拜的信徒一直持續到十一世紀之初，哈蘭被游牧民族摧毀為止。

在哈蘭遭毀滅時，希臘羅馬的多神教其實已經消失了。然而異教的習俗和信仰在中世紀歐

44 在拉丁文中，「異教徒」字面的意思是「土包子」或「鄉巴佬」。東部省份的異教徒則被稱為「Hellenes」——意即「希臘人」。

45 八三〇年，一位在位時間很短的哈里發命令哈蘭的人民如果不成為穆斯林就處死，哈蘭人聲稱他們是薩比教徒（Sabians），這是一個神祕的教派，《古蘭經》描述他們是「聖書之民」，因此像猶太人和基督徒一樣，有權受到寬容和尊重。

洲的景觀和思想中留下了無數的痕跡。最明顯的遺跡是仍然矗立在許多城市的神廟。帕德嫩神廟（the Parthenon）成為雅典的大教堂；萬神殿改建為聖瑪麗和殉道者教堂。儘管神廟通常都是在廢棄一段時間後才改為教堂，但有時它們也會直接變成基督教的用途。例如在雅典，有一座聖安德魯教堂就建在醫療之神阿斯克勒庇俄斯（Asclepius）的聖殿之內，而「醞釀」室（崇拜者睡覺之處，他們在此等待阿斯克勒庇俄斯在夢中治療他們，或為他們提供建議）則在新神的管理之下繼續運作。同樣地，在小亞細亞，原本屬於阿波羅的神聖療癒泉水被直接轉移給大天使米迦勒（Archangel Michael）。異教的雕像也可以重新利用：一直到十八世紀末，雅典附近的村民都把來自古代狄蜜特神廟中的一座雕像尊為「聖狄蜜特拉」，聲稱它保護他們的農作物。

有些異教節日也繼續存在。[46]羅馬的牧神節（Lupercalia）一直持續到五世紀末——這是一種生育儀式，由一絲不掛、渾身血跡斑斑的男性用山羊皮條鞭打女性。和異教邁烏馬斯（Maioumas）節相關的有趣戲劇表演在所有的東部省份都很受歡迎，不過由於教會反對，最後禁止了這個節慶招牌的裸泳。[47]

如果以活的宗教來說，希臘羅馬的異教在中世紀就已消失。然而，它不僅持續存在日常生活中的零星角落——比如先前提到一週裡的日子是以眾神為名，而且它也是古典遺產中不可或缺的一部分，迄今依然持續存在。在典故和模仿中，在藝術和文學中，諸神仍然與我們同在——就像古典世界中的其他大大小小事物一樣。

46 有時會有人說，聖誕節是為了取代通常在十二月二十五日舉行的異教太陽節。然而，聖誕節日期的選擇可能是出於不相關的原因。有的理論說，早期的基督徒認為耶穌是完人，一定會有在數學上十全十美的人生。按照這個邏輯，由於耶穌受難日期被算出來是三月二十五日，耶穌也必定是在三月二十五日受孕，因此他的生日恰好是九個月後的十二月二十五日。

47 有些異教儀式持續的時間甚至更長。例如，一些希臘農民到二十世紀仍保留在墳墓上奠酒祭神的古老習俗。

第四部
運動休閒

23 他們有職業運動員嗎？

無需對這個問題含糊其詞：答案是有的。

與古典文化的其他許多方面一樣，運動競技在早期希臘競爭激烈的世界中即已出現。到了古典時期，每個希臘城市都建有體育館，男孩和年輕男性可以在短跑道上衝刺，練習投擲標槍和鐵餅，並配對參加摔角和拳擊比賽。[1]希臘運動員裸體運動，他們在皮膚上塗橄欖油以避免曬傷，讓身體呈現健康的光澤。每隔一段時間，他們之中比較活潑和雄心勃勃的人就會參加當地宗教節日的比賽。每年夏天，少數有才華又有空閒的幸運兒都會動身赴大型比賽碰碰運氣。

奧運是希臘的第一場運動比賽，最初是地區性的宙斯節慶，只有一個項目（短跑）。到西元前六世紀，奧運已發展到融入了每項主要的運動，並享有盛譽，吸引來自希臘世界各個角落的運動員。奧運與其他三個泛希臘運動會——皮提亞競技會（the Pythian Games）、尼米亞競技會（the Nemean Games），和伊斯米亞競技會（the Isthmian Games）一起，主宰希臘體育一千年。這些比賽中的主要競爭選手說是業餘，只是按照現代的定義，沒有領薪水而已。從各方面的意義來說，他們都是專業人士，把自己的一生奉獻給了運動，並因此獲得了豐厚的酬報。

奧運會（與現代奧運會一樣，每四年舉行一次）囊括了古典時期希臘田徑運動的範圍和專業。參賽選手必須至少提前一個月到達奧林匹亞完成訓練，這使得運動員得以估量對手，也讓十名裁判有充分的機會取消任何達不到比賽標準選手的資格。訓練結束時，運動員宣誓遵守比賽規則，不做任何有辱節慶的事。然後比賽開始。

第一個項目是戰車比賽。在眾人歡聲雷動中，數十輛四馬戰車在塵土飛揚的跑道上飛奔，車輪呼呼作響，騎師大喊大叫，鞭子在空中劈啪作響。更令人興奮的是戰車保證會解體。有一次在皮提亞競技會上，四十一輛戰車中只有一輛完成比賽。比賽結束時，戰車的主人被認定為優勝者。駕車的車夫社會地位低得多，被禮貌地忽略了。戰車比賽之後是無鞍賽馬，類似裸體

1 除了斯巴達外，所有的希臘城市都把女性排除在田徑運動之外。根據只有強壯的母親才能生出強壯的兒子這種理論，斯巴達女孩穿著寬鬆的衣服奔跑、投擲，和摔角，這使得雅典人為她們取了「露腿女孩」的綽號（雅典人特別喜歡看她們在節慶時表演的一種舞蹈，她們會跳起來踢自己的臀部）。受到斯巴達例子的啟發，尼祿和圖密善兩位皇帝在羅馬舉辦的希臘運動會中加入了女子賽跑的項目。其中一次，一位年輕的羅馬貴族向一位斯巴達女孩挑戰摔角，不過我們的消息來源沒提是誰獲勝。

的肯塔基大賽馬（騎師是裸體男孩）。在這項賽事中，最重要的還是馬的主人。至少曾有一次，一匹馬把騎師摔出去後獲勝。

接下來是五項全能。這五個項目融合了體育館最受歡迎的運動：鐵餅、跳遠、標槍、短跑和摔角。贏得任何三項賽事即可保證勝利。儘管參賽者都是最強的奧林匹亞全能運動員，但五項全能一向都不特別受歡迎。賽跑更有威望，眾所矚目的項目是短跑（約兩百公尺），其他項目則有長跑（約四百公尺），和長距離賽跑（約四公里）。[2]

摔角是最早的格鬥項目。由於希臘田徑運動沒有重量級別，因此往往是體型龐大的人摘冠。[3]最偉大的奧運會摔角手：克羅頓的米羅（Milo of Croton）壯碩如山，他強壯到可以把自己的青銅雕像搬進奧林匹克地區，並把它放在基座上。他六度贏得摔角冠軍，令人難以置信——至少有一次他是在沒有對手的情況下獲勝，因為沒有人敢向他挑戰。

拳擊選手和摔角選手一樣，通常體格都是重量級。與摔角手不同的是，他們在擂台上會面臨真正的死亡風險。希臘的拳擊手套是由鋒利的皮革所製成，會非常殘酷地撕裂皮膚。通常在比賽結束之前許久，兩名拳擊選手就已經皮破血流了。這種情況可能會致命：有一次在尼米亞競技會的最後一場比賽中，一名拳擊選手把手刺入對手的身體側面，扯出了他的內臟。不過不是所有的比賽都那麼刺激。有一位冠軍只是站在那裡嚴陣以待，等了整整兩天，等到對手筋疲力竭不支倒地。

儘管拳擊有時很危險（或乏味），但它永遠無法與第三種，也是最後一種搏擊格鬥項目——潘克拉辛的純粹野蠻性相提並論。潘克拉辛是綜合博擊格鬥的古代版本，把摔角和拳擊與充滿活力的拳打腳踢結合在一起，只禁止咬人和摳挖眼睛——但這些規則並沒有嚴格執行。一如預期，潘克拉辛吸引了一群特殊的競爭者。據說有一位知名的潘克拉辛選手登上了崎嶇的奧林帕斯山丘，追獵希臘所剩無幾的獅子，並徒手把一隻打死。另一位則被大家稱為「斷指先生」，因為他有折斷對手手指的習慣。第三位偉大的潘克拉辛選手在一場冠軍賽中喪生。他被對手用雙腿牢牢夾住，用力地掐他的喉嚨，他想折斷對手的腳趾來脫困，對手受不了疼痛鬆了手——但這位偉大的潘克拉辛選手已倒地死亡，他的屍體被宣告獲勝。

奧運會和其他泛希臘運動會的勝利者獲得用樹枝編織的王冠作為獎品，[4]這些樸素的花環

---

2 古奧林匹克史上最著名的賽跑健將——羅德的李奧尼達斯（Leonidas of Rhodes），連續四屆奧運會同時獲得短跑和長跑冠軍。在每一次賽事中，他都贏得盔甲比賽的勝利，這是一項相當滑稽的比賽，在賽程最後舉行，要求裸體跑步選手手持盾牌、頭戴頭盔，在跑道上衝來衝去。

3 純粹的身體恐嚇也起了作用：一名摔角手在記念他勝利的銘文中誇口說，場上其他選手在看到他赤身露體的那一刻就認輸了。

4 在奧林匹亞，勝利者獲得橄欖葉製的王冠。在皮提亞，他們接受桂冠加冕；在伊斯米亞，則是松葉冠冕。尼米亞競技會的勝利者則以芹菜裝飾眉毛。

▲ 兩名潘克拉辛選手在裁判密切的監督下對打。古希臘雙耳瓶，現存於大都會藝術博物館。（公共版權圖片）

賦予選手立即且持久的聲譽。奧運勝利者回國後必然會受到英雄般的歡迎——一位冠軍領著三百輛戰車的遊行隊伍進入自己的家鄉城市——並且可以享受諸如終身免費膳食和劇院前排座位等福利。斯巴達授予奧林匹亞勝利者與國王並肩作戰的榮譽，雅典人給予他們現金獎勵。然而，冠軍選手真正有賺頭的機會卻是在希臘世界的小型比賽。與四大泛希臘運動會同時存在的，還有數十個地方性的比賽，其中大多數賽事都提供高價獎品來彌補其聲望的不足。[5]除了金銀獎勵之外，優勝者還可能獲得從羊毛斗篷到昂貴橄欖油等任何物品。

簡而言之，才華橫溢的運動員可以藉由參加希臘各地的比賽來贏得名聲和經濟保障。早在古典時期，就有一些冠軍是全職職業選手。據報導，偉大的摔角和潘克拉辛選手泰奧戈奈斯（Theogenes）在他的職業生涯中贏得了一千多個獎項。如果這有一丁點準確，那麼他就會極其富有。對於生在上流家庭的希臘運動員來說，獎金並不如勝利帶來的名聲和尊敬重要。出身較卑微的人則比較在意金錢。有些人甚至像現代的自由球員一樣，在奧運會前更換城市，好讓收入達到最高。有些明星運動員一旦過了巔峰時期，就進入政壇。然而大部分人則成為家鄉城市體育館的教練。

5 在羅馬帝國時代，曾有一個希臘城市支付了高達三萬德拉克馬（足以支付一百名當時軍團士兵的年薪）的出場費給一位著名的奧運冠軍。

在希臘化和羅馬時代，希臘職業運動員的數量穩定成長，比賽的數量亦然。到了西元三世紀，光是羅馬東部省份就有五百多場運動賽事，幾乎全都是以古代泛希臘的比賽為規範。最優秀的運動員不斷四處奔波，融合奧運等著名比賽與酬勞豐厚的較小賽事，爭取佳績。[6]

隨著運動員數量的增加，他們開始組織地區公會。在帝國時代早期的某個時間，最大的一個公會併入了「旅行運動員和冠冕優勝者的神聖和海格力斯崇拜協會」。這個組織負責安排比賽時間、提供裁判，並為整個羅馬帝國的運動員提供支援。它位於羅馬的總部有幸由五位高級官員經營管理——全都是著名的退休運動員，稱為「柱廊」（the Portico）。「柱廊」成員小心翼翼地與皇帝保持良好關係，甚至在克勞狄烏斯征服不列顛後送給他一頂金冠。為了回報，皇帝也任命他們為「浴場長」和「皇家按摩師」等榮譽職位。

羅馬人對希臘的田徑運動一直都抱著懷疑的態度，認為它們充其量只是浪費時間：圖拉真向他的一位總督咆哮道，「這些可憐的希臘人，沉迷於他們的體育館。」最糟的是，他們光溜溜的裸體是對傳統價值的全面攻擊，分散了年輕人對軍事演習和其他羅馬美好事物的注意力。

羅馬人有他們自己的拳擊、摔角和跑步等傳統——謝天謝地，他們都穿著得體，但他們從沒有發展出競技比賽。只有在征服希臘之後，羅馬人才屈尊參加奧運。[7]最惡名昭彰的是，尼祿堅持在奧運賽中駕駛一輛華麗的十馬戰車，儘管他從戰車上摔下來，未能完成比賽，但憑著皇帝的身分，他贏得了勝利。尼祿也試圖在羅馬創建希臘風格的比賽，可是他熱情有餘，手腕不足，從埃及進口體操用沙，向羅馬菁英分發體操用油，並強迫每一個人觀看這些活動，其中包括文學比賽（相當然耳，獲勝的詩作是歌誦尼祿的讚美詩）。五年後，奧運會再次舉辦時，元老院先下手為強，提前把所有的獎項都頒發給尼祿。

尼祿的競賽和後來一位皇帝所建立更長久的希臘節慶都不受歡迎。羅馬人並不介意觀看希臘的體育比賽（至少潘克拉辛確實很刺激），但他們更喜歡角鬥競技和戰車比賽的熱鬧場面。我們會在後面的章節專文討論角鬥士，現在先把重心放在戰車比賽。羅馬的馬克西穆斯競技場可容納十五萬名觀眾，是羅馬競技場的三倍，而且在每年大約六十天的比賽期間都席無虛席。在某些方面，這種經驗教人想起現代的 NASCAR 大賽車（譯按：全美運動汽車競賽協會舉辦

6 最著名的運動員在整個羅馬帝國家喻戶曉。羅馬港口奧斯蒂亞（Ostia）的一家小酒館就用馬賽克地板描繪兩位偉大的潘克拉辛選手亞歷山大和爬行者（藝名「螺旋」）之間的一場搏鬥。

7 羅馬獨裁者蘇拉實際上把西元前八十年的奧運會移至羅馬舉行，然而隨後奧運獲准留在奧林匹亞。

▲ 戰車比賽的鑲嵌畫。八輛四馬戰車正在比賽，其中兩輛一左下角和右上角，已經撞爛了。其他戰車則繞著中央屏障狂奔。左邊的格子代表起跑的門。西元二世紀鑲嵌畫，現藏於法國里昂高盧羅馬博物館（Lugdunum Museum）。（維基共享資源）

的賽車比賽）。在座位席下方的攤位有小販出售速食，[8]有噴霧風扇（噴灑冷水的水管），還有紀念品大砲（T-shirt cannons，譯按：在NBA賽事中，用填裝壓縮空氣的砲管向球迷發射T恤等紀念品），只是它的形式是人們向看台上投擲可以兌換獎品的代幣，兌換從托加袍到公寓等的任何物品。當然還有最重要的賽車隊。

比賽由四個小團（隊）組成，各團按它的標誌顏色命名：紅團、白團、藍團和綠團。每一團都有自己的馬[9]、戰車和車夫。大多數比賽都由四個團各派一輛四馬戰車參加。然而，一場比賽中的戰車數量（最多十二輛）和拉每輛戰車的馬匹數量都有很大差異。新手被分配到易於控制的兩匹馬戰車，只有經驗豐富的老將才能嘗試四匹馬以上的戰車，少數專家可以駕御多達十匹馬。無論隊伍有多大，戰車始終都是輕型的兩輪平台，專為速度和機動性而設計。

在羅馬皇帝時代，通常一天有二十四場賽車，每一場都遵循相同的模式。戰車排列在門後，門的位置交錯，盡量減少任何起始位置的優勢。皇帝或主持賽事的官員拋下一塊紫色的布，觸發開啟裝置，於是馬匹就由門中暴衝而出。在第一個轉彎之前，戰車必須停留在他們的起跑跑道上，轉彎之後，則變成了一場混戰。車手互相推擠，奮勇爭先，不顧危險，拚搏七圈（總共約九．七公里）。每一圈最關鍵的部分是轉彎，車手試圖緊貼著石製的障礙欄，以節省寶貴的時間。任何一個錯誤都可能會讓戰車撞成碎片，害得被皮帶綁在韁繩上的車手被拖行慘死。10有些車手試圖從頭到尾都保持領先，其他人在最後一圈猛衝超前。在各團多輛戰車的比賽中，隊友齊心協力，由一兩名防守車手阻止任何距離己隊領先者太近的對手。有時各團甚至還有騎在馬上的教練，他沿著賽道外側馳騁，大聲喊叫指導車手。最後，經過約十五分鐘塵土飛揚，

8 在特殊場合，皇帝會分發免費食物給觀眾。至少有一次，圓形競技場有水果、堅果，和蛋糕從天而降，服務生則分發整杯的葡萄酒。

9 馬匹是從西班牙、北非和帝國其他許多地區的種馬場進口的。牠們通常五歲起開始比賽，而且似乎有很長的賽馬生涯。有一匹名叫「贏家」的馬名副其實，贏得至少四二九場比賽。

10 如果失事（發生碰撞），駕駛者唯一的存活機會就是用掛在腰帶上的鐮刀形彎刀割斷韁繩。如果大難不死，他就會用野豬糞便塗抹受傷的四肢。特別積極的車手還會把磨碎的野豬糞攪入飲料中，以加速復元。

獲勝的戰車衝過了終點。勝利者獲得加冕，接著清理賽道，準備下一場比賽。

人群熱情高漲。每一個車團都有大批的忠實粉絲，他們穿著車隊顏色的衣服來觀賽，為孩子購買小車手的服裝，並收集印有他們最喜歡車手圖像的吉祥物。一名羅馬人的墓碑上刻著他是藍團車迷的事實，另一名則定期放飛燕送信回故鄉，宣布最新的賽馬優勝者。有些狂熱的馬迷委託製作碑匾，詛咒競爭的車手，並把它們埋在起跑門和賽道轉彎這些最有可能發生事故的地方。[11]少數人甚至去聞了自己支持馬團的馬匹糞便，確保牠們得到適當的餵養。甚至皇帝也未能免於這種瘋狂。據說卡利古拉毒害了妨礙他心愛綠團的車手，綠團的另一位粉絲尼祿在馬克西穆斯競技場的沙子上撒上了閃閃發光的綠色孔雀石，卡拉卡拉則下令全面屠殺為藍團歡呼的車迷。

在這種過度強烈的氣氛中，冠軍車手就像神一樣。一位著名的紅團車手去世後，有個粉絲因過度沮喪而投身他心目英雄火葬時的柴堆烈焰之中，羅馬各地都豎立了鍍金半身像來紀念另一名去世的車手。儘管大多數車手出身卑微——有些人從奴隸開始，但在競技場上的成功可以讓他們達到令人目眩的巔峰。著名的車手摩爾人克雷森斯（Crescens the Moor）十三歲就開始參加賽車，九年後他去世時，已經贏得逾一百五十萬塞斯特斯。最偉大的冠軍蓋烏斯·阿普列烏斯·戴奧克勒斯（Gaius Apuleius Diocles）在四十二歲時退役，他一生總共參加了四二五七場比賽，贏得了其中一四六二場[12]，累積了令人難以置信的三千五百八十六萬三千一百二十塞斯特斯獎金。

在古代晚期，由於口味的變化、成本的不斷上升，以及基督教的反對，終結了希臘體育競賽和角鬥士的戰鬥。然而，戰車比賽依舊繼續在君士坦丁堡賽馬場（Hippodrome of Constantinople）舉行，現在只有兩派——藍派和綠派，而對其中一方的忠誠使君士坦丁堡分裂爭吵。雙方最狂熱的球迷都會穿著特殊的飄逸罩衫，留著讓人想起現代鯔魚頭（mullet）的髮型，他們也以熱衷鬧事而出名，其中大多數都是藍、綠營支持者的直接衝突。不過有時情況會失控。最惡名昭彰的事件是所謂的「尼卡暴動」（Nika Revolt），摧毀了君士坦丁堡中部的大部分地區，差點廢黜了皇帝，最後以屠殺三萬多名暴徒告終。他們的屍體埋葬了，破壞被清除了；經過一段適當的停歇之後，比賽又重新開始。

11 車手則佩戴護身符（亞歷山大大帝的像特別有效），並在馬蹄踩過的蹤跡上掛驅魔鈴鐺，來防範詛咒。

12 在這些勝利中，有八一五場比賽——他詳盡的職業生涯銘文告訴我們——他從一開始就居領先地位，有五〇二場他是在最後一圈衝刺獲勝，六十七場則因結果非常接近，相當於現代的照片定勝負。

24 他們如何健身？是慢跑還是舉重？

如果我們能相信古代作家講述關於他的故事有一半為真，那麼古典世界最著名的摔角選手克羅頓的米羅就強壯如超人。他可以用光滑塗油的鐵餅，戰勝任何想在這個項目和他一較短長的選手。他可以一手握住石榴，卻不碰傷這個水果，穩如磐石，任何人都無法移動他的一根手指頭。他可以屏住呼吸，讓血管暴凸，崩斷綁在額頭上的緞帶。他曾經穿著打扮像海格力斯一樣，只帶著一根巨大的棍棒去作戰。他一天吃九公斤肉和九公斤麵包（並且吞下雞胗裡的石頭，據說這是他力大無窮的祕密）。[13]在這種豐盛的飲食之外，他還搭配了以硬舉（deadlift）牛隻為主的運動計畫。有一次他獲勝後，肩上扛著一頭四歲的公牛，繞著整個奧林匹克區走了一圈。[14]接著很自然地，他殺了牛，把牠吃掉。

以米羅為代表的希臘體育傳統塑造了古典世界運動練習的方法。男孩和男人在希臘的體育館裡，就像在希臘的競賽會上一樣脫個精光，並用橄欖油塗抹全身。他們的練習也反映了比賽的項目，投擲標槍和鐵餅，比賽短跑和跳遠。他們摔角、拳擊，並輪流打裝滿沙子的沙袋。在鍛鍊之間的空檔，他們作伸展運動，活動四肢，而且通常是在教練的指導下進行。

傳統的羅馬運動僅限於軍事演習和（菁英才能參加的）狩獵和騎馬。然而到了西元前一世紀，許多羅馬人開始以希臘的方式鍛鍊身體——富人在別墅深處練習，其餘的人則在與當地浴場相連的庭院裡鍛鍊。羅馬人對由希臘體育館運動改編的球類運動尤其熱衷，其中最受歡迎的一種是由三名球員排成三角形，來回投擲小球，一隻手接球，另一隻手投擲，掉球最少的人獲勝。另一種流行的遊戲是由兩隊人圍著一名球員排列，這名球員必須把球傳給隊友，同時避開對方球隊的凌空截球。其他球類運動還包括排球的變體，以及在羅馬斯巴達一種非常像美式足球的團隊運動。

久而久之，運動理論開始發展。根據一位羅馬作者的說法，健康的人可以透過帆船、狩獵、散步，和適量的愛來保持身體健康。而相較之下，體弱多病的人則需要透過朗讀、打手球、登山，和勇敢地追求艱苦的生活方式，來刺激自己的身體恢復健康。另一位羅馬作者建議，病人

---

13 搏鬥選手（幾乎都是體型巨大的男人）的貪吃眾所周知。據說米羅曾與一名壯碩的牧羊人比賽，看誰能最快吃掉一頭牛。一位著名的潘克拉辛選手曾經吃掉為九個人準備的筵席。

14 由於古希臘公牛的重量只有兩百二十至兩百七十公斤，因此非常強壯的人可以舉起一頭公牛。不過任何人都不太可能扛著這麼大的動物走太遠。

可以藉著被動的運動（按摩、乘坐馬車、長途旅行），和從騎馬到演講等各種活動來恢復健康。

偉大的醫師蓋倫把運動分為強健肌肉的運動（例如挖掘、搬運重物和攀爬繩索）、提升速度和運動能力的運動（例如跑步、拳擊、球類運動和柔軟體操〔Calisthenics〕），以及增強力量的運動（任何費力或負重的運動）。但他特別提倡用小球來練習，認為這是安全而且多功能的全身鍛鍊基礎。運動教練對健身習慣有他們自己的主張。到了羅馬帝國時代，冠軍運動員得要遵循四天的循環：第一天準備練習，第二天加強練習，第三天放鬆，第四天適度練習。一位著名的奧運冠軍因為嚴格執行這項計畫而致死，因為儘管他宿醉非常嚴重，教練還是要他照常練習。

人們根據自己的口味和能力安排運動計畫。亞歷山大大帝喜歡丟球；奧古斯都則透過散步、騎馬和打三角球運動，渾身出了一點汗；圖拉真和哈德良都認為狩獵是最好的運動方式。哲學家皇帝馬可·奧理略不作哲學思考時，喜歡拳擊和摔角。其他皇帝則和私人教練進行模擬角鬥比賽，或者長時間游泳和慢跑。

雖然短跑一直是希臘羅馬的運動項目，但當時卻不流行長跑。希臘和羅馬男性比較可能步行或（如果富有）騎馬健身。但自從古代醫師以慢跑為藥方，治療從腸胃脹氣到麻瘋病等各種疾病之後，川流不息氣喘吁吁的養病者就加入了體育館跑道上公子哥兒的行列。[15] 當時就和現在一樣，有些執迷不悟的人是真心喜歡慢跑。一名希臘男子剛開始是為了脾臟健康而慢跑，後來由於他深愛跑步，因此開始職業跑步，最後成了長跑的奧運冠軍。有一首詼諧的短詩記述了一位閒暇時間總沿著羅馬的門廊和輸水道慢跑的學者。有些羅馬的超級跑者甚至在馬克西穆斯競技場舉辦表演賽，繞著跑道連續跑好幾個小時。史書記錄說，其中一些人可以連續跑兩百四十公里。

由於人們認為過多的肌肉會壓迫身體，為精神帶來負擔，因此很少有人想要像勞工或角鬥士那樣肌肉虬結的魁梧身材。理想的身材是苗條、健美的體格——為此，許多人都用石啞鈴（*halteres*）鍛鍊健身。石啞鈴是長方形的石頭或鉛塊，最初的設計是用於幫助運動員在助跑跳遠中增加距離，也被用來當作啞鈴。啞鈴運動是為了運用每一個肌肉群而開發，由於石塊的重量很少超過三．七公斤，因此它們主要用於提高靈活度、耐力，和整體健康。[16] 它們似乎在羅

15 大多數人都赤裸裸地跑步，不過氣喘患者被建議穿著亞麻罩衫來禦寒。
16 例如蓋倫就認為用石啞鈴運動對於治療肝臟問題特別有效。

▲ 一名羅馬婦女手拿石啞鈴鍛鍊身體。取自卡薩爾羅馬別墅（Villa Romana del Casale）的四世紀鑲嵌畫。（作者照片）

馬世界特別受歡迎，每一個浴場裡都有一排氣喘如牛的顧客在舉石啞鈴。

堅持要認真作力量訓練（Strength Training）的人可以選擇幾種方法。最直接的就是搬石頭。體育館提供了不同重量的岩石，運動員可以把它們舉至腰部、肩膀，或頭頂。有一則銘文形容體育館的重量為四十、五十和一百（羅馬）磅（分別相當於當今的一三．一六、一六．四五，和三二・九公斤）。[17]最大的岩石大得教人嘆為觀止。在奧林匹亞發現了一塊重達一四三公斤的砂岩，上面有雕花把手，石頭上刻著「拜邦用單手把我舉過頭頂」的字樣。在希臘錫拉（Thera）島發現一塊重達四八〇公斤的岩石，上面刻有「尤瑪斯塔斯把我從地面上舉起」的字樣。有些運動員在不和石頭拚搏之時，會以拉緊強弓來鍛鍊肌肉。然而據我們所知，只有米羅把小母牛舉重作為例行的鍛鍊。

---

17 羅馬的一磅相當於常衡制的〇・七二三磅（〇・三二九公斤）。除了常見的岩石外，雅典的一座體育館還放置了一個巨大的青銅球。在比賽前，每位運動選手都都盡自己可能把球高舉，並根據這個表現分發到不同的組別。

25 他們享受旅遊之樂嗎？

在皇家墓地下方，高低起伏的峰巒急轉直下落至太陽燒灼的平原之處，矗立著這座巨像。幾個世紀以來的地震和沙漠的風讓它變成了不成形的龐然大物。但幾乎每天早晨，當黎明掠過尼羅河時，巨像都會唱歌。那是一首沒有歌詞的歌曲，尖銳刺耳，彷彿彈撥冥界豎琴弦之聲。[18]前來聆聽的遊客全都留下了深刻的印象——因為深受感動，所以他們做出人們在面對奇蹟和美時，不論古今都會做的事：他們留下了塗鴉。這尊巨像的小腿讀起來就像一本簽名簿：當地的權貴、路過的士兵、零散的行省總督，以及來自羅馬帝國各個角落的遊客。

在古典世界中旅行免不了緩慢，而且極不舒服，但卻出奇地普遍。商人穿梭地中海，冒險遠赴斯里蘭卡，追求胡椒和利潤；[19]演員、運動員和音樂家隨著一年一度的比賽和節日，由一個城市到另一個城市；學者和學生在著名的學習中心聚會；朝聖者親赴神殿尋求神諭；官員在各省之間往返；奴隸被賣到四面八方。士兵行軍到各地；還有稀稀落落的遊客前往未知的地方。

▲ 曼農巨像。巨像左腿上仍然布滿了古老的塗鴉。（作者照片）

在古典希臘，休閒旅遊受到限制，像德爾斐這樣的著名聖地和像奧運會這樣的盛大節慶幾乎是長途旅行的唯一目標。到了富裕而穩定的羅馬帝國，觀光旅遊則普遍得多。偉大的傳記作家普魯塔克在約西元一世紀末的文章裡，描述了他與剛從國外

18 當地的導遊聲稱，巨像象徵的是神祕的黎明之子曼農（Memnon），而這首歌是曼農對母親之光的回應。曼農巨像其實是描繪了偉大的第十八王朝法老阿蒙霍特普三世（Amenhotep III）。起先它是阿蒙霍特普祭殿正門兩側的兩座雕像之一，這座神殿在羅馬時代開始之前就已成廢墟。它在因地震而嚴重受損後開始「唱歌」，這種聲音可能是由於露水從石頭深處的裂縫中逸出而引起的，到西元三世紀雕像修復後，聲音就停止了。

19 一位來自當今土耳其西部的商人在一生中就航行至義大利至少七十二次。

長途旅行歸來的兩個朋友會面。其中一位曾穿越埃及，參觀紅海沿岸的穴居人，並航行越過前往印度貿易路線上的波斯灣。另一位則是受帝國政府委託，探索不列顛海外傳說有惡魔出沒的偏遠島嶼。[20]

只要可能，長途旅行就都是經由海路。由於沒有客船，旅客只能搭乘前往正確方向的商船，大多數人不得不睡在甲板上，而且所有的人都得要自行張羅飲食和寢具。如果天氣惡劣，即使是最大的船隻也可能會沉沒，乘客必須協助船員。一位羅馬作者描述了他們的船在大風中解體時，他和六百名同行乘客如何被拋入汪洋中。[21]只有八十人第二天早上被路過的船隻救起倖存。更大的危險可能是海盜，尤其是在西元前一世紀，他們膽大到洗劫城市並綁架羅馬元老（包括年輕時的凱撒）。

古代船隻航行速度如果要超過五節（約每小時九．六五公里），即一天要超過二〇〇公里，是很不尋常的。但如果風勢良好，由羅馬港口出發的船隻只需兩天即可到達北非，三天可到達法國里維耶拉，七天到達直布羅陀海峽。由羅馬或那不勒斯向東行駛，到希臘可能只需五天，到埃及只需九天。然而，這些都是最好的情況。如果逆風，航程就得增加數週或數月，而且在近半年的時間裡——從十一月到三月，幾乎沒有船長願意出海。這些限制，再加上海上旅行的各種危險和不適，使許多古代旅客至少會有部分旅程採取陸路。

在古典希臘，陸路旅行意味著步行或騎驢。只有最富有的人才負擔得起馬匹，而且道路品質通常很差，馬車不切實際。在羅馬世界，多虧了好得多的公路（和較便宜的馬匹），客運馬車在羅馬常見得多，它有很多種類：兩輪馬車通常輕便快捷，專為一到兩名乘客和最少的行李而設計。四輪馬車儘管比較重、比較慢，但更寬敞，而且——如果車主有錢，也更豪華。羅馬皇帝和元老用金色雕像、絲綢布套、旋轉座椅，和內建遊戲板裝飾他們的座駕。[22]然而，即使是最時髦的馬車也缺乏避震器，因此乘坐在這些有輪子的宮殿是顛簸的體驗。坐在有墊子和簾子的轎子上旅行要舒服得多，可以在路上小憩、閱讀和寫作。

不論步行或乘轎，良好的速度約為一天三十二公里。[23]重型馬車只能稍微快一點，可能平

20 後來發現這些島嶼上只有一些濕淋淋的德魯伊特教信徒（druids）。

21 大多數用於長途貿易的希臘和羅馬商船的排水量可能在九十到三百六十公噸之間，大約相當於現代港口拖船的排水量。然而，有一些船要大得多。把埃及穀物運往羅馬的駁船可能長達五十五公尺，排水量一千一百公噸。這些超大型船隻最多可搭載一千名乘客。

22 教人印象最深刻的馬車是為運送亞歷山大大帝遺體而建造的，是座鍍金廟形的龐然大物，由六十四頭身上用寶石裝飾的騾子拉著。

23 專業的傳訊人速度要快得多——在崎嶇的山區且通常沒有道路的希臘世界中比馬更有用。著名的雅典傳訊跑者菲迪皮德斯（Phidippides）在兩天內跑了兩百五十公里，據說亞歷山大大帝的信差幾乎在一天之內就跑了同樣的距離。

均每天約四十公里。輕型馬車的速度可能會快一倍，但仍然不太可能突破每小時八公里；凱撒乘坐馬車單日快跑一百六十公里的紀錄是非比尋常的事。騎馬是大幅加快速度的唯一方法，然而由於馬鞍很簡陋，而且還沒有馬鐙，因此長途騎行很不舒服。再加上馬匹的體型較小，[24]並且沒有馬蹄鐵，[25]因此古代的馬匹無法像牠們的後代那樣騎得那麼快或那麼遠。頻繁更換坐騎而創下的單日騎行記錄為三百二十公里。

無論是安坐在轎子上，還是在馬車上顛簸而行，與一大群人一起旅行，或至少隨行帶上幾個武裝奴隸，都是個好主意。攔路打劫的強盜潛伏在黑暗的森林、偏僻的山口，甚至旅館中（他們偶爾會占領偏遠的旅館，把它當成基地攻擊毫無戒心的旅客）。遭到伏擊的旅客非但失去財物，有時甚至還會喪命；一名特別殘暴的土匪因砍斷受害者的雙腿，讓他們流血至死而惡名遠播。地方當局以暴制暴，搜捕這些土匪，在路邊把他們吊死或釘死。

不論路上多麼危險，飯店通常都更糟。絕大多數希臘和羅馬的旅館不但骯髒、狹窄，而且爬滿了臭蟲。食物不可口不說，有些黑店的老闆甚至會謀殺客人，把他們的肉放進燉菜裡。有辦法避開旅館的旅客通常都盡量這樣做：一些羅馬政要名流在他們別墅和首都之間的道路上購買小屋，配備了奴隸，在往返旅途中到小屋過夜。只要可能，富有的旅行者就會去朋友和熟人的家住。如果什麼房間都沒，他們就會派奴隸到下一個城鎮，通知最大房子的主人說，某個重要人物需要一個房間。

如前所述，古典時代的希臘人通常旅行的目的地是在有神諭降臨和舉行比賽的聖殿，羅馬人則是比較有野心的遊客。對於富有的羅馬人，預設的度假勝地是那不勒斯灣。儘管皇帝擁有的卡布里島禁止民眾進入，但遊客可以參觀庫邁（Cumae）的女巫石窟（the Grotto of the Sibyl），到那不勒斯觀看體育比賽和戲劇表演，或沉浸在古典世界的罪惡之城拜埃（Baiae）的溫泉樂趣中。

想要來點嚴肅文化的人則前往希臘。在雅典，遊客驚嘆於衛城的藝術瑰寶，拜訪最時尚的哲學家。在斯巴達，他們沉迷在比較沒那麼崇高的樂趣，觀看一年一度的「耐力競賽」。在比賽中，幾個男孩躺在祭壇上，比賽看誰被鞭打最長時間而不哭叫。山上的德爾斐聖殿是另一個遊客最愛的目的地，因為朝聖者幾個世紀以來留下的祭品而閃閃發光。世界七大奇蹟之一宏偉的奧林匹亞宙斯象牙雕像也很受歡迎。在愛琴海上的羅德島（the Rhodes）還可以看到另一個

---

24 在古典希臘，馬的平均肩高可能約為一．三五公尺（一三．二手，手是傳統測量馬匹身高的單位，一手大約一〇．二公分）。羅馬的馬往往略高一點，但大多數仍然只有現代較大的小馬大小。

25 在長途或艱苦的騎乘時，羅馬人有時會給馬匹穿上「馬涼鞋」（hipposandals）——包覆整個馬蹄的金屬靴子。然而，馬蹄鐵是古代晚期的發明。

奇觀的遺跡，遊客試圖用雙臂環抱倒下的太陽神巨像的拇指。在著名的城市和藝術珍品之間，遊客停步欣賞希臘神話的紀念品，包括普羅米修斯用來塑造人類的黏土，和特洛伊海倫乳房的可愛複製品。

在小亞細亞（今土耳其），遊客湧向克尼多斯，欣賞矗立在大理石亭子裡著名的阿芙羅黛蒂雕像，雕像周圍鮮花盛放，芬芳撲鼻。這座雕塑公認是希臘最吸引人的傑作（當地紀念品賣家製作了一系列令人興奮的情色陶器紀念品）。然而對於任何穿越小亞細亞的羅馬人來說，主要的名勝是伊利烏姆市（Ilium），它坐落在荷馬筆下的特洛伊著名遺址。由於羅馬人聲稱是特洛伊英雄伊尼亞斯（Aeneas）及其追隨者的後裔，因此他們有時會把伊利烏姆視為祖先的家園。伊利烏姆人很樂於從這種幻想中獲利，他們帶領遊客參觀了特洛伊戰爭中每一個事件的地點，包括阿基里斯之墓。

遊客可以在伊利烏姆重溫歷史，並在克尼多斯購買情色陶器。不過如果要真正體驗異國風情，就要去埃及。大多數人都是先航行到亞歷山卓，開始旅程。停靠在這座城市高聳燈塔（九十多公尺高，五十公里外都可看見）的陰影下之後，他們徜徉在兩旁柱廊延伸幾公里長的寬闊林蔭道上。虔誠的信徒在巨大的寺廟建築中祭祀，學者型的遊客則赴著名圖書館參加講座，好奇的觀光客則參觀了亞歷山大大帝巨大的陵墓。

從亞歷山卓出發，遊客可以乘船前往尼羅河。第一個目的地通常是孟菲斯（Memphis），在那裡可以看到神聖的阿匹斯公牛（Apis bull）在牠的圍欄附近漫步。不遠處，遊客看到當地村民為了小費而爬上大金字塔的陡壁。有些遊客繼續沿尼羅河而上，到達現代的亞斯文（Aswan），比較有膽量的遊客可以在那裡以古代版的急流泛舟體驗第一瀑布的湍急。不過大多數人最多只到底比斯（Thebes，今盧克索 Luxor），他們在那裡目瞪口呆地參觀宏偉壯觀的卡納克神廟（Karnak Temple），豎起耳朵聆聽巨像的歌聲，並點燃火把去探索帝王谷的墳墓（Valley of the Kings）。在一座墳墓中，發現了超過一千幅古代塗鴉。這些塗鴉證實了在談到旅行之樂時，希臘人和羅馬人與我們有一樣的感受。一則蝕刻的訊息說明了這一切：「太棒了，太棒了，太棒了！」

26 羅馬競技場是如何在不到十年內建成的？

這些數字教人印象深刻：長一八五公尺、寬一五四公尺、高五十一公尺；八十個入口，可容納五萬左右觀眾。設施也同樣出色。一個像帆一樣的遮陽篷，由帝國海軍陸戰隊支隊負責捲起和展開，為上層看台遮擋陽光。精心設計的象牙和黃金屏障，中間佈滿了狙擊站，保護較低的幾排觀眾免受食肉猛獸跳躍襲擊。座位下方的壁龕設有廁所和噴泉。[26]沿著沙地競技場的邊緣，有數十扇活板門等著要由狹窄擁塞的地下走廊和小房間釋放珍奇的野獸和角鬥士。簡而言之，羅馬競技場是羅馬工程的巨大成就。令人驚訝的是，幾乎整個巨大的建築，從競技場上方二十層飄動的遮陽篷到下方燈火通明的迷宮，都是在幾年之內建成的。

在希臘世界，大型建築工程往往進展緩慢，教人難耐。例如位於雅典壯觀的奧林匹亞宙斯神廟於西元前五二〇年左右動工，但直到西元一三一年才完成——而且還是靠大量帝國資金的挹注。[27]位於薩摩斯島的赫拉神廟（Temple of Hera）約於西元前五三〇年開始建造，到了一千年後還沒完成，結果遭前來掠奪的哥德部族徹底毀滅。

儘管羅馬皇帝最偉大的建築工程比任何希臘神殿都更大、更複雜，但它們的完成速度卻快得多。查士丁尼的聖索菲亞大教堂有教人嘆為觀止的中央圓頂和大片閃閃發光的金色鑲嵌畫，僅僅用了五年就完工。卡拉卡拉浴場（Baths of Caracalla）的沐浴區——一座占地逾兩萬四千平方公尺（約七三四四坪）的建築，主要的房間有三十多公尺高，僅花了四年就建成。[28]

比起其他的古代建造者，羅馬皇帝有三個關鍵的優勢。首先，也是最重要的，他們是羅馬皇帝——不容爭議地統治著近四分之一的人類，有能力調用超越任何國王或市議會最瘋狂夢想的勞工和資源。其次，他們可以獲得大量生產的建築材料。到西元一世紀末，羅馬帝國的每一個大型大理石和花崗岩採石場都歸國家所有。這些遠至希臘、突尼西亞和埃及的採石場把柱子、石塊和預製雕像出口到數百或數千公里外的首都。最偏遠的採石場位於埃及東部沙漠炙熱的荒原中，為羅馬的神廟和浴場生產了四十五公噸和九十公噸的花崗岩柱。[29] 對於施工過

---

26 羅馬競技場可能還配備了灑水裝置，以便在炎熱的天氣裡為觀眾降溫。同一時期的其他羅馬娛樂建築則配有噴嘴，可以噴出番紅花香味的薄霧。一位詩人描述了整合在劇院舞台周圍青銅雕像中的灑水裝置。

27 當哈德良啟用這座神殿時，他認為應該用一條巨大的絨毛蟒蛇來裝飾它——原因只有他自己最清楚。

28 由於冬雨和霜凍使灰泥和混凝土的凝固益發困難，因此羅馬人通常一年只有八個月建造建築，可見他們建築的速度更為驚人。

29 龐培之柱（Pompey's Pillar）是來自同一採石場的一根柱子，重達兩百七十公噸，至今仍矗立在亞歷山

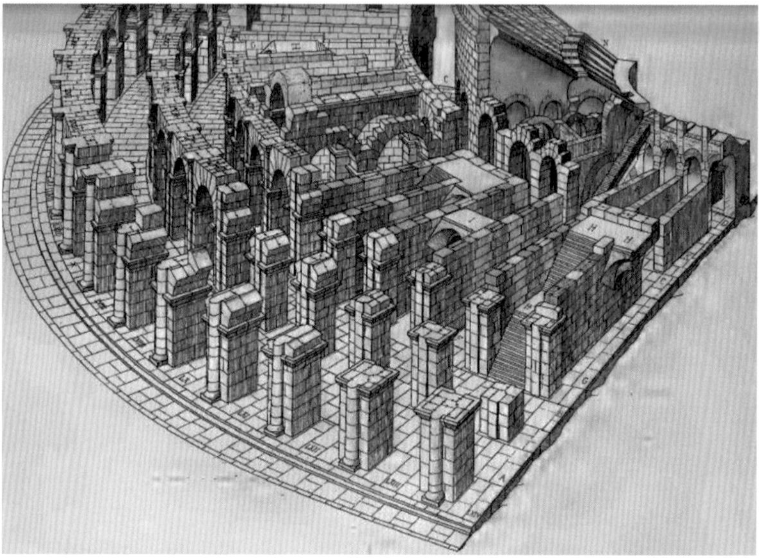

▲ 羅馬競技場第一層的剖面圖，顯示了支撐建築物的石墩。仿 *Le Moniteur des Architects 9*（1875），pl.12

程來說，即使不那麼引人注目但同樣重要的，是台伯河谷及其周圍由帝國擁有的磚廠，這些磚廠每年生產數百萬塊的薄方磚，共有三種標準尺寸。我們稱之為羅馬混凝土的水、石灰，和火山粉混合物，是皇帝能夠如此迅速興建建築物的最後一個因素。與現代混凝土不同之處在於，它不是澆灌，而是以薄層鋪在層狀的碎石上。然而它凝固起來與現代的混凝土一樣堅硬——在某些例子中，甚至更堅硬。[30]混凝土使羅馬人能夠建造高聳的拱頂和大膽的圓頂，但最常還是用作牆壁和地基中節省工時的填充物。

豐富的資源、大量生產的材料和

混凝土，為羅馬皇帝提供了大規模建設的方法，政治則提供了動力。首都的公共建設是皇帝宣傳自己的正統性，並展示他們對羅馬人民福祉承諾的重要方式。開始興建羅馬競技場的皇帝維斯帕先是新王朝的創建者，因此特別有動機要建造一棟壯觀的建築。

羅馬競技場是由私人承包商在帝國監督下建造的。每一個包商都僱用了一批包括經過訓練的奴隸和自由民組成的長期工作人員，他們指揮大批不熟練的臨時工。儘管工人的數量時時不同，但高峰時期可能有一萬多人參與。第一項艱鉅的任務是挖掘一條橢圓形的溝槽——七．五公尺深，六十公尺寬——在規畫中的圓形劇場平面下方。由於溝槽必須穿過基岩和飽和的底土，光是挖掘可能就花了一年的大半時間。等到棄土清乾淨，牆壁就貼上木模板，溝槽填滿了巨大的混凝土圓環。[31]

卓。為了配合採石場系統的規模，載運埃及石頭的駁船非常巨大。紀錄中最大的一艘是為了從埃及載運一座重達兩百一十公噸的方尖碑往羅馬而建造的，據說除了方尖碑外，還載運了約兩千六百噸的穀物和至少一千兩百多名乘客。

30 與預期相反的是，羅馬混凝土在接觸鹽水時最耐用。火山灰、石灰，與海水相互作用，產生一種名為鋁矽鈣石（aluminum tobermorite）的稀有礦物結晶，這種晶體使混凝土隨著時間的發展而變得更堅固。

31 儘管羅馬競技場的混凝土地基很結實，但它有一個嚴重的弱點：只有北半部由基岩支撐。南半部位於鬆散的沖積土上，使得它上方的圓形劇場很容易受到地震破壞。在中世紀，這個部分的建築就被一連串的地基打好之後，就開始上層建築的施工了。大多數大型羅馬建築的牆壁都是由磚面混凝土製成的。然而羅馬競技場的圍牆和內部支撐柱都是由用巨大的石塊黏合鐵夾建造的。使用這麼多石頭的決定，反映出建築商了解：羅馬混凝土儘管很堅固，但承受巨大壓力的點往往會變形。為了避免坍塌的風險，所有主要承重元件都採用傳統方式製造。

使用的石頭是石灰華（travertine，洞石），這是在羅馬東部開採的重質石灰石，並用駁船運送到羅馬。最後，競技場用了超過七萬六千五百立方公尺（估計約與兩百七十公噸的鐵夾子黏合）的石頭興建，而這一切都被切成平均重三．六公噸的石塊，用幾十台簡易的吊車把石頭吊起就位。每一台機器都是由支撐滑輪組的沉重木架組成。一旦一塊石頭被固定在穿過滑輪組的繩索上，就由人們轉動絞盤，或者踩動巨大的踏車，升起石塊。[32]

拱頂和支撐座位的下部結構與圍牆一起升高。儘管關鍵的結構元素是石灰華，但也廣泛運用土華（tufa，一種柔潤的當地石頭）和混凝土。在整個過程中，建築商仔細管理結構重量，把浮石混合到上層拱頂的混凝土中，以減輕牆壁和地基的壓力。

當圍牆接近最後的高度時，大理石座位被放置在拱頂的混凝土頂部，工匠師傅開始安裝建築物的設施。水管工在建築物中鋪設鉛管，由附近的克勞迪安輸水道（Claudian Aqueduct）開通一條支線，並安裝了噴泉。雕塑師傅為第二層和第三層的拱門創造了眾神和英雄的雕像，金屬工人則為第一層的拱門製作了大門。走廊被塗上灰泥和油彩，桅杆和遮陽篷的帆布被移動就位，接著——終於，大功告成。[33]

那人向前一個踉蹌，險些與排在他前面那個身材魁梧、面色陰沉的人撞在一起。他及時停下來，整理好托加袍的褶皺。然後他又伸長脖子，瞠目結舌。他也和其他的羅馬人一樣，從遠處看過新圓形劇場的圍牆升起。然而如今站在這牆下的感覺卻截然不同。東升的旭日為這座磚石打造的陡壁帶來了玫瑰色調，拱門上的青銅雕像閃閃發光，宛如火花或流星或……。背後

地震摧毀。

32 羅馬的吊車可以處理驚人的負載。圖拉真紀念柱（Trajan's Column）的大理石柱頭重四十八公噸，被吊到三十多公尺高，到達最終的位置。

33 幾乎是大功告成。羅馬競技場於西元八〇年落成時，競技場下方迷宮般的走廊、獸籠，和吊具尚未完成，可能是故意的。在這座建築落成的一百天比賽期間上演的盛大而血腥的場面中，有幾場需要淹沒場地。其中一場水上盛宴包括數十匹馬和公牛表演精心設計的花式游泳動作。另一場的高潮戲是小船艦隊之間的小型海戰。如果地下隧道已經完成，那麼上演這些奇觀就會非常困難。

有人毫不詩情畫意的一推，粉碎了他的遐想。隊伍又開始移動了。

他向前推擠，從零錢包裡掏出入場的代幣[34]，遞給桌旁意興闌珊的奴隸。奴隸檢查了他的代幣，然後聳聳肩遞了回來，示意這人走過披著白斗篷的警衛。他隱隱地鬆了口氣——禁衛軍總是讓他感到焦慮。他走向代幣上標記的入口，融入沿著寬闊樓梯流淌的人流。

經過幾分鐘的推擠，又爬了幾層樓梯；然後是孤獨、陽光，和他的座位區。當他到達自己的那一排時，不由得停了下來。兩邊的大理石長椅閃閃發光。下方遠處，競技場的沙子閃閃發亮；頭頂上，遮陽篷勾勒出了完美的橢圓形藍天。他思索道，羅馬，確實是世界的中心。

27—競技場的動物是如何捕捉來的？

他瞇起眼睛，一隻手彎成杯狀擋住光線。一連幾個小時，他看著陽光線慢慢接近，依序照亮了坐在頭幾排議員的帽子，[35]第二層排汗流浹背的權貴，最後照到了他自己坐的區域。他清楚地感覺到汗水浸濕了他的托加長袍，他在大理石長凳上挪動身體，試圖找個更舒服的姿勢，結果只是讓自己的背部靠上身後那人的膝蓋。他認命地接受了屁股麻木的感覺，把注意力重新轉向競技場。

至少，過去的鬥獸比賽很值得，有一些一流的處決表演。有個罪犯被貼上了伊卡洛斯（Icarus）的翅膀，吊在高過頭頂的金屬線上，扔進競技場。另一個被打扮成神話中的吟遊詩

34 羅馬競技場的「門票」是被稱為籌碼（tesserae）的代幣（象牙、金屬，或陶土）。這些代幣似乎通常會標示入口、座位區，和第幾排。雖然這些籌碼是免費的，但它們還是被大批大批地分發給知名人士和組織。任何想要觀看比賽的普通羅馬人都必須向這些經紀人乞討、借用，或竊取他的代幣。

35 只有議員才可以在公共場合戴遮陽帽，其他人都只能揮汗如雨苦熬。

人奧菲斯（Orpheus），並被綁在木樁上，數十隻馴服的動物繞著這個囚犯圍成一圈，彷彿在聆聽。接著一隻熊從活板門中跑了出來，把「奧菲斯」撕成碎片。[36] 狩獵的表演也很精彩，一隊打扮成亞馬遜人的婦女刺傷了一頭撲來的獅子，還有一位著名的角鬥士只用長矛一擊，就殺死了一頭大白熊。[37]

現在有新的異獸出現了：主持人的聲音傳遍了競技場，他宣布皇帝遠從天涯海角的衣索比亞帶來一種生物，自神聖的奧古斯都統治以來從沒有人見過——可怕而龐大的犀牛！就在人群興奮地發出嗡嗡聲，管風琴手演奏出歡欣鼓舞的曲調時，一頭奇怪的野獸蹣跚地走上競技場。形狀像公牛，但比任何一隻公牛都大，生著皺巴巴的象皮，鼻子上有兩個凶惡的角。一名穿著髒兮兮的罩衫、一臉焦慮的馴獸師出現在牠身旁邊。他揮動長鞭，驅趕那頭野獸向前往競技場中心走。他邊驅趕，沉重的門邊發出摩擦聲，一頭巨大的公牛小跑出來。男人滿心期待地坐直了身體。他看過熊與公牛搏鬥，公牛和大象對打，還有一次，獅子堂而皇之地撕裂了老虎。眼下這場對決一定會是值得大書特書的戰鬥。

公牛停在距犀牛幾十公尺遠的地方，噴著鼻息，用爪刨地。犀牛盯著對方良久，不理睬馴獸師的鞭子。然後牠以驚人的速度衝了過來，放低牠那碩大的頭，把公牛甩過了肩膀。牠的對手潰敗了，犀牛放慢速度變成小跑，抽動耳朵，聆聽五萬羅馬人震耳欲聾的歡呼。

有犀牛出現的比賽是在西元八〇年代的某個時候舉行的，此後犀牛聲名大噪。牠出現在硬幣上，成為詩歌中的明星，甚至也出現在羅馬廣場一間神廟的裝飾裡。從這些可愛的肖像中，我們可以看出這是一頭白犀牛，可能是在現在的南蘇丹或烏干達捕獲的，距離羅馬約六千五百公里。雖然到目前為止很少有其他犀牛在競技場現身，但犀牛只是每年被帶到羅馬競技場的數百種外來動物之一。在羅馬競技場的啟用賽事中，至少殺死了九千隻動物。一個世代之後，在征服達契亞（Dacia，今羅馬尼亞）為期一二三天的運動會中，有一萬一千隻動物遭到屠殺。

為了滿足這種無限的需求，他們由已知世界的各個角落進口動物。熊遠從蘇格蘭運來；麋鹿、野牛和凶猛的原牛（auroch，一種現已滅絕的野牛）來自北歐；老虎是在伊朗北部和印度

---

36 在競技場處決中經常使用動物，儘管像這裡描述那種精心製作的神話劇相對稀少。比較常見的做法是把死刑犯綁在木樁上，然後放出狗、熊、獅子或豹子攻擊他們。或者，罪犯可能會拿到沒用的武器，並被迫防衛自己，抵抗飢餓的猛獸。

37 最優秀的競技場獵人會猛擊熊的臉部，打昏牠們，或者用斗篷使撲過來的獅子看不見，或用長矛殺死大象。

捕獲；埃及則產鱷魚和河馬。北非的其他地區則提供獅子、豹、黑豹、土狼和大象。撒哈拉以南非洲地區則送來瞪羚、長頸鹿、鴕鳥、斑馬、猿，偶爾還有犀牛。

有些競技場動物是士兵捕來的。羅馬軍隊在埃及捕捉瞪羚，在阿爾及利亞追蹤獅子，在保加利亞捕獲熊和野牛。有些人成了半職業人士。一名日耳曼百夫長在六個月內捉來五十頭熊。不過出現在競技場的大多數動物都是由當地經驗豐富的獵人群捕獲的。在北非部分地區，這些人組織成公會。在其他地方，他們則可能是受僱在特定日期之前提供一定數量動物的自由業者。

狩獵方法因物種而異。像鹿和瞪羚這樣的草食動物，只要一群帶著狗和火把的人，就可以把牠們嚇得跑進長網子裡。野牛會衝破任何網子，所以要引導牠們到鋪滿塗油獸皮的山谷中，讓牠們無法站穩而滾入圍欄。鴕鳥則是由牛仔騎到背上壓倒，並用套索套住。獅子會掉進用羔羊或小山羊當誘餌的陷阱中。據說花豹是被倒入飲水坑中的酒而醉倒的，而幼虎則是由騎著快馬的獵人捕獲。[38]

捕捉動物是容易的部分，難的是要把牠們送回羅馬，並且讓他們活到競技之時。在旅程的最初幾個階段，草食動物被繩子牽著走，肉食動物則被關在通風的木箱裡，然後裝上牛車。在帝國境內，獵人獲得授權，可以使用郵政系統的重型馬車。這些車輛的最大容量約為五五〇公斤，可以寬裕地容納一兩隻肉食動物。獵人所經過的每個城鎮都有義務餵食動物達一週之久，十分省事。

在商人專門為比賽運送動物的非洲港口，有設計來裝載大型動物的船隻。但大多數動物似乎都是被塞進散裝貨船的貨艙裡，準備長途運輸前往義大利。抵達目的地後，大象和其他食草動物被送往首都郊外的皇家莊園，[39]其餘的直接送往羅馬，關進一個有高大石牆和成排木欄與籠子的大圍場裡。[40]有些比較上鏡的動物送到市中心去展覽，例如在奧古斯都統治期間曾建造

---

38 據說獵人會從母虎的巢穴中偷走幼虎，帶著牠們疾馳而去。當母虎發現自己的小虎不見了，就會追趕獵人。但當牠快追上時，獵人就拋下一隻小虎，讓母虎停下來救牠，把牠帶回巢穴，接著繼續追逐。正當牠接近到可以撲上去時，獵人會丟下另一隻小虎，牠又會停下來。等到牠再回來時，獵人已經帶著剩下的幼虎安全離開。這種技術的另一種變化是，在母虎接近時，獵人會扔下一面鏡子而非一隻幼虎。母虎會把自己的倒影誤認為是幼虎，在獵人逃跑時停步來擔心鏡子。當然，我們沒有理由相信老虎實際上是透過這種方式捕獲的。這個故事可能是因為大多數由伊朗和印度運到羅馬帝國的老虎都是雌虎和幼虎而流傳。

39 藉由銘文，我們知道皇家莊園裡的動物是由冠有「大象馴養員」、「駱駝飼養員」和「食草動物大師」之類頭銜的人負責監管。

40 在某些時期，動物在送往飼養場之前，會先暫時關在河邊的籠子裡。西元前一世紀，一位著名的雕塑家參觀了這些籠子，為剛抵達的獅子繪製草圖。然而他太專注於自己的工作，竟沒注意自己被一隻逃跑的豹子跟蹤。

▲ 一隻一臉不情願的羚羊被裝上船隻。請注意甲板上通風的運輸箱子。取自Villa Romana del Casale的四世紀鑲嵌畫。（作者照片）

了一座水庫，向羅馬民眾展示尼羅河鱷魚，埃及飼養員定期為觀眾表演，網住鱷魚，然後把牠們拋到曬台上。

在動物等待上競技場的時間，有些動物接受訓練，供人娛樂。獅子被訓練舔馴獸師的手，並用活兔子玩丟接遊戲。猴子學會穿著迷你士兵制服，騎山羊繞行競技場。最凶猛的野獸被送到猛獸戰士學校，訓練克服對人類的恐懼。表現異常野蠻的動物則用來處決囚犯，有些甚至還有藝名。[41]

有時猛獸會得到活的獵物：有一則軼事提到一隻山羊被扔進

老虎的籠子裡（教馴獸師洩氣的是，老虎與山羊交上了朋友）。如果比賽正在進行，猛獸就能得到在競技場中被殺死動物的遺體。除此之外，牠們顯然是靠肉販屠宰的肉為生，這恐怕相當昂貴——卡利古拉就曾經下令用囚犯來餵動物，以減少花費。除了餵食之外，要讓外來動物在陌生的環境中生存也非常困難。一位羅馬官員哀嘆說，他花巨資從埃及進口來的大多數鱷魚都病懨懨地吃不下東西。

在出場比賽前一天，食草動物被轉移到羅馬郊區，而食肉動物則被塞回旅行箱籠中。當天晚上，動物都被帶到競技場。大象和其他大型動物被圈在附近，牠們會通過一個地面入口進入競技場。所有比公牛還小的動物則被趕進競技場下面的隧道裡，數百名奴隸守護著由籠子和吊車組成熙熙攘攘的地下世界。就在比賽開始前，動物要做最後的打扮和準備——喜慶的花環可能會纏繞在牠們的爪子上，或者把金粉撒在牠們的皮毛上。最後，牠們被奴隸驅動的升降機帶進競技場。幾乎所有的動物都在到達最後目的地後幾分鐘內遭宰殺。[42]

41 最受人喜愛的藝名包括「Victor」（贏家）、「Crudelis」（野蠻）和「Omicida」（兇手）。

42 死亡還不是結束。一等動物被拖出競技場，象牙、皮毛，和其他有價值的零碎物品就會被取走出售。象的心、鴕鳥的腦等一些珍饈則登上了皇帝的餐桌。然而大部分的肉都送給了羅馬人民（順帶一提，他們認為熊比獅子或豹更有營養）。這些獸肉似乎常以抽籤的方式來分配。比賽中場休息時，有人向觀眾投野獸狩獵讓皇帝展示了他們的慷慨，證明了他們跨越全世界的權力，並宣傳了羅馬征服大自然本身。但他們這樣做卻付出了可怕的生態代價。當競技場舉行最後幾場比賽時，土耳其的花豹、伊朗的老虎、埃及的河馬和北非森林象都已遭獵殺或瀕臨滅絕。羅馬帝國主義的受害者並不是只有人類而已。

28 角鬥士胖嗎？角鬥士的格鬥有多血腥？

我們不知道這名角鬥士是怎麼倒下的，也許是因為網子纏住了他的腳踝，也許是因為閃爍的三叉戟鉤住了他的身體。莫名其妙地，他發現自己在血淋淋的沙子上喘息。在耳朵的嗡嗡聲之外，他聽到人群的喊叫，接著他的頭盔被扯掉了。一陣空氣的拍擊，耀眼的光芒——還有一把三叉戟，在模糊中朝他的頭戳來。十八個世紀之後在以弗所古城附近發現的這個角鬥士被刺穿的頭骨，講述了他的死亡經歷。法醫人類學家對他其餘的骨頭進行了分析，追溯了他一生的故事。他二十多歲就去世了，而在他活著的時候，顯然有好幾年，一直是吃促使自己肥壯的豆子和粥。

擲代幣。接到有動物圖像代幣的人，就可以在當天結束時把它拿來兌換成一定數量的競技場獸肉。有時為了免除中間人過一手，因此允許羅馬人民自行狩獵。一位皇帝在馬克西穆斯競技場創造了一片人工森林，並在其中飼養了一千隻鴕鳥、一千隻鹿、一千隻野豬，和許多其他動物。接著他允許人民進入森林，殺死他們帶得走的所有動物。

角鬥士幾乎無法控制自己的飲食或任何其他方面。大多數角鬥士都是奴隸，在戰爭中遭俘虜，或在法庭上被判刑，其餘的則是自由人，因赤貧或受到誤導的熱忱驅使，志願成為角鬥士。無論角鬥士是什麼出身，都住在一個名為「學校」，卻宛如監獄的建築裡。在那裡，除了每年少數幾次上競技場的危險之外，他們每天都在訓練。新的角鬥士首先要在假人或木樁上練習基本劍術，一旦學校的老師評估了他的能力，就會把他分配到十幾種戰鬥風格中的一種。[43] 在身經百戰的教練指導下，他會花幾個月的時間磨練自己的技能，才能參加第一場比賽。在整個訓練過程中，他的身體都保持著良好的戰鬥狀態，由專業的按摩師為他放鬆肌肉。如果他受了傷，也會得到醫療照護。[44] 即使吃得不好，他也可以經常進食。

角鬥士的食物是豆子湯和大麥粥，攪在一起搗碎，並充分供應。這種高蛋白的糊狀物是角鬥士獨有的飲食，其他羅馬人嘲笑它，稱角鬥士為「大麥男孩」。士兵從來不碰這種東西，而或許應該吃類似飲食的職業拳擊手和摔角選手卻狂吃肉。[45]

那麼為什麼角鬥士——而且只有角鬥士，會被餵食大麥和豆子？分析以弗所角鬥士骨骼的科學家認為，這種飲食的目的是為了增加體重。幾公分厚的脂肪可以保護角鬥士的重要器官，讓他能夠承受巨大的皮肉創傷而不會喪失戰鬥能力。因此角鬥士超重的想法很快就進入了主流媒體，迄今仍然經常在網上流傳。

然而我們沒有理由認為競技場的英雄身材走樣。角鬥士的飲食雖然可能會讓人變胖，但這種飲食實際上並沒有使他們過重。角鬥士學校的訓練強調速度和耐力，因此他們的老師不太可能希望、更不用說鼓勵他們變重。角鬥士吃豆子和大麥，很可能只是因為這些食物營養豐富而且便宜。古代作家將角鬥士描述為肌肉發達；[46] 除非我們把在眾多羅馬鑲嵌畫上昂首闊步精瘦結實的鬥士解釋成：為了藝術而扭曲事實，否則大可以放心地假設，角鬥士即使不像現代運動員那樣健美，也絕不致身材走樣。

43 特別有才華的鬥士會學習使用額外的武器。西元二世紀羅馬角鬥士公會的主要成員據稱至少精通六種格鬥風格。

44 這種照護的品質各不相同。有一所學校的人感謝治療他們傷勢的醫師，為他樹立了雕像。但另一方面，蓋倫卻指出，他家鄉城市的角鬥士醫師害死了大部分病人。

45 格鬥運動員（拳擊手、摔角手和潘克拉辛選手）訓練時的飲食是以豬肉為主，最好是用橡實餵食的豬。牛肉則是可以接受的替代品，山羊肉則不能，因為它會讓人的汗液有山羊味。在準備比賽時，運動員會吃大量的肉類——有時多達一．四公斤以上，還有如麵團的大塊麵包。

46 蓋倫確實說過角鬥士的食物使他們的肉體變軟，但他的意思似乎只是說，他們比較容易染病。

不論胖瘦，角鬥士都知道如何作秀。他們和現代職業摔角選手一樣，選擇的藝名由凶惡的（「刀鋒戰士」）到性感的（「風流男孩」）再到諷刺的（「彬彬紳士」）。比賽前幾週就開始宣傳，包括畫的廣告，手繪節目單，以及著名鬥士的全身肖像。場地本身非常壯觀，尼祿把閃閃發亮的月光石片撒在他圓形劇場的沙子上，並派探險隊前往波羅的海收集琥珀，以供保護第一排觀眾的網使用。甚至還有主題音樂：利比亞的鑲嵌畫上畫了一整團競技場樂隊，上面還有一個戴著假髮、一臉不耐煩的女子正在演奏水壓式風琴（water organ，利用水力控制聲音）。

與職業摔角比賽不同的是，角鬥比賽並不造假，[47]不過它們經過精心設計。有些角鬥士的戰鬥風格是由羅馬的敵人那裡複製而來；例如，高盧和不列顛的戰車啟發了車鬥士（*essdarii*），他們乘著由鋼鐵般意志奴隸拉動的高速戰車上格鬥。有些風格是針對競技場而創造的，例如盲鬥士（*andabatae*），他們戴著沒有眼孔的頭盔，憑著聲音進行格鬥。所有的設計都是為了要讓表演發揮最壯觀的效果。

不同的格鬥風格分為輕甲和重甲兩組。由於武裝相似的鬥士戰鬥起來往往漫長而無趣（有位羅馬詩人描述兩個重型角鬥士的拚搏，一直持續到夜幕降臨），因此比賽幾乎總是由輕甲搭配重甲鬥士對抗。在帝國時代，最流行的配對是網鬥士（*retiarius*）和追擊鬥士（*secutor*）的組合。網鬥士是輕甲角鬥士，配備手拋網和漁夫的三叉戟。重甲追擊鬥士則擁有一面巨大的長方形盾牌、一頂有狹窄眼縫的頭盔（以阻止三叉戟的刺擊），和一把刺刀。網鬥士由一邊竄到另一邊，試圖用網子纏住對手，然後用三叉戟刺他。追擊鬥士一邊招架網縛和刺擊，一邊試圖把他靈活的對手引入刺擊範圍。

比賽早在幾個月前就已規畫好。當皇帝或權貴認為他舉辦的比賽需要角鬥士助威時，就會聯繫當地學校的老師，並安排租用一定數量的角鬥士。[48]為了讓比賽更加精彩，他們煞費苦心地挑選技能程度相近的對手。在帝國時代初期，角鬥士排名的系統出現了，總共分為六、七級。最低等級是初次參加格鬥的選手。[49]上一級是在首場戰鬥中倖存下來的鬥士。再上面是四、五級「訓練組」。最高級的成員可能至少贏得十場比賽，他們有基於紀錄的內部等級制度。這

---

47 作弊在古代體育運動中並不罕見。許多參加奧運的選手試圖賄賂對手，羅馬埃及的一張莎草紙就描繪過一場事先安排好的摔角比賽。馬克西穆斯競技場的戰車賽偶爾也會因作弊的指控而被迫停止，並重新舉行。

48 無論輸贏，角鬥士都會分到支付給學校所有人金錢的一部分。根據一則銘文，奴隸角鬥士可以獲得二〇％的租金，而自由人角鬥士則可以獲得二五％。勝利的鬥士會獲得額外的獎勵，從王冠到成袋的硬幣。

49 在最低等的角鬥士之下，則是gregarii（幫派鬥士），一群亂糟糟的囚犯和已被定罪的犯人，他們在一對一的格鬥賽前互相搏鬥。這種血腥鬥毆可能規模很大。凱撒曾經安排雙方各有五百人（以及二十頭戰象）的戰鬥。近一個世紀後，克勞狄烏斯皇帝主辦了一場壯觀好戲，一支由死刑犯組成的軍隊襲擊了一座特別興建，由不列顛俘虜保衛的「城鎮」。

▲ 一個名為亞斯提亞納克斯（Astyanax，左）的網鬥士與一個名叫卡倫迪奧（Kalendio）的追擊鬥士搏鬥的兩個場景。穿著白色長袍的男子是裁判。下圖是戰鬥場景，顯示卡倫迪奧衝向他的對手。而在上圖，卡倫迪奧已經倒地，兩名裁判都衝上前來。上方的銘文告訴我們比賽的結果：亞斯提亞納克斯「vicit」（獲勝）；卡倫迪奧名字旁邊的 O 被畫上一槓，表示他被殺死了。三世紀鑲嵌畫，現藏於馬德里國家考古博物館（National Archaeological Museum）。（維基共享資源）

種級別的冠軍對陣是任何請得動他們出場比賽的高潮。

通常在上午的野獸狩獵之後，角鬥士的格鬥於下午進行。每天大概有十餘場比賽，每場比賽平均持續十到十五分鐘。格鬥是由兩名裁判（可能是退休的角鬥士）監督進行，他們穿著獨特的條紋罩衫，並使用長棍來表示犯規。這些裁判確保兩名鬥士都遵守規則，如果一名鬥士受了重傷或明顯疲憊不堪，他們甚至可能會叫暫停。

有些格鬥因致命一擊而結束，[50]有些則被宣布為平手，通常是在勢均力敵的角鬥士鬥成僵局之後。然而大多數比賽都是當其中一名角鬥士——因為被繳械、受傷，或根本就無法繼續，舉起一根手指做出投降的手勢而結束。主裁判停止了比賽，並把視線轉向比賽的贊助者，贊助者則聆聽觀眾的意見。想要饒恕落敗角鬥士的人大喊「*missum!*」（赦免！）並揮舞手帕。不贊同饒恕的人則大喊「*iugula!*」（割斷他的喉嚨！）並用拇指戳刺脖子。如果死亡的呼聲占上風，勝利的角鬥士就會施予致命的一擊。有些不幸的人遭到更戲劇化的處決。一名裝扮成惡魔卡隆（Charun，希臘羅馬神話中冥界的船夫，把剛死的亡魂擺渡過冥河）的奴隸手持大鐵鎚出現在競技場，他走過裁判，高高舉起錘子，為營造效果停頓一下，然後敲在那個氣數已盡者的頭骨

---

50 有些著名的戰鬥最後兩名角鬥士都死亡。在克勞狄烏斯統治時，就曾有過這樣的事例，讓皇帝印象十分深刻，因此他用這兩人的劍製成了一組刀，供他私人使用。

上。屍體隨後被裝扮成死者嚮導墨丘利（Mercury）的奴隸拖出競技場。

大多數戰敗後被殺的角鬥士都是因為未能取悅群眾而死。羅馬人是輕甲角鬥士的鑑賞家，有的觀眾偏愛輕甲鬥士的快速步法和靈活，是「小盾派」；其他人則是「大盾派」，為重甲型角鬥士的堅實防禦和生猛力量歡呼。有些城市有針對不同戰鬥風格的全系列粉絲俱樂部。在比賽過程中，觀眾習慣會瘋狂地歡呼吶喊搏鬥的建議，還會在戰士受傷時大喊「*habe!*」（他完蛋了！）。[51]看到精彩的戰鬥，觀眾馬上就能了解其中的奧妙（一本羅馬小說中的一個角色抱怨角鬥士「照書打鬥」）——並尊重技巧和勇氣。[52]如果打得很好的角鬥士最後吞敗，他們通常會要求饒他一命。

在人群呼籲饒命時，比賽的贊助人很可能會聽進去。僱用角鬥士的價格只是他們身價的一小部分——也許五%或一〇%。然而，如果角鬥士死在競技場上，贊助人就必須向他們學校的主人支付他們的全價。只有極富有的人才能吃得消不分青紅皂白的殺戮。誠然，恣意屠殺有時會發生。有一篇銘文提到，一個下午舉行了十一場比賽，結果十一名角鬥士死亡。另一篇則描寫每一個角鬥士都必須「視死如歸」。然而這樣的血腥屠殺很罕見。大多數贊助人都願意盡量減少傷亡[53]，有些贊助者甚至在比賽前發放鈍的武器。

即使是角鬥士也不願意殺死對手，這可說是一種同志情誼的表現，因為參賽者往往來自同一所學校。但這也是職業尊嚴的問題，在角鬥士的喪葬銘文中，他們誇耀自己「拯救了許多靈魂」或「沒有傷害任何人」。有一位角鬥士的墓誌銘說，他之所以殺死一名對手，是因為這個人充滿了「莫名的仇恨」——換句話說，他殺了可以不殺的人。就觀眾而言，他們欣賞能夠在不屠殺每一個對手的情況下展示自己技能的鬥士。一位羅馬詩人就寫過一則警句，讚揚一位角鬥士「總是獲勝，但從不殺人。」

簡而言之，戰敗的角鬥士往往能獲赦免。由角鬥士墓碑上保存的戰鬥記錄來看，也許五分之一的比賽以死亡告終。儘管有些好手能夠取得一百場以上的勝利，但一般活到退休的角鬥士在五、六年的職業生涯中，總共要面對十至十五個對手。大部分死於競技場的角鬥士可能是在

---

51 這樣的觀眾對比賽遭到打斷可沒耐心，曾有一名修士因跳進羅馬競技場的賽場內，試圖阻止一場角鬥士對決，而被石頭砸死。至少這個虔誠的傳說是如此。

52 角鬥士與勇氣和男子氣概的聯想遠遠超越了競技場。例如，用浸有角鬥士血液的長矛穿過新娘的頭髮成了一種習慣，理由是這樣可以促進生育。角鬥士的血液也公認是治療癲癇的方法。甚至角鬥士搏鬥時沾滿血跡的沙子，也被認為具有魔力和藥用價值。

53 即使是皇帝——他們愛殺多少角鬥士都沒有關係，也時也會鼓勵仁慈。尼祿曾安排了一系列不流血的角鬥，而馬可·奧理略則主持所有的武器都被鈍化的比賽。想像自己是角鬥士的康茂德，用木劍戰鬥，而且從不殺死對手。

第一次或第二次戰鬥中死亡。經驗越豐富，生存的可能性就越高。一位高階角鬥士已經學會如何獲勝；就算他輸了，殺死他的代價也將會非常高昂。

第五部
戰爭與政治

29 在戰爭中如何使用戰象？

他眨了眨，把汗水擠出眼睛，低聲祈禱，鼓起勇氣。他已經跟著亞歷山大國王行軍萬里，守住防線的次數多得數不清，拿著裂開的長矛迎戰死亡，但他從未見過這種景象。在熱氣蒸騰的曠野對面，數百頭大象正朝這裡衝來。爛泥滿天飛濺，陽光閃閃映射在這些巨獸綁著利刃的象牙上。接著長矛折斷，人們尖聲叫喊，一頭大象就在他們之間，六公尺開外，刺穿人們的身體，殺戮。牠伸出長鼻，繞住一個人的腰，把他舉高，然後扔到地上，發出令人心悸的嘎吱聲。鮮血濺上牠的脅腹，牠不顧身體兩側高懸的長矛，越來越深入陣中。後方傳來的喊叫聲讓這名士兵猛地轉過頭去——另一頭大象。他眨眨眼擠出汗水，低聲祈禱，鼓起勇氣。

最後，大象被趕了回去。到頭來，亞歷山大獲勝，一如既往。但在西元前三二六年的那一天，在那場後來被稱為希達斯皮斯河戰役（the Battle of the Hydaspes）的衝突中，大象可怕的衝鋒改變了希臘戰爭的發展。亞歷山大和他的將軍以前就遇過大象，然而唯有目睹了希達斯皮斯河的慘烈屠殺之後，他們才開始考慮己方要運用這些動物。亞歷山大還來不及嘗試就去世了，但他手下的將軍後來會集結越來越多的象群，為控制他支離破碎的帝國而奮鬥。在結束雙方戰爭第一階段，意義重大的伊普蘇斯戰役（the Battle of Ipsos）中，共有近五百頭戰象上陣。

有兩個世紀，大象一直是地中海戰爭的重要部分。牠們衝散了義大利南部平原上的羅馬騎兵，與漢尼拔（Hannibal）一起登上阿爾卑斯山，並在猶太山（Judean Hills）上衝向馬加比人（the Maccabees）。但隨後，大象卻從古典世界的戰場上消失了，幾乎就像牠們出現一樣地快速。要了解其中的原因，我們需要有一點在戰爭中如何讓牠們衝鋒陷陣的背景知識。

希臘人和羅馬人知道大象有兩個品種：亞洲象（他們認為這種象和印度有關係）和原本遍布北非，現已滅絕的非洲森林象種或亞種。[1]這兩個種類之間最重要的差別在於大小。公亞洲象的肩部平均高度為二．七至三．三公尺，體重為四．五至五．四公噸。北非森林象的體型要小得多，雄性的平均肩高可能略低於二．四公尺，體重為二．七公噸。

捕捉大象的方法有好幾種種。在印度，人們會用馴服的雌性大象引誘野生大象進入畜欄。北非的人們則是挖陷阱。[2]另一種方法是把整個象群驅趕到一個封閉的山谷，被困住幾天沒有

1 希臘人和羅馬人從未用過體型巨大的非洲草原象（African bush elephants），這種大象既不易接近（原生於非洲中部和南部），又較難訓練。

2 傳説只要有一頭象掉進陷阱，象群中的其他成員就會在坑裡堆起灌木叢和泥土，幫助同伴逃脱。

食物之後，大象就會變得溫順，可以帶走。

被捕獲的大象被鎖鏈帶走，最好是由其他馴服的象牽著。如果要海上運輸，就必須找到合適的船隻。埃及托勒密王國的國王建造了特殊的駁船，把大象運到紅海。在其他地方，可能會徵用最大的可用船隻。[3]

大象下船後，就會被帶到象厩接受訓練。雌雄分開（如果雄象能聞到雌象的氣味，就習慣會撞倒牆壁來接近雌象），各自帶到它們的獸欄，餵食牠們豐富的大麥、葡萄乾和蔬菜混合的豐盛食物。

訓練戰象需要多年的悉心指導。每頭象都被取了一個適合打仗的好名字——比如「阿賈克斯」（Ajax，希臘神話中特洛伊之戰的英雄）就是熱門的選擇，並分配一名騎手。這些人都是馴象專家，甚至遠由印度招募而來。他們與坐騎培養出密切的關係。[4]大象對騎手的忠心耿耿傳為美談。例如有一次在一場激烈的巷戰中，一名騎手受傷，從座位上摔下來，他的大象用鼻子把他抱起來，橫放在兩根象牙上，然後衝過敵人，一路踩踏所有擋道的人，最後抵達安全地帶。

在訓練過程中，大象學會聽從騎手的呼喚，並解讀他彎曲手杖敲擊聲的意義。牠接受教導，要面對敵軍的噪音和投擲物，有時還要承受石彈的投射。牠要習慣戰鬥盔甲的重量和尺寸，在某些情況下還要接受訓練，和伴隨牠戰鬥的步兵並肩作戰。

在戰役中，大象跟在軍隊後面行進，可能與輜重車輛一起行動。速度不是問題，即使負重很重的象也能比人或騾子走得更快。然而，大象在穿越寬闊的河流或山口時可能會有問題，牠們不喜歡水上運輸，使得將軍不是要找到淺灘，就是要建造上面覆蓋著土壤和草皮的特殊木筏。由於大象無法輕易彎曲膝蓋，因此陡峭的斜坡需要建造台階，或者（至少有過一次）巨大的運輸雪橇。

在部署之前不久，大象就已經做好戰鬥準備了。牠們的頭上戴著巨大的頭盔，通常飾有華麗的羽毛。長矛、劍，或鋒利的尖刺已經固定在象牙上。如果需要，也會把最多可容納四名長矛兵或弓箭手的裝甲平台綁在牠們的背上。最後在戰鬥的關鍵時刻，會給大象喝一大杯酒，以增強牠們的勇氣。

行事謹慎的將軍，或者只有少數大象的將軍，可能會保留大象作預備之用，或者把牠們放在兩翼。但大多數指揮官都把牠們部署在前線。大象通常排成單一一排，相距十五到三十公

3 無論使用什麼船隻，對任何參與者來說，航程中都很難放鬆，因為當大象明白自己被帶到水面上時，往往會驚慌失措。有一位作者聲稱，當大象下船時，牠們會倒退走下舷梯，以免看到兩邊的水。

4 顯然，親密到足以發現把頭放進大象的嘴裡可以治癒頭痛。

▲ 一頭背上有裝甲平台的戰象。來自龐貝古城的雕像，現藏於那不勒斯國家考古博物館。Jona Lendering 攝。（維基共享資源）

尺。每頭大象可能會配備一個由弓箭手或投石手組成的小隊。然而，大象和軍隊的其他部分之間留有相當大的距離，以便給牠們撤退或調動的空間。

行動一開始，大象就向前衝。如果敵人也有大象，牠們就會先攻擊大象。有時候，敵方大象會驚慌撤退。如果牠們沒有這樣做，兩方的大象就會決鬥，象牙交纏在一起，並用前額推擠，而騎手則用長矛互刺。一旦一頭大象迫使對手露出脅腹，牠就會用綁上利刃的象牙刺向對手。

如果沒有需要對抗的其他大象，那麼大象就衝向敵軍防線。牠們對抗騎兵特別有效，因為馬——如果沒有經過專門訓練，會因大象的外表和氣味而受到驚嚇。[5]大象衝鋒陷陣同樣會擾亂步兵。光是裝甲大象的重量就足以突破任何陣勢，一旦牠們衝破防線，就會造成可怕的傷害，用象牙刺穿人體，用象鼻摔擲士兵，用腳把他們踩扁。一位羅馬作者描述他看到一頭受重傷的大象跪著用膝向前爬行的情況，牠抓住武裝士兵的盾牌，把他們高高地拋上天去。

然而，儘管戰象力量強大，但牠們也遠非無懈可擊。除了藉超自然力量的幫助——據說有一位主教召來成群的蚊子，叮咬圍困他城鎮的大象鼻子，還有很多方法可以減緩或擊退大象的衝鋒。在戰役前，將軍可以用馴養的大象（或裡面藏著號手的實物大小模型），讓他們的人馬

5 曾有十六頭戰象光是在戰場上亮相，就摧毀了龐大的蠻族軍隊：蠻族的馬匹一看到大象出現，就驚慌失措，衝回自己的陣線，推倒了成排的戰車。

適應大象的外觀和氣味。如果要保衛陣地，指揮官可能會挖戰壕、設置戰車路障，或用鐵蒺藜製造障礙，以驅趕敵方大象。一旦戰鬥開始，向前衝的大象有時會受到喇叭聲的驚嚇，或因猛烈的石彈、箭、火鏢或弩箭一波波攻擊而撤退。

如果這些方法都無法阻止大象的進攻，那麼總會有敢死的戰士衝鋒抵擋。我們聽說有戰士砍斷象鼻、砍斷腿筋，或者在他們用長矛刺大象時被踩扁。有一位國王成立了一支反象軍團，士兵使用釘滿釘子的盾牌和頭盔。至於晚期的羅馬軍隊——他們必須應付波斯軍隊的大象，於是採用帶著尖刺的盔甲來維持重騎兵部隊。甚至還有反大象「坦克」，由桿上裝有長矛、抓鉤和／或火把的戰車組成。但預防這種厚皮動物的真正巔峰是火焰豬。大象對火很戒備，對豬的尖叫聲也感到不安，人們認為，這兩者結合勢不可擋。然而最後，將軍發現了面對大象衝鋒更簡單的處理方法。人們發現，一支準備良好的軍隊只需在行列中打開缺口，讓大象通過，並且石彈和箭弩齊發，防止牠們衝入兩側的隊伍中。只要牠們越過陣線，就可以包圍牠們，把牠們殺死。

簡而言之，對於精明能幹的將軍來說，抵禦大象雖然困難，但絕非不可能。而且大象在戰場上還有其他缺點，牠們的體積使得牠們很難在森林（會被困在樹木之間）、城市（會被卡在門中），和崎嶇的地形（會被困在各處）中使用。更嚴重的是牠們容易受驚恐慌，對己方軍隊造成嚴重的破壞。任何傷勢都可能使大象暴怒，而只要有一頭大象失控，附近所有其他的大象通常都會仿效。

瘋狂的大象不會區分敵友。比如在一次戰鬥中，當一頭小戰象痛苦地嚎叫時，牠正在附近戰鬥的母親立刻跑去救援，踐踏一路上的每個士兵。狂暴大象的騎手通常只有兩個選擇：任牠狂奔，或是用鑿子刺入牠的脊椎殺死牠。這兩種選擇都不妥當。人人都知道大象可能對己方造成的傷害，因此牠們有時被稱為「雙刃武器」或「共同的敵人」。

因為這個原因，所以在經過一些早期的實驗之後，羅馬人不再在戰場上使用大象，不過他們繼續讓大象上競技場。[6]有個大象表演的劇團特別出名，在皇帝辦的一次比賽中表演，牠們穿著大號的外衣，戴著花環，斜倚在馴獸師旁邊的巨大躺椅上，舉辦宴會。還有一次，四頭象抬著一頂轎子，第五頭大象躺在上面，假裝正在分娩的婦女。牠們模仿舞台默劇的舞蹈，用象鼻撒花。如果節目需要，牠們也會進行模擬戰鬥，全副武裝地進入競技場，擺出一系列戰鬥姿勢，用鼻子投擲長矛，在興奮的人群面前決鬥。至少在羅馬人的想像之中，戰象依然存在。

6 他們也同樣覺得大象很有用。牠們可以搬運重物（哈德良曾駕馭二十四頭大象搬運一尊巨大的雕像），為帝國遊行增光，甚至還被自命不凡的貴族當作坐騎。

30 怎麼攻破堅固的城牆？

羅馬人很快就會挖通地道。這名波斯軍官現在可以在石頭落下的嗒嗒聲中聽到他們用粗野的語氣發號施令。時機到了。他走到火盆前，攪拌煤炭，把火升旺，並示意工程師就位。一等羅馬人火把的光開始沿著隧道頂閃爍，他就把珍貴的硫磺和石腦油放進火盆裡，油煙氤氳蜿蜒向上，工程師們拉抽風箱，煙霧越來越濃，朝著必然會變成一條死路的羅馬隧道飄去。

呼喊、尖叫、絕望的咳嗽聲。然後是一片死寂。

過了一段時間，這名軍官戴上布製面罩，帶領巡邏隊來到羅馬隧道。通道口周圍至少有二十個人因煙霧窒息而死，其他人都逃走了（目前）。他命令手下把羅馬人的屍體堆成臨時路障，看著工程師為大火準備燃料，這火將會讓隧道崩坍——如果順利，上方的城牆也會塌陷。

這起事件於西元二五六年發生在羅馬邊境的墾殖地杜拉—歐羅普斯（Dura-Europos）的地下，圍困杜拉的波斯軍隊支隊在城鎮西牆下方挖掘隧道，企圖破壞它。防禦的羅馬官兵發現之後，也開闢己方的隧道以攔截攻擊。然而波斯士兵聽到羅馬士兵的動靜，等他們一挖通隧道，就向其中注入了令人窒息的煙霧。

在杜拉地下所進行的殘酷巧思是古代圍城的特色。儘管在古典史上，圍城的目標自始至終都保持不變，但圍城的技術卻不斷發展——當然，圍攻目標的防禦工事也在不斷進步。[7]

在《伊里亞德》中，希臘英雄帕特羅克洛斯（Patroclus）試圖只靠攀爬城牆來攻占特洛伊城，但卻因阿波羅出手打倒了他而功敗垂成。即使在古典希臘，許多城市也只有簡單的泥磚圍牆，有些甚至根本沒有防禦工事。斯巴達人斷然拒絕建造城牆，聲稱他們的戰士就是他們所需的所有防禦。一直到西元前四世紀，隨著專業軍隊和砲兵使圍城變得越來越教人憂慮，希臘大陸的城市才開始用複雜的石頭防禦工事來保護自己。城牆建得比以前更高更厚，並且配備了砲

7 城堡——這裡指的是貴族的要塞，在古典世界中並不常見。最接近的同類建築是晚期羅馬政要建有圍牆的別墅，有時它的建造規模教人望而生畏。最驚人的例子是戴克里先皇帝的退休住宅，占地近四〇五公畝，圍牆高達二十四公尺，最後容納了一整個中世紀城鎮。然而希臘羅馬貴族主要住在城市。因此最偉大的古典防禦工事是城牆。

台和外圍工事。很快地，古希臘的城市（包括斯巴達）、希臘化世界的遙遠殖民地，以及新興的大都市羅馬都有新型防禦城牆的護衛。

羅馬人以兵營的即時防禦工事而聞名，他們吸收了希臘人能教給他們有關防禦工事的一切。但在羅馬治世（Pax Romana，即屋大維成為羅馬皇帝之後的兩百年羅馬和平時期）教人昏昏欲睡的漫長夏季，當圍城和襲擊者被驅逐到橫跨地中海帝國的邊緣時，城牆似乎只剩裝飾用途，並非必要的建築。但西元三世紀的混亂開啟了築牆新時代。在帝國所控制領土的緊張邊緣，邊疆城鎮和軍團營地都有城牆包圍。在這一切的中心，有教人敬畏的三重防線，上面布滿了數百座塔樓，守衛著君士坦丁堡這座新城市。

儘管君士坦丁堡堪稱固若金湯，但沒有一個城市絕對堅不可摧。最偉大的武器往往是最簡單的：飢餓。一旦圍城軍隊切斷了城市的食物和水的供應，守軍遲早就要遭受折磨。然而，要有效封鎖一座大城市絕非易事。如果城市有港口，就需要船隻，一位希臘化國王招募了整個海盜船隊來封鎖羅德島港。即使要封鎖的城市位於內陸，也可能需要可觀的軍事工程。凱撒用一堵周長十六公里、高三・六公尺的城牆圍住高盧城鎮阿萊西亞（Alesia），後來當他得知有援軍要來解救這個圍城時，又建造了另一座周長二十一公里的圍牆，以保護他的軍營。

然而，飢餓這個盟友常常姍姍來遲。有些城市的存糧足以維持數年，而很少有大型軍隊能夠提供這麼長時間的補給。為了脅迫，將軍通常會透過軍事演習和恐怖的威嚇，來威逼城市投降。如果這些行動失敗，通常會嘗試突襲。這可能技術不高——例如有一次在這樣的襲擊中，一名百夫長讓三名部下出力把他拉上高盧城鎮的城牆，但通常攻擊者至少有雲梯。[8]擁有更先進攻城武器的軍隊可能會使用一種名為「桑布卡」（the sambuca）的裝置，以滑輪為動力，把載有士兵的堅固梯子降到敵方的城牆上。儘管大多數雲梯都是木製的，但也有一些是帶有鉤子的繩索或皮網，設計的用意是要鉤住牆頂。一位希臘發明者甚至設計了由充氣管製成的梯子。

如果人體金字塔和氣球梯還不能解決攻城問題，就是重砲上場的時機了。最常見的攻城器械是弩砲（ballista），這是用動物的筋腱曬乾後扭絞編製提供動力的扭轉裝置。[9]弩砲可以發射弩箭或石塊，發射弩箭的分級是按照它們發射物的長短來評估的，範圍從三十公分的飛鏢到三．六公尺長的標槍。投擲石塊的弩砲同樣也是根據它設計投擲的石球的重量來分類。由一個士兵攜帶的迷你型弩砲可以投擲子彈大小的彈丸；皇帝和國王攻城戰線中攜帶的龐然大

8 這些梯子要配合城牆的高度，而確定牆的高度，可以用幾種方法。如果它是用一般的磚石建造的，只要數一下石頭或磚的層數即可。或者，可以用一條有測量標記的繩子綁在箭頭上，然後把箭射向牆頂。比較有幾何頭腦的人則可以在特定時刻測量牆的陰影，並與三公尺長桿子投射的陰影比較。

9 在緊要關頭，毛髮（無論是馬的還是人的）都可以用來製作彈簧，只是它們的衝擊力都不如肌腱。

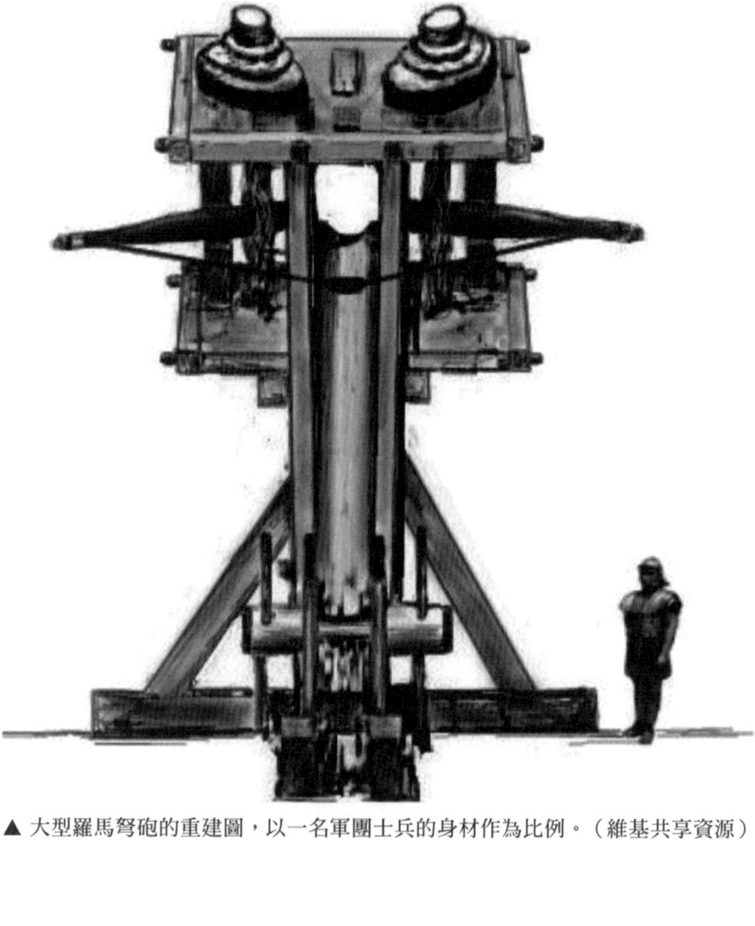

▲ 大型羅馬弩砲的重建圖，以一名軍團士兵的身材作為比例。（維基共享資源）

物則可發射重達七十五公斤的石球。[10]中型弩砲的有效射程似乎約為一四五至一六五公尺。不過，在羅馬圍攻耶路撒冷期間，一台超大圍城機器把二十七公斤重的石頭扔到了四百一十公尺之外。甚至還有一種更大的機器，號稱「霹靂」，據說可以把長矛射過一・六公里寬的多瑙河。[11]在古代晚期，弩砲獲得一種稱為「野驢砲」（onagers）的垂直臂投石器輔助，這種扭力投石器投擲力量強大。據說其中綽號為「碾碎機」的一具野驢砲可發射重量超過九十公斤的石彈。[12]然而投石器與弩砲一樣，主要是傷人的武器。要破壞牆壁，需要其他動力。

摧毀城牆最直接的方法就是用鎬和鐵撬破壞它，最好是在防護棚或活動掩體的保護之下。不過攻城槌（battering rams）的速度要快得多。簡單的攻城槌是一端用火硬化過的圓木；豪華版則是用鐵覆蓋原木，把它懸掛在木框架上，再用木頭作頂保護它。甚至還有可以互換的

10 這種大小的機器一樣可以把較輕的石彈投擲到驚人的距離。根據記載，一位羅馬將軍把一名亞美尼亞貴族的頭顱彈射到一座被圍困的城中，不知是運氣好還是準頭好，它落在敵方戰爭委員會的中間。

11 被這樣的飛彈擊中，意味著立即而可怕的死亡。一位古代作家描述了一個人的頭被弩砲石彈打斷，飛到數百公尺之外。另一位作者提到一個蠻族被石彈釘在樹上。

12 人力拋石機（mangonel）或牽引拋石機（traction trebuchet），可能是由熟悉中國技術的草原游牧民族於六世紀末引入地中海世界。令人膽寒的配重式拋石機（counterweight trebuchet）是火藥時代之前最強大的攻城器械，於十二世紀出現。

頭——尖頭可以穿過泥磚，鉤子可以撕開石頭。認真的圍攻者可能會投資真正龐大的工具。一位羅馬建築師描述了一支長達三十二公尺的攻城槌，懸在二十公分粗的繩索上搖擺；加上防護罩，總重量超過一一三公噸。有史以來最大的攻城槌長逾四十五公尺，需要一千人才能操縱它們。

有時，攻城槌會被納入攻城塔中，這是古代戰場工程中最宏偉的產品。羅馬攻城塔通常有三層，底層有一支攻城槌，中層保護攻擊城牆的吊橋，上層則由弓箭手和長矛兵守衛。有些塔甚至可以伸縮，透過滑輪提升額外的樓層。為了抵禦燃燒的火箭，會用新鮮的獸皮、金屬板覆蓋，或者有一個惡名遠揚的例子是用號叫的囚犯覆蓋。這些攻城塔可能會配備裝了水的桶子和醃泡過的牛腸所製的消防水管，作為額外的預防措施。簡而言之，每座攻城塔都是一座了不起的建築，但其中又以圍城者德米垂斯（Demetrius the Besieger）的「城市淪陷」（city takers）攻城塔最所向披靡。

圍城者德米垂斯是希臘化世界中最富冒險精神的國王，他總是渴望部署最新的軍事裝備。正如他的綽號「圍城者」，他以巨大且創新的攻城武器聞名。他生涯的首次攻城是在塞浦路斯的薩拉米斯（Salamis），他建造了一座巨大的攻城塔，稱為「城市淪陷」。這座攻城塔共有九層樓，每一層都因弩砲投擲石塊和發射弩箭而嗡嗡作響，震動不已。僅僅操作這些機器就至少需要兩百人。一旦攻城塔被拖到適當的位置，就向薩拉米斯的城牆投注死亡之雨，清除掉城牆上的防禦者，並為德米垂斯的勝利掃平鋪路。次年，德米垂斯在圍攻富裕強大的羅德城時，建造了一個更大的「城市淪陷」攻城塔。建築物高三十八公尺，底座邊長十八公尺。儘管它重一六三公噸，但可以透過安裝在可往前和橫向移動腳輪上的八個輪子輕鬆滾動。它的正面和側面鍍有鐵，並布有砲門，用於投擲石塊和發射弩箭。在塔樓向前推進時（這項任務需要三千四百人參與），它的動力掃除了附近所有的防軍，並把長段的城牆夷為廢墟。

如果需要比較平穩的攻擊平台，就會建造攻城坡道。攻擊者躲在獸皮或柳條盾牌後面作業，把泥土和瓦礫堆到與城牆齊平或高於城牆的高度。這個任務完成的速度可以快到教人難以置信：凱撒的軍團僅用了二十五天工夫，就建造了一條九十九公尺寬、二十四公尺高的坡道。最著名的古代攻城坡道是第十軍團為了征服馬薩達堡壘（Masada）而建造的，高達六七．五公尺。攻城地雷雖然沒有那麼壯觀，但同樣有效。通常，攻擊者就像杜拉—歐羅普斯的波斯人一樣，在城牆的地基下方挖掘，並點燃隧道支架，希望造成突破口。或者，他們可能會嘗試更冒險的策略，挖入這座被圍困的城市，並派出突擊隊打開城門。

針對於每一種聰明機巧的策略和　啷作響的攻城器械，都有應對的方法。例如，可以在地面上放置銅盾，聆聽它的迴響來探測地道。一旦找到坑道，防禦的官兵就會挖掘反坑道，或者乾脆由坑道頂的洞裡扔下裝滿蜜蜂、黃蜂或燃燒羽毛的罐子。[13]雲梯被叉桿推回，並且用石頭、箭，或裝了蝎子的罐子來襲擊攀牆的士兵。點燃的箭射中攻城武器，引發大火，並被砍成碎片。攻城槌的打擊則用懸在半空的羊毛袋作為緩衝，並用石頭敲落它的金屬頭，使它變鈍，要不然就用一種被稱為「狼」的爪狀工具來阻擋。攻城塔遭焚毀，或者用橫梁擋住，並用城牆頂上的攻城槌刺穿。即使是德米垂斯強大的「城市淪陷」攻城塔也很脆弱。羅德島民用弩砲發射弩箭，對攻城塔發動雷霆攻擊，損壞了鐵製側面並引發了幾場火災。[14]當攻城塔繼續前進時，他們把一股污水引入它的路徑，使它陷入惡臭的淤泥中。

我們或許可以從頭到尾追蹤一次圍城作為總結。西元三五九年，波斯國王沙普爾二世（Shapur II）在一次入侵羅馬敘利亞時，包圍了底格里斯河沿岸的城市阿米達（Amida）。後來成為歷史學家的阿米亞努斯・馬塞利努斯（Ammianus Marcellinus）當時是羅馬軍隊的軍官，他和七個軍團一起被困在城牆內。[15]阿米亞努斯後來在他的歷史中記載，在圍城開始時，沙普爾國王親自戴著金光閃閃的戰爭王冠（war crown，戰爭時國王用的頭飾），騎馬來到城門，要求城裡的人投降。羅馬人拒絕了。

波斯人隨後嘗試恐嚇，他們包圍了阿米達，沉默地矗立了一整天，讓騎兵和戰象來回遊行。當這個行動失敗後，他們對城牆發動了兩次總攻。羅馬人兩次都用箭和投石機投擲石頭，擊退了對方。於是波斯人開始努力圍城，他們建造兩個坡道和一對帶有弩砲的塔樓。城內的防將則拚命地加高和加固對應坡道的城牆。一名羅馬逃兵帶領七十名波斯弓箭手經由祕密通道進入城內。然而他們還來不及造成嚴重破壞之前，叛徒和他的攻擊隊伍就被弩砲發射的弩箭射成針插。

最後的攻擊發生在幾週後。攻城塔被拖上坡道，大批波斯步兵在木棚的掩護下前進。塔樓中的弩砲對城牆造成嚴重的破壞，一波又一波的攻擊者在戰象的支援下湧向城牆。羅馬的投石機摧毀了攻擊塔樓，羅馬的火箭驅散了大象。但波斯方面的攻擊仍然持續，直到一段城牆因為加高而不穩，突然倒塌。波斯士兵衝破了缺口，戰鬥演變成亙古的殘酷洗劫。

---

13 一群特別有心的防將把幾頭憤怒的熊扔進了羅馬的坑道中。

14 當德米垂斯命令部下收集擊中塔樓的投擲物時，他們數出了八百支點火的箭矢和一千五百支弩箭。

15 四世紀的軍團比帝國時代早期的軍團小得多；這些軍團每一個編制都只有一千人左右。

31 當時有祕密警察、間諜或刺客嗎？

這是一場盛大的宴會。晚餐無可挑剔，服務周到，還提供義大利葡萄酒。其實就在特務的餐榻四周，美酒還在繼續流洩，大家的談話也隨之變得……越來越沒有忌諱。對面餐榻上的軍官特別推心置腹。「我小時候，有個占星家——據說他是波斯人，給我算了命，說我有一天我會當上皇帝。」軍官停下來牛飲了一口酒。「你們知道嗎？說不定他是對的。我會是個很厲害的皇帝。可以告訴你們一件事——絕不會有特務四處刺探，打聽別人家的閒事。」他擺出姿勢，把高腳杯舉過頭頂，酒液從杯子裡濺了出來。「所以祝我——你們未來的皇帝萬歲！願我比奧古斯都更幸運，比圖拉真更好[16]——並且不要像我們的君主君士坦丁那麼白痴！」醉醺醺的賓客哈哈大笑。特務微笑舉杯。他禮貌地等了一會兒之後，悄悄溜了出去。不到一個小時，這個事件已上報。當天消息就傳到了君士坦丁大帝的耳朵裡。不到一週，宴會上的每一位賓客都因叛國罪而被捕。

雖然古典世界裡沒有專業的祕密警察，但有許多熱忱的業餘密探。其中數量最多但比較乏味的是告密者。由於沒有專門的警察，當局只能依靠民眾舉報犯罪，加上提供有用訊息的人會受到獎勵，因此這種公民很少短缺。在多疑的政權下，告密者無所不在，而且會致人於死。[17]但他們基本上是投機分子，並沒有受過特殊的訓練，也並不是在執行任務。

與我們對祕密警察的概念最接近的人隸屬於羅馬郵政系統，這是一個由中途站和旅店組成全帝國範圍內的網路，設計來加快公務郵件和信使的傳送速度。在帝國時代之初，穿梭於帝國驛站的信差有不少是被稱為「弗魯曼塔里伊」（*frumentarii*）的士兵。最初弗魯曼塔里伊專門負責軍團的糧食供應，但在西元一世紀中，他們扮演了更廣泛的角色，主要是把皇帝的信息傳達給省級官員。久而久之，他們就成了兼職線民和祕密警察。皇帝靠他們閱讀元老的郵件、逮捕異議分子，偶爾也用他們追捕基督徒。有時他們甚至穿著便衣行動：一位羅馬作者描述了弗魯曼塔里伊喬裝打扮四處走動，與路人隨意交談，並逮捕任何愚蠢到批評皇帝的人。

大約在三世紀末，弗魯曼塔里伊被政府代理官（*agentes in rebus*）取代。代理官（*Agentes*，有時被稱為 *curiosi*「窺探者」）的職業生涯始於郵政服務的信使。一旦他們傳遞皇室信件的資歷足夠，就會晉升到郵政系統的管理職位。最後，他們被授予審核高級政府官員的權力和樂

16 羅馬元老院迎接新皇帝時歡呼：「願你比奧古斯都更幸運，比圖拉真更好！」

17 一名希臘暴君強迫他城市的妓女舉報枕邊人的叛國談話。

趣。代理官通常不會比其他官僚更壞（或更好）。然而，在比較多疑的皇帝麾下，他們卻成為不眠不休教人喪膽的告密者，因勒索賄賂和對有權有勢的人提出叛國罪的控告而臭名遠播。他們甚至連退休後還可能是威脅：就有一名特務退休後還以此為嗜好，一名前特工利用空閒時間監視一位主教，並且最後向教宗舉報了這位主教。

間諜活動在軍事行動中最突出的，當屬派遣偵察兵滲透到敵方陣線。通常這些人並沒有受過特殊訓練。比如一位羅馬將軍派了幾名軍官偽裝成奴隸，進入敵軍陣營，他們在那裡「不小心」放出了一匹易受驚嚇的馬，然後把馬追逐到具有戰略意義之處。不過羅馬帝國的職業軍隊發展出由老練的偵察兵組成的半永久性單位。在圖拉真皇帝的達契亞戰爭期間，就派了一支這樣的部隊去執行閃電任務，俘虜敵方國王，差一點就成功。[18]另一支這種部隊的領導人因在一對一單挑的戰鬥中殺死一名日耳曼酋長而受到表揚。

羅馬的偵察兵也負責和平時期的偵察。定期巡邏隊會掃掠邊境三十二公里或更遠的地區，與當地聯絡人會面。不列顛北部有一支特殊的 *arcani*（祕情）部隊，負責收集有關哈德良長城

（Hadrian's Wall）外敵對部落的情報。[19]偶爾，偵察兵也會被派深入未知之境。探險隊冒險進入撒哈拉沙漠，沿著尼羅河逆流而上，遠達難以穿越的蘇德沼澤（Sudd swamp）。同樣地，在帝國的北緣，士兵會勘察不列顛海岸外的偏遠島嶼。

在文明的環境中，希臘人和羅馬人有其他收集資訊的方式。當外交官被派往外國宮廷時，就該四處窺探，即使在波斯——他們會派出會說希臘語的隨行人員陪伴，他們通常也能打聽到很多東西。此外，一如凱撒在計劃入侵不列顛時所發現的，友善的商人是另一種寶貴的資源。如果一切都失敗了，也可以派一個耳聰目明、必要時可以犧牲的奴僕前往敵方領土。有一位羅馬將軍派一名下屬進入亞美尼亞山區，觀察正在推進的波斯軍隊，並與支持己方的總督商談。另一位將軍則指示祕書喬裝打扮，前往附近的一座城市，收集敵方艦隊的證據。

除了較晚期的羅馬帝國在波斯駐有情報員的事實之外，我們對羅馬的職業間諜幾乎一無所知。這些間諜非常幹練，經常偽裝成商人，甚至可以滲透皇宮。他們賃屋而居，兜售廉價商品，從一個城市到另一個城市，專事打聽。在戰爭期間，他們有時會假扮士兵，潛入敵營。波斯人

18 由於國王自殺，使偵察兵未能得逞。國王的頭顱被帶回去給圖拉真當作安慰獎，送回羅馬後，被扔下曝曬處決罪犯屍體的台階。

19 *arcani*在四世紀後期解散，因為人們發現他們一直把羅馬的軍事機密出售給他們本應監視的部落。

也會耍同樣的伎倆。在一次邊境的小衝突中，羅馬人逮捕了一名穿著軍團制服的男子，他承認自己是波斯間諜，被派來融入邊境沿線的部隊。[20]甚至政府中也有間諜：一名羅馬官員把羅馬軍團的位置和計畫行動的情報洩露給波斯聯絡人，最後潛逃出境。

間諜透過多種方式與他們的上線接頭。如果距離近，他們就用信鴿、把信函縫在狗的項圈內，或者用羊皮紙包住箭。如果距離較遠，則需要值得信賴或者不知情的信使，把刻有文字的錫片塞進他的涼鞋，莎草紙縫進他的斗篷，或者在他的一條腿上綁假的繃帶。[21]如果間諜辦事能力強，消息就會使用密碼編寫。看似無害的句中可能有些字母可能會散布或以特定的方式書寫，以便拼出新字。母音可以替換或被預先安排的點圖案取代。整個訊息可能用隱形墨水書寫。[22]另一種方法是攜帶一根有二十四個孔的小骨頭，每個孔對應希臘字母表中的一個字母。把線穿過孔，就會拼寫出一條訊息，還可以藉由纏繞額外的線來隱藏這條訊息。

古代刺客最好的證明是下毒者。希臘人和羅馬人對數十種毒素有深入的了解，從相對溫和的鴉片（低劑量使用是一種有用的藥物），到作用迅速且會致命的「毒藥皇后」——烏頭。對中毒的恐懼十分普遍，因此有些羅馬貴族認為，在每道菜到達他們闊綽而脆弱的食道之前，讓訓練有素的「品嚐師」嚐一嚐是值得的。一位希臘化國王擁有一座各式有毒植物的花園，他痴迷地照顧和研究這些植物。另一位則非常謹慎或偏執，每天服用微量毒藥，以增強自己的免疫系統。

尼祿的主要投毒師洛庫斯塔（Locusta）是古典世界中最聲名狼藉的毒術業者。在一年的時間裡，她用塗了烏頭的蘑菇毒死克勞狄烏斯皇帝（尼祿的繼父），混合了毒藥殺死克勞狄烏斯的兒子，讓尼祿少不了她，因此尼祿為她提供了別墅和學徒。然而，就像我們消息來源中提到的其他投毒者一樣，洛庫斯塔只是準備了殺人的手段，至於真正投毒的人，我們所知不多。一位日耳曼酋長承諾，只要羅馬人把好毒藥送給他，他就會親自除掉他的對手。詭異的是，有好幾次，神祕的刺客集團在羅馬擁擠的街道上用毒針刺死受害人。

20 幾個世紀前，一名蠻族國王派了一隊羅馬逃兵去刺殺圖拉真皇帝。一名逃兵因行為可疑而被捕，受不了酷刑而招認，因此陰謀失敗。

21 還有更複雜的方法。刻上文字的鉛箔小卷被捲成耳環。把情報寫在充氣的動物膀胱上，然後把膀胱放氣，藏進油瓶中。至少有一次，一名信差的頭上被紋有神祕的詞語。

22 晚期羅馬官僚機構有一種極其複雜的專有文字，模仿這種文字是非法的。同樣地，為了防止簽名遭到偽造，羅馬皇帝使用特殊的紫色墨水書寫。未經授權使用將被判處死刑。

然而，大多數經典的暗殺都屬於背後捅刀的類型。弗魯曼塔里伊的首選武器似乎是匕首，皇帝有時用他們來除掉政敵。[23]雖然他們大部分的暗殺行動都是在國內進行，但羅馬人也是相當多外國領袖的殺手。一位西元一世紀的將軍為一位日耳曼酋長安排了一場致命的意外，而馬可・奧理略則懸賞追捕一位棘手的戰爭領袖。但古典世界暗殺的黃金時期是在古代晚期，在當時危險的政治環境中，羅馬人用暗殺步上成功之路。[24]他們最喜歡的策略是邀請目標對象參加宴會，把他灌醉，然後用刀刺死他。[25]誠信，看來是即使羅馬皇帝也無法負擔的奢侈品。

32 為什麼羅馬人沒有征服日耳曼或愛爾蘭？

如果你定睛細看，這個小城簡直就像在義大利一樣。它的街道井然有序，有個公眾集會的廣場，並有柱廊（porticoes）和巴西利卡（basilica）會堂。城裡甚至還有奧古斯都和他麾下將軍的鍍金雕像。但建築物的屋頂是木瓦，柱廊的柱子是樹幹，那些錯落有致的街道上擠滿了穿

---

23 並非所有羅馬貴族都是容易攻擊的目標。一名以獵獅而聞名的男子殺光了派來除掉他的整個刺客小隊，並差點逃到波斯。

24 後來的羅馬帝國也變得相當擅長綁架。討厭的外國領袖在晚宴上遭拘留，在教堂禮拜時被逮獲，或者由突襲者把他由宮殿中帶走。

25 羅馬晚期歷史上最著名的暗殺陰謀後來失敗了。西元四四九年，羅馬人眾多敵人中威脅最大的是游牧的匈奴人，在教人畏懼的國王阿提拉（Attila）統一之後，蹂躪了東羅馬帝國十年，期間還野蠻襲擊巴爾幹地區，並要求他們繳納巨額貢品。最後，宮內大臣安排與一位重要匈奴酋長的會面，向他許諾，如果他有辦法殺死阿提拉，就可獲得巨額財富。酋長答應賄賂阿提拉的保鏢，並與一小隊羅馬外交官一起被送回去。然而等這名酋長回到阿提拉面前時，他喪失了勇氣，招認了一切。阿提拉勃然大怒，派使者前往君士坦丁堡，要求斬首下令處死他的大臣。皇帝當然否認與此有任何關連。

著帝國輔助軍團盔甲的日耳曼人，拎著一捆捆的蔬菜，進入木製版本的羅馬聯排房屋。

這個小城從沒有完工。其實，從位於當今德國中西部瓦爾德吉爾梅斯（Waldgirmes）村附近的廢墟來看，柵欄圍牆內大部分的空間仍然是空的。還來不及進行任何進一步的工程之前，羅馬人就撤出了這個地區，這個城也遭遺棄。然而，它的斷垣殘壁證明了日耳曼距離併入羅馬帝國有多麼接近。

在帝國時代早期，羅馬人擁有——或者似乎擁有征服整個北歐的武力。帝國僱用了逾四十萬名全職的士兵。這個龐大軍事組織的核心是軍團的重裝步兵，此外還佐以輔助軍團、地方招募的輕步兵和騎兵部隊補充。軍團和輔助軍團的士兵都服役二十年或更長時間，接受了嚴格的訓練和殘酷的紀律，[26]而他們也獲得營養的食物、醫療保健、定期工資的報償，軍團士兵還有優渥的退伍津貼，確保他們舒適的退休生活。對於一生服役了二、三十年的人來說，羅馬軍隊是另一個世界，有它自己的定居點和法律、複雜的內部階級制度[27]，和強烈的團隊精神。[28]

軍團的士氣、訓練，和強大的力量在戰役中有令人印象深刻的表現。羅馬軍隊會排著整齊的縱隊行進，偵察兵在前面帶路，先鋒部隊緊跟在後，他們負責清理並鋪平道路。接下來是將軍和軍官，然後是旗手和號手。後面是基層士兵，中間是行李搬運車。每天晚上，士兵都會搭建有柵欄圍牆的營地，位置精確的爐灶和茅坑，以及一排排整齊的皮帳篷。在戰鬥中，他們也同樣展現出教人震懾的秩序。戰鬥一開始，輔助弓箭手和投石手發射閃閃發光的投擲武器，大砲轟鳴開動，軍團士兵投擲標槍。接著趁著弓箭手和投石手繼續發射槍林彈雨，騎兵從側翼包圍敵軍陣營，軍團士兵則拔出短劍準備短兵相接。

對於後來的混亂場面，有很多策略。面對不列顛部落組成的龐大軍隊，一位將軍發動了正面進攻，並由騎兵衝鋒陷陣。遭遇配有中世紀騎士鏈甲和長矛的騎馬遊牧民族，另一位將軍把部下布署在山坡上，用一連串的投擲物和弩砲擊退了衝鋒的部落。第三位指揮官在結冰的多瑙河上與蠻族騎兵對陣，他命令部下站在盾牌上，利用這樣的摩擦力，把騎手從馬上拉下來。

達契亞戰爭展現了巔峰效率的羅馬軍隊。達契亞王國位於當今的羅馬尼亞，富裕，組織嚴

---

26 據說一名羅馬將軍因為兩名士兵膽敢在挖戰壕時放下佩劍，而處決了他們。同樣地，在站崗時睡覺的哨兵，如果被發現，也會被打死。有時，指揮官會以在戰鬥中表現不佳的部隊為例，處決其中的十分之一——每十個人中就有一個被殺。然而由於這種作法對士氣不利，大多數將軍都會以其他方式，如把大麥（而非小麥）麵包發給表現不佳的士兵，剝奪他們佩戴軍腰帶的權利，和／或強迫他們在營地圍牆外搭自己的帳篷，來羞辱他們。

27 我們見到諸如 *hydraularius*（水壓風琴演奏者）、*ad camellos*（駱駝師傅）和不可或缺的 *pullarius*（聖雞飼養員）等超專業工作。個別單位甚至似乎有獲得執照的妓女。

28 一位匿名百夫長的墓誌銘說明了羅馬士兵的雄心：「我想要抱著達契亞人（蠻族）的屍體，我做到了……我想要參加光榮的勝利遊行，我做到了；我想要 *primuspilus*（高級百夫長）的薪水，我得到了。」

密，國王派出大批裝備可怕鐮刀（falx）的軍隊襲擊羅馬的巴爾幹省份。圖拉真皇帝經歷第一次的懲罰性遠征後，決定要徹底消滅達契亞。他下令軍團工程師在多瑙河上建造一座巨大的橋梁——長一一四〇公尺，由地基到橋面高四十二公尺[29]，並率領至少十一個軍團的部隊過河。圖拉真紀念柱就是為了紀念這場戰爭而建，曲折的繞柱浮雕勾勒出戰役中的場景。羅馬士兵圍攻達契亞的要塞。達契亞首都被占領，達契亞的族長紛紛投降，更多的據點淪陷。達契亞國王在羅馬騎兵的包圍下自殺，最後一批達契亞城市被攻陷並焚燒，達契亞的俘虜則被帶去當奴隸。

在圖拉真統治時期，帝國的政策是沿著帝國領土邊緣駐軍，最集中的軍隊總是在北部，沿著萊茵河和多瑙河這兩條河流的河岸，這標記了羅馬在中歐的控制範圍。這一邊境的理念和實際都是逐步發展而來，隨著野心勃勃的貴族和難以應付的鄰國驅動軍團進行一系列新的征服，共和時期的羅馬突飛猛進的擴張版圖。但由於從這種瘋狂擴張中獲得的利益越來越少，使皇帝採取比較著重防禦的外交政策，進軍新的領域只是為了奪取不費力的收入來源，以及加強他們的威望。

由這些角度來看，征服日耳曼就沒有什麼意義。根據羅馬人的定義，日耳曼是萊茵河以東、多瑙河以北的遼闊領土，由他們熟悉的萊茵河岸陽光斑駁的山丘到蒙上陰影晦暗的波羅的海。人們認為，日耳曼人與高盧人的差別在於他們不喜歡城市，與東歐平原的遊牧部落的差別在於他們定居的生活方式，與其他民族的差別在於他們獨特的語言和文化。日耳曼人被認為是值得尊敬的戰士。和其他北方民族一樣，他們作戰沒有秩序和紀律，但他們打得勇敢，而且——羅馬人勉強承認——打得很好。然而，只有當整個部落為了尋找新的土地而遷移，或者有魅力的酋長大規模襲擊羅馬領土時，他們才成為嚴重的威脅。

凱撒在征服高盧期間，兩次入侵日耳曼，在萊茵河上架起木橋，向當地部落證明這條河並非羅馬軍隊的障礙。然而，直到一個世代之後，奧古斯都決定清理他的北部邊境，才真正嘗試征服日耳曼。一連串才幹出眾的將軍越過萊茵河，向東遠征到易北河，與當地部落結盟，建立軍事基地，並在瓦爾德吉爾梅斯建立城市，作為行政中心。很快地，如今德國的西半部似乎就快要成為羅馬的行省。然而在西元九年一個下雨的夏日午後，災難降臨了。

組成日耳曼羅馬軍隊的三個軍團正在泥濘的道路上艱難地跋涉，而在隊伍最前方，工程師奮力在深谷上架築道路。後面的士兵在越來越深的淤泥中滑倒。突然，周圍的樹林裡傳來了日耳曼的戰吼，箭和矛由灌木叢中呼嘯而過。由於無法與對手交戰，羅馬士兵在匆忙建了一個有圍牆的營地。第二天早上，他們繼續行軍——日耳曼人隱身在樹林中，緊跟在後，射殺士兵和

---

29 羅馬士兵未必需要橋梁。哈德良統治時期，一千名輔助軍團士兵全副武裝涉多瑙河而過。半個世紀後，在馬可·奧理略的征戰中，一名勇猛的士兵游過河，解救了一些被蠻族囚禁的羅馬人。

馱畜。又是一個焦灼的夜晚，又造了一個有圍牆的營地，又是一天的損耗。第四天早上，當潰散的軍隊重新開始絕望的行軍時，暴風雨爆發了。滂沱大雨讓羅馬士兵睜不開眼，蹣跚走下夾在崇山峻嶺和無法通行沼澤之間的狹長地帶，卻發現他們的路被日耳曼大軍擋住了。等羅馬人發現自己受困時，一些士兵，包括將軍都自殺了，其他人則試圖奮力脫逃，可是除了少數人之外，所有的將士都死了。現在眾所周知的條頓堡森林戰役（The Battle of the Teutoburg Forest）摧毀了羅馬在日耳曼二十年來苦心經營的建省建設，倖存的羅馬士兵撤退到萊茵河。

從西元一世紀到五世紀，逾三分之二的羅馬軍隊駐紮在萊茵河和多瑙河沿岸。這兩條河並不是現代意義的邊界，而是軍事占領區的主動脈，把行省行政區域與理應尊重和承認羅馬權力的不明確部落領土地帶分開。然而由一世紀晚期開始，沿著河岸的軍營成為永久性的。即使是小型的營地也有堅固的防禦工事——一位羅馬作家描述了一個容納四百名士兵的營地，有高大的磚牆、寬闊的溝渠，和掛在圍牆上的弩砲保護。[30]沿著邊境延伸的城牆更是驚人。在萊茵河上游和多瑙河上游之間的夾角處，歷代羅馬皇帝建造又重建了逾一百六十公里長的城牆和戰壕，雖然不如在不列顛的哈德良長城那麼巨大，但具有相同的基本功能：監視和控制源源不斷通過邊境地區的羅馬人和蠻族。

羅馬人從沒有放棄日耳曼。巡邏隊繼續在萊茵河和多瑙河以外的森林小徑上巡哨，晚上駐留在友善的村莊和專門建造的前哨基地。日耳曼酋長渡河來參加軍團指揮官舉辦的宴會。有時整個部落會受到邀請，到羅馬的土地上定居。邊境不但沒有成為排斥外人的界線，反而吸引了邊境兩側的商人和移民。由於營地必須提供食物供給士兵，因此日耳曼農民根據與軍團簽訂的合約照料田地、牲口和葡萄園。由於這數千名士兵的薪酬豐厚，因此基地旁邊也興建了主要由日耳曼人組成的城鎮，幫他們花錢。

儘管一世紀之後羅馬在日耳曼的戰役很少見，但駐紮在萊茵河和多瑙河沿岸的數十萬羅馬軍隊深深地改變了日耳曼社會。最靠近熱鬧邊境區的地方已經融入了羅馬的經濟。羅馬的貨幣和商品自由流通；當地的城鎮都按照羅馬街道的網格布局；羅馬式別墅拔地而起。許多當地男子投身輔助軍團多年，學習拉丁語，並培養出對魚露和葡萄酒等羅馬事物的品味。離邊境較遠的日耳曼人往往沒那麼友善，主要是因為對於雄心勃勃的酋長來說，再沒有比閃電襲擊羅馬領土更能獲得榮譽和追隨者的方法。[31]羅馬的財富，無論是偷來的還是賺來的，都推動了強大日耳曼領導人的出現。從這個意義上說，萊茵河和多瑙河邊境的強大軍團逐漸地製造了他們原本

30 軍團要塞的砲塔圍牆通常會圍起二十公頃以上的土地，包圍一個龐大的總部建築群（配有放置旗幟的建築和存放士兵薪酬的地下保險庫）、醫院、浴場、糧倉、精心設計的軍官房舍，以及整齊的營房。

31 在萊茵河底部發現了其中一些襲擊擄掠而來的戰利品。最著名的是所謂的紐波茲寶藏（Neupotz hoard），由一千多件金屬組成，其中包括金銀器皿、從寺廟偷來的神像，以及羅馬囚犯的手銬。

要毀滅的敵人。

那麼羅馬人為什麼不去征服愛爾蘭？我們或許可以用另一個問題來回答這個問題：羅馬人可能為了什麼原因征服愛爾蘭？對皇帝來說，吞併一塊新領土只有在（一）它對帝國安全構成明顯的威脅；（二）如果它可以產生大量稅收，和／或（三）如果它能以最小的軍事代價大幅提升威望時，才有價值。愛爾蘭一個條件都不符合。事實上，從各方面來看，愛爾蘭都是個不起眼的地方，氣候嚴寒，風雨交加。草雖然茂盛，但據說有令人遺憾的特性，會造成牛隻爆炸。據說當地人貪吃、亂倫，還會吃人，有時甚至這三者兼有。從好的方面來說，這裡絕對沒有蛇。[32]

一世紀後期，一位雄心勃勃的不列顛總督曾起念要征服愛爾蘭。他詢問當地商人島上港口的情況，找到了一名流亡的愛爾蘭酋長，預估一個軍團就足以鎮壓所有的抵抗。但皇帝對此不感興趣，計畫最後無疾而終。[33]然而，與日耳曼的情況一樣，羅馬帝國的鄰近改變了愛爾蘭的歷史，與不列顛和西班牙的穩定貿易帶來了羅馬硬幣[34]和羅馬的貿易商品。拉丁字母啟發了愛爾蘭歐甘（ogham）文字的創作。基督教威風凜凜而入，尤其是透過名為派翠克的不列顛元老之子努力。羅馬的征服未必需要軍團。

32 愛爾蘭草具有爆炸性的想法，可能源於對牛隻泡沫性鼓脹症（frothy bloat）的誤解，這是吃苜蓿和三葉草的牛常見的一種疾病。謠言和總是把遙遠民族想像成最壞的人的特性，把愛爾蘭人描述為近親結合的食人族。

33 基於一世紀作者的零散段落和在都柏林附近發現的零散羅馬文物，使一些學者推測，有一支小型的羅馬遠征軍航行到愛爾蘭。然而，證據並無定論。

34 在愛爾蘭泥炭沼澤中發現西元五世紀的科爾雷恩寶藏（Coleraine hoard）中，包含約一千五百枚來自羅馬鑄幣廠的銀幣，可能是透過貿易和掠奪的方式取得的。最近有一篇文章認為，這些硬幣是來自羅馬不列顛，是支付給愛爾蘭海盜的貢品。

第六部
傳承

33 帝國滅亡後羅馬城發生了什麼事？

當我還是年輕任性的密西根大學研究生時，養成了探索底特律廢棄建築的習慣。我特別喜歡李廣場（Lee Plaza，譯按：由開發商勞夫・李 Ralph T. Lee 於一九二九年興建的十六層樓公寓大樓），這是一棟裝飾藝術傑作，曾是這座城市最好的公寓大樓。爬進滿是瓦礫的地下室後，我會在寬敞的公共房間裡漫步，激起腳下的灰泥塵土。然後我會沿著一長串樓梯來到風大的屋頂。

一個十二月的早晨，我在十五樓的一間公寓裡停步，那牆上的一個大洞框住了一幅全景。飄落的雪花籠罩了地平線，遮住了遠處市中心的摩天大樓。下方，大部分附近的房屋幾年前就已拆除。倖存的房屋零星地散落在城市大草原上，彎腰駝背，一片灰濛濛。我站在那裡，聆聽雪花落在磚塊和碎玻璃上的呢喃，我記得自己在想：帝國滅亡之後，羅馬一定就是這樣的感受。[1]

羅馬是古典世界中最大、最骯髒、最危險的城市。它也是最壯觀宏偉的城市，就連皇帝也都深受感動。西元三五七年，當君士坦提烏斯二世（Constantius II）第一次訪問羅馬時，不由得肅然起敬。他驚嘆巨大的浴場建築，那裡的水池在玻璃牆下冒著煙霧。他瞇著眼睛欣賞羅馬競技場高聳的牆壁，對萬神殿嘆為觀止。而這些只是羅馬奇蹟的一小部分。在君士坦提烏斯來到羅馬時，當地人口大約為七十萬，比帝國早期的一百萬左右要少，但仍然比同期地球上任何其他城市都還要多。[2]這些擁擠的人群光顧了羅馬的四二四座神廟和八六一個浴場，填滿了一七九〇間貴族的住宅和四六六〇二間公寓建築，安息在綿延城牆外數公里之的墓地。

然而，接下來的五百年對這個世界首都並不仁慈。羅馬遭蠻族洗劫，在一場內戰中被燒毀，在查士丁尼的哥德戰爭（Gothic Wars）中被作戰雙方掠奪，一再遭到瘟疫蹂躪，洪水氾濫，並

1 請不要把這件趣事當成認可探索廢棄的建築物。通常這樣做是危險和／或非法的，而且望出去的景象幾乎總是很普通，沒什麼意思。

2 據說性情古怪的皇帝埃拉伽巴路斯（Elagabalus）曾一時興起，命令奴隸在羅馬各地收集蜘蛛網。當他們帶著重達四千五百多公斤黏呼呼的蜘蛛網回到皇宮時，他說，由此可見這座城市有多大。

額外又被薩拉森（Saracen，指北非穆斯林）海盜洗劫。在這段時期大部分的時間裡，這座城市淪落到邊境前哨的地位，由遠在天邊的君士坦丁堡統治。只有靠著朝聖和教宗[3]的威望，才使得羅馬不致沒沒無聞。到了九世紀，羅馬的人口減少了九五%以上，只剩三、四萬居民分散在這座為百萬人建造城市的廢墟中。

羅馬的一些建築遭到嚴重的破壞。在羅馬遭遇第一次洗劫期間，羅馬廣場上的貴族宅邸和建築遭焚毀。[4]到第二次洗劫之時，宏偉的朱比特神殿屋頂上的鍍金瓦片被人剝除。然而總體而言，打劫的各路人馬造成的破壞輕微地出人意表，而且至少部分損壞後來獲得了修復：有一段五世紀的銘文就紀念了「被蠻族推倒」的雕像。哥德戰爭（哥德人在羅馬帝國的戰鬥和劫掠）造成了更持久的破壞，其中比較引人矚目的毀損包括哈德良陵墓頂部的巨大大理石雕像，羅馬防將把它彈射到試圖攀登城牆的蠻族身上。

大部分城市結構則是因沒那麼戲劇性的原因而破壞。由於廣泛使用磚面混凝土，按照現代化之前的標準，大型羅馬建築可說非常堅固。然而它們卻免不了受到風化作用的影響。一旦屋頂倒塌，水就會滲入磚石接縫和混凝土填充物的裂縫中，使灰泥粉碎。到了七世紀初，教宗葛利果一世可能會哀嘆道：「每一天，我們都看到年久失修的建築物倒塌。」只要有風暴和嚴霜，羅馬必然會傳來牆面倒塌轟隆聲的回音。

天災加快了腐爛的速度。西元八〇一年和八四七年發生的大地震使這座城市搖搖欲墜，牆壁裂開，柱子倒塌，許多高聳的拱頂和圓頂倒塌。洪澇更加頻繁，而且破壞性幾乎一樣大，尤其是對河邊搖搖欲墜的古老公寓大樓。八世紀初發生的一次洪水據說讓許多這類建築墜入泥濘的水裡。

然而羅馬古蹟最大的敵人是羅馬人自己。儘管到中世紀，這座城市的規模縮減了，但持續的小規模建設、教宗對興建教堂的贊助，以及蓬勃發展的大理石出口貿易，造成了對廢金屬及建材的持續需求，而斷垣殘壁似乎為這兩者提供了取之不盡的供應。

羅馬公共場所林立的青銅雕塑尤其容易遭竊。這個過程早在六世紀初就已經開始了，當時

3「Pappas」——希臘文中「父親」的口語用語，是帝國東部以希臘語為主要語言省份對主教的暱稱。然而，在帝國西部，只有羅馬的主教獲得這個頭銜，部分原因是，在三世紀之前，羅馬教會的語言都是希臘語而非拉丁語。（幾個世紀以來，羅馬的基督教群體主要由來自東方講希臘語的人組成。羅馬第一位說拉丁語的主教是維克多（Victor，一八九至一九九年在位），一直要到達馬蘇斯（Damasus，三六六至三八四年在位）統治，拉丁語才取代希臘語，成為羅馬市的禮拜語言。）「Pappas」逐漸變成了民間拉丁語「papa」，現今的「pope」（教宗）一詞，就是由此而來。

4 參觀羅馬廣場的遊客仍然可以看到硬幣因高溫大火而融入艾米利亞巴西利卡（Basilica Aemilia）的大理石地板上。

▲ 羅馬大理石的碎片興建成一棟中世紀房屋。西元十世紀羅馬克利森提之家（House of the Crescentii）的正面。（作者照片）

一名官員抱怨睡意朦朧的守夜人疏忽了盜賊把雕像從底座上扭斷的聲音。後來，拜占庭的皇帝和他們的官員定期拔取雕像作為廢料。最糟糕的掠奪者是君士坦斯二世（Constans II）皇帝，他於西元六六三年造訪了這座城市，在他逗留的兩週期間，他的隨從收集了他們能找到的所有青銅雕像，把它們砍成易處理的碎片，然後把這些金屬拖到等在台伯河的船上。[5]大理石雕像的命運也好不到哪裡去。它們有時候被拖到建築工地，用大錘砸碎，作為地基和牆壁的填充物。不過更常見的是把它們放進窯裡火燒，以生產用作灰泥的石灰。在挖掘出羅馬廣場的貞女之家（House of the Vestals）時，人們在其中一個窯爐附近發現了一堆長四．二公尺、寬二．七公尺、高二．一公尺的大理石雕像，堆放在那裡準備燃燒。

古建築也以同樣的方式遭到破壞。儘管地基的混凝土和碎石填充物以及厚牆，對拾荒的人幾乎沒什麼用，但他們卻幾乎清空了其他的一切。精美的大理石飾板通常最先被拿走，既因為它們易於剝除，又因為它們可以製成優良的石灰。鐵和青銅配件也很容易就被摘走。此外，對加工石材的需求不斷增加，八世紀就有一位教宗親自監督拆除一座老朽的羅馬神廟，以獲取可用的石塊。此事之所以不同尋常，是因為它被記錄下來：接下來一千年，羅馬教堂和宮殿中所用的幾乎每一塊石頭都會從最近的廢墟拆下來。[6]

5 其中一些掠奪品可能在一九九二年浮現。當時潛水員在布林迪西（Brindisi，義大利東南海岸）附近發現了一大堆青銅雕像的殘留物，年代由西元前二世紀到西元三世紀。每一座雕像都被切割成廢棄品。有人認為這些金屬碎片來自君士坦斯的船，或許是沉沒或許是拋棄部分的載貨，這些金屬就被倒進了海裡。

6 以這種方式肢解的最後幾棟建築之一，是羅馬廣場附近的密涅瓦（Minerva）神廟，它讓我們了解石頭回收再利用多麼有創造性。其中一塊巨大的大理石變成聖彼得大教堂聖殿高壇的一部分。柱子和楣梁被切成薄石板，用來裝飾新的噴泉。剩下的石頭則用來建造聖母大殿（Santa Maria Maggiore）的博爾蓋塞禮拜堂（Borghese Chapel）的牆上。

一些著名的羅馬建築因為被改建為教堂而得以保留。然而，即使成了教堂，也只有部分的庇護。比如萬神殿在西元六〇九年成了教堂，然而半個世紀後，當喜歡拆東拆西的皇帝君士坦斯二世在位時，教宗也無力阻止他拆除這棟建築的鍍金屋頂。近千年後，另一位教宗熔掉了萬神殿門廊的巨大青銅桁架，把這些金屬（重二十多萬公斤）鑄造成一百一十門大砲。[7]

你是九世紀的朝聖者。朝聖的旅程漫長，道路崎嶇，即使以九世紀的標準來看，旅店也很糟糕。但你安全抵達羅馬，並參觀了最著名的遺跡，現在你決定在廢墟中漫步。

你拄著手杖，沿著破舊公寓大樓林立的街道行走，每一棟公寓都和你家鄉的教堂一樣高。令你驚訝的是，有些建築物的下層仍然有人居住。[8]然而，大多數建築物都只剩空殼，有些已經倒塌到街上。街道的盡頭隱約可看到競技場。客棧裡同樣來朝聖的人告訴你，這棟建築原本是一座太陽神廟，基督徒在此被獻祭給以前的神明。不論羅馬競技場曾經是什麼模樣，如今它正在解體。因地震而搖落的巨大石塊堆蓋住了建築物一側的人行道。石灰窯在瓦礫堆中悶燒。[9]在建築物的另一側，保存得稍微好一點，房屋和商店都擠在最低的一排拱門中。

你由羅馬競技場沿著一條小路，穿過倒塌神廟的柱子。在你行經大理石拱門下方時，會發現自己置身於堆得像小山的碎磚之間。在你的左邊是舊皇宮半埋沒的扶壁和彎曲的屋頂。[10]但

---

7 還有許多其他教宗劫掠的事件。西元六三〇年，教宗霍諾里烏斯一世（Honorius I）剝下了維納斯和羅馬神廟（Temple of Venus and Rome）的鍍金青銅屋頂瓦，並用它們修復了聖彼得大教堂的屋頂。其中有些瓷磚一直存著存到一六一三年，當時的教宗保祿五世（Paul V）把它們熔化，建造至今仍矗立在聖母大殿前的巨大聖母像。另一位文藝復興時期的教宗摧毀了兩組青銅羅馬大門，用來製作聖彼得和聖保羅的雕像，如今矗立在圖拉真和馬可・奧理略的柱頂上。

8 晚期羅馬菁英的一些豪宅在整個第九世紀仍然持續使用，至少以修改後的形式運用。例如，教宗葛利果一世（Gregory I，又譯額我略一世）把他祖傳的宅邸改建為修道院（至今仍以聖大額我略堂San Gregorio Magno al Celio之名存在）。

9 對羅馬競技場石頭的選擇性掠奪似乎早在西元五二三年，在競技場上舉行最後幾場比賽之前，就已經開始了。大理石座椅是早期的受害者，把石灰華塊固定在一起的鐵夾也是。然而，最嚴重的破壞發生在中世紀晚期，當時一場大地震摧毀了近一半的建築。因競技場倒塌而留下的巨大石灰華堆——綽號是「羅馬競技場的大腿」，花了四個多世紀才被拖走。一四五二年，光是一名承包商就倉卒運走二五二二車的石頭。

10 儘管在西元五七一年，一位阮囊羞澀的總督拔下了舊皇宮最後一座青銅雕像，但至少有一些官員繼續使用這座宮殿達一個世紀，他們在這座龐大而破敗建築群的角落裡設了辦公室。九世紀初的大地震可能摧毀了高聳的會客室，留下了堆滿石頭和瓷磚的月球景觀。有個十二世紀的旅行者把這個廢墟描述為羅馬教會的大理石採石場。

你向右轉，一條隱約的小路通往一座巨大的磚砌建築。[11]你小心翼翼地走進去——這裡是惡魔潛伏的那種地方，你盯著昏暗的房裡，裡面隱隱飄出糞肥味。等到你的眼睛適應黑暗時，你認出角落裡一尊巨大雕像的碎片。然而你也注意到陽光由頭上拱頂的巨大裂縫中斜射進來，於是決定不再進一步探索。

回到外面，你繼續前往廣場。前方，你可以看到聖哈德良教堂的紅牆，根據你昨天在梵蒂岡傴的導遊說，這裡曾是元老院的所在地。（你不太確定元老院是什麼，但斷定是個重要的地方。）在教堂旁邊，一些商店和房屋建成了一座搖搖欲墜的兩層柱廊，它們後方的雄偉大廳如今已經成了廢墟。眼前所有其他的神廟也是如此。[12]你走到另一座拱門下，就會踏上羅馬廣場的中心廣場，這是由高大圓柱包圍的長方形廣場。你注意到有幾根柱子上仍然矗立著破舊的青銅雕像。

在聖哈德良教堂之外還有更多廢墟——半倒塌的神廟，和由果園和麥田中伸出的破碎柱廊。在它們之後，你望見了客棧老闆建議你要看的奇觀：好皇帝圖拉真的巨柱。你朝它而去，在麥田中走了幾分鐘後，你就到達柱子前面那座巨大廢墟建築[13]的門口。

你走進大門，在曾經是寬敞大廳那裡冒出來。然而，這裡的屋頂早已不存在，樹木也擠破了大理石地板。你穿過灌木叢，來到柱子的底部。正如旅館老闆所說，柱子從上到下都雕刻著圖拉真和異教徒對戰的情景。而又如他所說，柱子的底部有一扇門。你進了門，開始爬裡面的樓梯，台階又窄又暗，你的呼吸開始急促，汗水刺痛你的眼睛。然而當你到達柱頂的平台時，所有的不適都會被拋諸腦後。

羅馬就像你腳下蔓延的一幅鑲嵌畫。一側是你穿越的宏偉建築，幾乎與圓柱本身一樣高，椋鳥在屋椽孔裡的巢中鳴叫。另一側是一座無頂神廟[14]，柱子比任何橡樹都粗。廣場低伏在中距離，朱庇特神廟俯瞰著它，祂是古代神明的大惡魔。遠處是成排的公寓廢墟，一直延伸到近郊坎帕尼亞平原（the Campagna）的曠野。你想要再流連，但太陽已經下山了，晚上的街道很危險。當你走下樓梯時，腳步聲在其中迴盪。

11 馬克森提烏斯巴西利卡（The Basilica of Maxentius）。
12 一位約在西元八〇〇年訪問羅馬的朝聖者所記的筆記顯示，當時廣場的建築物雖然已嚴重腐朽，但仍然矗立著。九世紀的地震可能摧毀了大部分倖存的建築物，並把古老的人行道埋在廢墟下。
13 烏爾比亞巴西利卡（The Basilica Ulpia）。
14 已經被神化的圖拉真神殿。

34 亞歷山大大帝的遺體下落何方？是否發現過完好無缺的羅馬統治者墳墓？

亞歷山大死了。暴飲了一夜之後——這位征服了所有已知世界的三十二歲國王確實喝得太猛，他醒來時發起高燒，而且情況逐漸惡化。六天之內，他就臥床不起。不到八天，他就喪失了說話的能力。第十天，他嚥下了最後一口氣。謠言很快就加油添醋。據說亞歷山大是被番木鱉鹼毒死的。不，他的酒已經添加了冥河的水，變得致命。他手下的一名將軍殺了他。不，那是斯巴達的特務。說不定是亞里士多德。只有一件事是確定的：亞歷山大去世了，世界即將改變。

就在亞歷山大的前部屬為爭奪帝國的統治權而戰時，事情確實發生了迅速而混亂的變化。這些競爭對手中最精明的一個是托勒密（Ptolemy），他竊取了亞歷山大的遺體，帶到他在埃及建立王國的首都亞歷山卓。在那裡，在被稱為索瑪（Soma）的壯觀陵墓下方，這位征服者的遺體經過防腐處理，披著華麗的盔甲，在水晶石棺[15]中度過了幾個世紀。

亞歷山大的陵墓成為著名的觀光勝地。凱撒特意來訪，奧古斯都亦然，他笨拙地在亞歷山大的臉頰上吻了一下，打破了已木乃伊化的鼻子。[16]不過這些行為比起卡拉卡拉的狂熱崇拜根本是小巫見大巫，卡拉卡拉用亞歷山大的杯子喝水，以亞歷山大的肖像為模型製作自己的雕像，並告知元老院他就是亞歷山大再世。當卡拉卡拉赴索馬謁靈時，溫柔地把自己的紫色斗篷披在這位征服者乾癟的身體上，然後摘下自己的寶石戒指，一個一個拋進石棺。

卡拉卡拉是已知最後一位造訪索馬的人。有些歷史學家認為，亞歷山大的陵墓在西元二七二年的一場大火中被燒毀。就算它經歷這場災難而倖存下來，也可能會在一個世代後遭洗劫，或在三六五年的地震和海嘯中毀壞。一位四世紀晚期的作者暗示這座陵墓在他那個時代仍然存在。然而，也有另一個作者反問，是否有人知道亞歷山大在哪裡安息。

至少在今天，沒有人知道亞歷山大的遺體在何處，但卻不乏各種理論。例如二〇〇四年，英國研究員安德魯·查格（Andrew Chugg）宣稱亞歷山大的遺骸在威尼斯，成了頭條新聞。他

15 托勒密王朝一名缺錢的成員熔化了亞歷山大原來的金棺，可能是用玻璃或雪花石膏製成的替代品一直留存到古代晚期。

16 其他皇帝則沒有那麼恭敬。卡利古拉從亞歷山大的遺體上偷走了胸甲，他喜歡穿著這位偉大征服者的盔甲在羅馬閒逛。

聲稱，在四世紀的某個時候，這位征服者的屍體被祕密地由索馬轉移到附近的聖馬可教堂（St. Marks Cathedral）。在那裡停放了大約五百年，直到兩名商人把亞歷山大的遺骨誤認為是聖馬可本人，把它們帶到了威尼斯。查格堅稱，只要對目前在威尼斯聖馬可大教堂高壇下的骨骸作法醫檢驗，即可揭示真相。[17]

然而，事實已經十分清楚。我們沒有理由認為亞歷山大長眠在里亞托橋（the Rialto，威尼斯運河上的橋）畔。我們也不應該（如其他相關方面主張的）到埃及的錫瓦綠洲（Siwa Oasis）或希臘的安菲波利斯古墓（Amphipolis Tomb）中尋找他的遺骸。索馬遺址位於亞歷山卓市中心下方的某處。如果亞歷山大的遺骨還留存在世上，那麼我們可以在那裡找到。

西元十四年，在剛為紀念奧古斯都而更名的那個月（八月）底，奧古斯都的遺體被抬進羅馬廣場。棺柩上方是一尊蠟像，後面跟著皇室成員，戴著他們傑出祖先的死亡面具，個個面無表情。他們身後是裝扮成羅馬歷史英雄的人們、代表奧古斯都所征服國家的人民，以及元老院和騎士團的群眾隊伍。

皇帝的靈柩被放置在講台上，一位身材修長、表情莊重的男子——奧古斯都的繼任者提比略，在廣場的空地上發表了一篇嚴肅冗長的悼詞。然後遊行隊伍重新集合，蜿蜒穿過街道，來到戰神廣場（Campus Martius）裡長滿枯草殘株的棕色草坪。遊行隊伍在數十萬羅馬民眾的簇擁下，於廣場中央列隊，那裡已經堆起了高高的柴堆。[18]在抬棺者把皇帝的靈柩推入指定地點後，大祭司繞著柴堆轉圈，他們飾有尖刺的帽子閃閃發光。緊隨其後的是五千禁衛軍士兵，他們把軍事勳章扔在奧古斯都的棺材上。最後，一群經過精挑細選的百夫長由下方點燃了柴堆。當火焰升起時，一隻鷹從隱藏的籠子裡放了出來，飛向天空。

五天後，當柴堆終於冷卻時，莉薇亞皇后（Empress Livia）和一小群侍從赤腳走過餘燼，拾揀皇帝的骨頭。[19]遺骨用酒清洗，密封在金甕中。接著哀悼者穿過飛揚的塵土，轉向奧古斯都四十年前為自己建造的壯觀陵墓。

---

17 如果亞歷山大的遺骨真的在威尼斯，那麼他的木乃伊並沒能好好保存。十九世紀初開啟聖馬可教堂的聖骨盒時，人們發現裡面只有一個頭骨和一些碎骨。

18 在奧古斯都之後兩世紀，塞普蒂米烏斯·塞維魯（Septimius Severus）的遺體放在五層高的柴堆上火化，每一層都裝有焚香，並裝飾著織錦、繪畫，和象牙雕像。就連古代晚期簡樸的軍人皇帝也都非常氣派地火葬：例如，在四帝共治時的伽列里烏斯加（Galerius）火葬之處，人們發現了銀器的碎片。

19 羅馬顯要人物的遺體有時會被包裹在阻燃的石棉裹屍布裡，以便分離他們的骨骼與骨灰。

奧古斯都陵墓是一個巨大的圓形結構，屋頂仿照長遠以往的墓塚，種植了常青樹，上方有一座巨大的雕像。下面的墓室排列著數十個安置骨灰甕的壁龕。一個多世紀以來，皇帝及其家人的遺骸都在這裡安息。在圖拉真統治時期，陵墓已經滿了，他的骨灰被放置在他同名圓柱下方的小房間裡。圖拉真的繼任者哈德良建造了一座新的陵墓，像奧古斯都的陵墓一樣呈圓形，但是用大理石為牆壁，屋頂是完整的雕塑藝廊。一條坡道蜿蜒向上，通往精緻的墓室，墓室的壁龕裡安放著接下來百年的皇帝遺體。在哈德良陵墓也填滿之後，皇帝和家人就被葬在四散的墳墓中，通常都位於羅馬城外。

就像世界各地富麗堂皇的墓地一樣，皇帝的陵墓也吸引了盜賊覬覦，幾乎所有的皇家陵墓在古代晚期都遭劫掠和破壞。哈德良陵墓和奧古斯都陵墓中的金甕被熔化，裡面的骨灰散落一地。[20]只有少數碎片倖存下來：一個雪花石膏甕、存放卡利古拉母親骨灰的大理石塊，以及用作聖彼得大教堂洗禮盆的石棺蓋——據說來自哈德良墓。

羅馬皇家墓地中，最驚人的文物是現存於梵蒂岡博物館的兩個巨大石棺。[21]兩者都是用斑岩製成，這是一種僅在埃及東部沙漠山區發現的堅硬紫色石頭。其中一個石棺上飾有騎馬士兵的雕像，很可能是為君士坦丁雕刻的。但由於君士坦丁最後埋葬在君士坦丁堡，因此這個石棺由他的母親海倫娜（Helena）使用，她的遺體一直安放其中，直到被中世紀的一位教宗取代。

另一具石棺可能保存的是君士坦丁大帝的女兒康斯坦蒂亞（Constantia）的遺骸，一直放在一座雄偉的陵墓中——現在的聖科斯坦薩教堂（the church of Santa Costanza），直到十五世紀。

正如海倫娜和康斯坦蒂亞石棺的驗屍所顯示的，中世紀和文藝復興時期的羅馬人並不羞於打擾皇家陵寢。然而只有偶爾才會保存關於如何或為何打開墳墓的記錄，而且留存的少數記錄通常也不可靠。以尼祿墳墓被毀的傳說為例，在他蒙羞自殺之後，被他童年時的保母悄悄火化。[22]由於尼祿絕不可能埋葬在奧古斯都陵墓中，所以他的骨灰存放在他父親的家族墳墓中。經過幾個世紀，尼祿埋骨的廢墟長出了一棵巨大的核桃樹。（當地人聲稱）這棵樹上滿是惡魔，它們以毆打路過的行人為樂。最後，一位教宗結果了這個危害。就在復活節前不久，他帶著一

---

20 這些皇家陵墓後來的歷史本身也很有趣。奧古斯都陵墓經過加固、破壞、再度加固，隨後又被改建（在不同的時間）成花園、鬥牛場，和劇院。哈德良陵墓在古代晚期融入羅馬的防禦建築，後來也一直是教宗的要塞，直到十九世紀。

21 由第二世紀開始，出於神祕的原因，羅馬的上流人物由火葬改為土葬。他們不再被放在甕中，而是長眠於宏偉的石棺中，石棺上通常雕刻著神話故事或他們的生活場景。（順帶一提，當時的人認為石棺會使肉體更快腐化；在希臘文中，「石棺」sarcophagus的意思是「食肉者」。據記載，阿索斯（Assos，位於現今土耳其的西部）的石灰岩能夠在四十天內腐蝕整具屍體——除了牙齒。）

22 其中一名保母克勞蒂亞．艾克洛吉（Claudia Ecloge）選擇葬在尼祿自殺的別墅旁。她簡陋的墳墓於十九世紀在那裡被發現。

▲ 海倫娜的石棺。四世紀的斑岩石棺，現藏於梵蒂岡博物館。（作者照片）

大群民眾來到了地獄核桃前，經過驅魔之後，他把斧頭砍進樹根——據記載，一大群惡魔從它的樹枝逃走。這棵樹被推倒，在樹根下發現了裝有尼祿遺骨的甕。這個骨灰甕被摧毀，骨灰被倒入台伯河，並在原址興建了人民聖母教堂（Santa Maria del Popolo）。

一個同樣精彩但也同樣不可靠的故事則敘述在十一世紀的馬賽發現羅馬石棺的經過。棺蓋上的鍍金字母說明石棺裡是以迫害基督徒而聞名的皇帝馬克西米安。石棺裡填滿了芳香的油，屍體躺在下面，蒼白沒有血色，但未腐爛。在當地主教的建議下，屍體被扔進海裡，他不虔誠的肉體一入海，海水就沸滾翻騰。[23]儘管這個故事有些細節很顯然是捏造的，但馬賽居民的確可能發現一具浸泡在油膏裡的完整羅馬人屍體。舉例來說，一四八五年，在羅馬附近的一座石棺被開啟，發現一具保存完好的羅馬婦女屍體，身上塗了香膏。[24]這具遺體被送到羅馬，全市都對她良好的保存狀況感到驚訝。簡而言之，發現馬克西米安墳墓的故事可能有一部分屬實，只是我們永遠無法確定。

唯一可靠而且又完好無損的皇家墳墓是在聖彼得羅妮拉（Santa Petronilla）教堂的地下所發現的，這是附屬於舊聖彼得大教堂（Old Saint Peter's Basilica）的一座古代晚期陵墓。一四五八年，人們在教堂地板下發現了一座大理石石棺。裡面有兩口鍍銀棺材，每口棺材裡裝著一具用金布包裹的屍體。這些幾乎可以肯定是皇后加拉．普拉西迪亞和她的兒子狄奧多西的遺骸。六十年後，隨著教堂被拆除，更多的石棺被發現。其中一具裹著金衣的屍體，可能屬於皇子。最後一次也是最重大的發現發生在一五四四年，當時人們發現了西元五世紀皇帝霍諾里烏斯（Honorius）之妻瑪麗亞的花崗岩石棺。皇后身著長袍，蒙著面紗，裹著金布。她旁邊有兩

23 並非所有皇帝的遺體都是如此草率的處理。據記載，幾個世紀後，當馬克西米安的共治皇帝之一君士坦提烏斯一世的屍體在約克（York）被人發現時，英王愛德華一世以皇家之禮重新埋葬它。

24 在十字軍打開拜占庭皇帝查士丁尼的石棺時，他們發現他的屍體保存完好，可能是用類似的方法。

個銀箱子，一個裝滿了黃金和水晶器皿，另一個裝滿了珠寶和寶石。不幸的是，如今所有的寶藏都不見了。珠寶被偷或被送走，黃金消失在教皇鑄幣廠的熔爐中。[25]

早期的拜占庭皇帝被埋葬在君士坦丁堡的聖使徒教堂（Church of the Holy Apostles）。墳墓集中在毗鄰主教堂的兩座陵墓中，其中之一是圓形建築，以君士坦丁的大石棺為主，另一個是以查士丁尼墓為中心的十字形結構。兩個建築都塞滿了大理石和斑岩石棺。十一世紀之後，聖使徒的陵墓終於被填滿時，新的帝王墳墓群出現在全能者基督修道院和康斯坦丁利普斯修道院（Monasteries of Christ Pantokrator and Constantine Lips）中。

君士坦丁堡的皇家墓地依次被一名拜占庭篡位者、十字軍，和鄂圖曼人（the Ottomans）掠奪、褻瀆，和摧毀。君士坦丁堡陷落後不久，聖使徒教堂的陵墓就遭土耳其人拆毀。許多後來的拜占庭皇帝長眠的兩座修道院雖然倖存，但都已改建為清真寺，墳墓也早就被移走了。[26]歷時十二個世紀的壯觀墳墓盛況只剩下一些破碎的石棺。

然而卻可能有一座帝王陵墓倖存下來，被考古學家發現。[27]一九二九年，費納里伊薩清真寺（the Fenari Isa Mosque，前康斯坦丁利普斯修道院）被大火燒毀後，在地板下發現了幾座拜占庭晚期的墳墓，大多數都被洗劫一空，但在簡樸的大理石板下方，卻有一個完好無損。墓裡只有一具骨架，周圍環繞著腐爛木棺材的釘子。挖掘者根據墳墓的背景，推斷這些骨頭屬於安德洛尼卡二世（Andronicus II）皇帝，他生前遭廢黜，被迫成為修士。

更令人驚訝的是九世紀的狄奧多拉（Theodora）皇后的遺體，她因恢復聖像崇拜，而受到東正教教會的尊崇。在聖使徒教堂的狄奧多拉墓遭破壞時，她的遺體被救出，送往希臘，最後到達科孚島（Corfu）。每年，皇后的遺體都會在正信凱旋主日（Feast of the Triumph of Orthodoxy，或譯東正教的勝利，紀念東正教恢復聖像崇拜）的遊行中被抬出來，科孚島的遊

---

25 自文藝復興以來，已經發現了一些與皇帝無關人物的墳墓。一八八四年，在羅馬郊外發現了一座貴族家族墳墓。人們在散落著骨灰甕破碎殘骸的地板上，發現了卡爾普尼烏斯．皮索（L. Calpurnius Piso）的祭壇，他在西元六九年內戰期間，曾作了四天皇儲。最近，在位於塞爾維亞薩卡門（Sarkamen）村附近的四帝共治伽列里烏斯加的姊妹陵墓中發現了一批珠寶，其中包括一頂黃金王冠的碎片。

26 十一世紀皇帝阿萊克修斯．科穆寧（Alexios Komnenos）的遺體由全能者基督修道院的長眠地搶救出來，送到（Church of Theotokos Pammakaristos）帕瑪卡里斯托斯教堂。然而隨後，阿萊克修斯似乎放錯了地方。

27 二十世紀初在希臘瓦納科瓦修道院（Monastery of Varnakova）發現了拜占庭流亡政權伊庇魯斯專制國（Despotate of Epirus）統治王朝的幾位成員的墳墓，儘管他們未必全是「帝王」。

客可以向皇后致敬——或至少向她大部分的遺體表示敬意，因為據說狄奧多拉的頭顱已經失蹤。

35 為什麼拉丁文會演變成多種語言？為什麼希臘文沒有？

希臘文和拉丁文都極其複雜，文法繁瑣，並且持久到教人驚訝的地步。希臘文已經存在了三千年，而拉丁文在西元前三世紀首次以一種文學語言出現，如今已經有超過十億人使用，或者更確切地說，某一種拉丁語。自中世紀早期以來，拉丁語已衍生出數十種地區變體。最突出的是羅曼語系（Romance languages）：西班牙語、葡萄牙語、法語、義大利語、羅馬尼亞語、加泰隆尼亞語，和各種方言。

為說明這些語言共同的祖先和相互的差異，茲舉 the man gave my book to a friend（這個人把我的書給了一個朋友）這句話為例。[28]

28 請任意用這句話自行啟發。

拉丁文　homo meum librum amico dedit
義大利文　l'uomo ha dato il mio libro a un amico
西班牙文　el hombre le dio mi libro a un amigo
法文　l'homme a donné mon livre à un ami

義大利文、西班牙文和法文中表示「人」、「給」、「書」，和「朋友」的單字顯然源自拉丁文，但它們之間的差異同樣明顯。在拉丁文中，由於名詞具有表達它在句中功能的字尾，因此詞序或多或少是自由的；比如 *homo meum librum amico dedit* 與 *homo amico librum meum dedit* 的意思是相同的。相較之下，在羅曼語系的語言中，名詞缺乏那種明顯的字尾，它們之間的關係是透過介系詞以及它們在句子中的位置來辨識。拉丁文是藉著上下文來確定名詞是否限定——是「這本書」（the book），還是「一本書」（a book）。在羅曼語系的語言中，定冠詞和不定冠詞就標誌出這個區別。[29]最後，我們的拉丁片語與它後代的不同之處在於它的動詞形態。義大利文、西班牙文和法文與英文一樣，經常使用助動詞來表示過去式；[30]我們過去給的東西就是我們已經給的東西，而拉丁文則不太喜歡用助動詞。

即使在羅馬帝國的鼎盛時期，拉丁文也絕非統一。就像任何其他語言一樣，它隨著地方、情境，和說話者的不同而變化。而且它也和其他語言一樣持續地發展，由內在和外在因素決定它發展的速度和方式。這個語言唯一保持穩定不變的形式，是我們稱為古典拉丁文的人造和學者方言，這本質上是一種文學標準，專門留作正式的演講和優雅的寫作之用。然而，在受過教育的階級中，它是語言正確性的試金石。菁英教育的基礎是記憶和模仿古典拉丁文的文字材料。儘管羅馬帝國絕大多數的人口都沒有接受過這樣的教育——只有大約一〇%的羅馬成年人識字，但受教育菁英分子的權力和名望確保了世界各地的口說拉丁語都受到古典模式的影響。當然，各地之間有地區差異存在——例如，西班牙的羅馬人口音是出了名的重，但只要統一的、跨帝國的貴族主宰著政治和上流文化，這些差異就相對地微不足道。

西羅馬帝國的衰亡讓舊的菁英階層瓦解。[31]雖然仍有識字的階層，但規模較小，受教育程

---

29 義大利文、西班牙文，和法文中的定冠詞「the」是由拉丁文代名詞「ille」演變而來。不定冠詞「a」或「an」源自拉丁文「unus」。

30 我們的西班牙文範例沒有使用過去式的助動詞。然而，它確實是完成式：el hombre le ha dado mi libro a un amigo。

31 拉丁文仍然是前西羅馬帝國大部分地區的主要語言，並且很快被新的日耳曼統治階級所採用。最大的例外是不列顛，那裡遭受了更痛苦和持久的征服，導致拉丁文被古英文取代。後來阿拉伯文逐漸在整個北非取代拉丁文，斯拉夫語言則把拉丁文趕出巴爾幹半島。

度較低，並且集中在教會裡。古典拉丁文的重要性和社會威望也隨之減弱。同時，長途旅行急劇減少，使得口說拉丁文的地方差異任意發展，不受限制。

在接下來的幾個世紀裡，儘管少數識字的人繼續學習多少古典化的拉丁文，口語拉丁語的各種方言卻逐漸偏離了古代模型，然而它們仍然被視為拉丁語。直到九世紀早期，當時與查理曼宮廷相關的教育改革使人們認識到，這種語言的口語和書面形式在本質上已經變得不同；西元八一三年，教會理事會下令，在各地布道應使用「簡單的羅馬語言」而非正式的拉丁語。對各種羅曼語系方言之間區別認識的最早記錄可以追溯到十世紀末，當時一位教宗的墓誌銘提到他精通法文、義大利文和拉丁文。

羅曼語方言確立為合法語言是在西元一千年之後，尤其是隨著十二世紀文藝復興，白話文學爆發的期間。拉丁文依舊被認為是嚴謹學術的唯一合適工具，直到近代早期。然而如今，它確定而且終於成了一種化石語言，僅限於學術論述，也是學童的噩夢。

要是西羅馬帝國再存在一千年，會是什麼樣的情況？我們可以想像許多政治情境，但有一件事可以確定：西羅馬帝國會堅持使用拉丁文，直到最後。口說拉丁語可能仍會朝著羅曼語言的方向發展，但由於帝國菁英會繼續堅持古典拉丁文的標準，因此變化會慢得多。而且由於語言正確只有一個參考點，因此羅曼語言本身——就作為拉丁語受尊崇的公認替代語言這方面，永遠不會出現。

這個思想實驗其實在東羅馬帝國已經發生，由於東羅馬帝國比西帝國多存活近千年，因此它的語言——希臘語，從沒有偏離古老的根源太遠。我們啟發性的範例「這個人把我的書給了一個朋友」句子就清楚地說明了這一點：

古希臘文　ὁ ἀνὴρ ἔδωκε τὸ βιβλίον μου τῷ φίλῳ
ho anēr edōke to biblion mou tō philō

現代希臘文　ο άντρας έδωσε το βιβλίο μου σε έναν φίλο
o ántras édose to vivlío mou se énan phílo

古希臘文複雜的音調重音（pitch accent）已經演變成簡單的重音（stress accent），β出現了「v」音，語法也發生了重大的變化。[32]但兩千五百年來，這種語言的基本結構和詞彙變化相對較小。

希臘文的持久性是源於漫長的帝國生涯。亞歷山大大帝和他的繼承者確立希臘語為整個東地中海所使用的政治和威望語言，羅馬人對此並沒有做任何改變，用希臘語統治從保加利亞到利比亞全境。儘管希臘文具有官方地位，卻從未發展出語言正確性的單一標準。到了西元一世紀，政府、商業，和樸實無華的文學作品（如《新約全書》）都使用稱作通用希臘語（Koine）或「普通」希臘語的方言。[33]不過高雅的文學作品通常用阿提卡希臘語（Attic）創作——這是一種醉心模仿古典雅典偉大作家的語言。

拜占庭帝國保留了羅馬教育體系的精髓（即使只是在君士坦丁堡），這種教育體系建立在對一小部分古代傑作經典的記憶和模仿上。儘管希臘語口語逐漸消失，發音有了改變，語法也簡化了，但文學作品仍然是用典雅的通用希臘語，或作者對阿提卡希臘語的最佳嘗試來寫，而古老模式不容爭議的威望阻止了文學和白話用法之間的斷裂。

簡而言之，由於東羅馬帝國及其學校的堅持，希臘文免於發展成為多種語言，這些學校繼續認可「好」希臘文的古代模範。拜希臘東正教會和希臘民族主義之賜，這種活力在拜占庭本身得以存活。希臘文與古典的過去保持著重要的連結，[34]和羅曼語系也是如此，但沒有那麼直接，更遙遠的連結是英語，後者的詞彙大約有一半是拉丁文——這又是我們如何無意識地深深借鑒古代文化的另一個例子。

---

32 例如在我們的片語中，看一下間接受詞（我給書的朋友）。在古希臘文中，間接受詞是用與格結尾表示。但在現代希臘文中，與格已經消失，取而代之的是介繫詞片語。

33 現代希臘文幾乎所有的方言都源自通用希臘語，唯一的例外是察科尼亞語（Tsakonian），它是古代斯巴達多立克（Doric）方言的遙遠後裔。

34 拜占庭的另一個傳承是日常希臘口語和文學古語之間剪不斷理還亂的關係。直到一九七六年，希臘政府都堅持在所有官方溝通要使用極其正式和古典化的希臘文。這導致了一些聽起來非常古老的新詞，例如 *τεχνητός δορυφόρο*（*technetos doryphoros*）——字面的意思是「人造矛手」，意為「衛星」。

36 有人的祖先是希臘或羅馬人嗎？

我的祖先是希臘人和羅馬人。他們在阿哥拉（agora，希臘城邦的公共空間）聆聽蘇格拉底演講，他們跟著亞歷山大一起行軍赴度，他們在羅馬競技場決鬥。他們是殉道者和迫害者、是斯巴達人和雅典人、是元老和皇帝。若你身上哪怕只有最微小一丁點歐洲的DNA，你的祖先也會是如此。

每個人都有兩個父母，四個祖父母，八個曾祖父母，依此類推，理論上每一代的祖先都會翻倍。把這個數字推算到十代，就有一〇二四位十世祖。如果讓時光倒流一千年——比如三十二代，你就會發現自己有超過四十億位祖先。不過實際的數字要小得多，因為自古以來我們都一直在與或多或少的遠親通婚。[35]事實上，整個人類家族都是近親繁殖的。統計模型估計，所有人類至少有一個在三千五百年前某個時間出生的共同祖先。基因採樣顯示，任何活在一千年前的歐洲人——如果他或她留下了後代，都很可能是幾乎每一個現存歐洲人的祖先。如果你家族的某個分支源於地中海地區，那麼簡而言之，你幾乎確定是任何希臘人或羅馬人的遠房表親。

知道世界上大部分人口都是希臘人和羅馬人的後裔是一回事，真正去追蹤血緣又是另一回事。大多數古代資料中所存的家譜都是基於菁英的野心，而非現實。希臘貴族家庭喜歡宣稱神和英雄是他們的始祖[36]；甚至到西元五世紀，還有一位主教吹噓自己是海格力斯的後裔。羅馬貴族也是同樣大膽誇口自己的家譜，凱撒曾稱維納斯為自己不知幾代的遠祖祖母。然而，在他們與諸神巨大的鴻溝之中，很少有貴族家庭能夠自信地追溯自家的血統到一個世紀以前。嚴峻的人口現實導致大多數家庭的男性血統很快就失傳，即使家族存在更長的時間，也只有在足夠的家族成員載入史書，才能證明血脈的事實。否則，血統的唯一線索就是姓名。

---

35 專業術語是「譜系崩潰」（pedigree collapse）。一位人口學家曾經估計，一個出生於二十世紀中葉的英國兒童，第十五代的祖先有約三萬二千人，比用數學預估的二的十五次方少了約一千人。換言之，這個孩子的第十五代祖先中，大約有一千人是重複的，有不止一個世系的關係。如果到這個兒童的第三十代祖先，他們的數字將會差一點就一百萬，而不光是透過簡單地將每一代的數量翻倍，而產生十億。由於在這個些英國兒童出生前的三十代（大約是十一世紀中葉），英格蘭只有大約一百一十萬居民，意味著這個孩子約與整個中世紀人口的八六%有血緣關係（這孩子的一些祖先當然可能住在英格蘭以外之處，但你明白我的意思）。

36 一位赴埃及訪問的希臘史學家曾經告訴一群埃及祭司說，他是某位神明的第十六代後裔。祭司不相信，因為他們的神殿檔案中沒有相關紀錄。

儘管古典時期的希臘人經常在公共場合提到他們的父親——例如，柏拉圖可能自稱「阿里斯頓之子」，但他們只有單名。相較之下，羅馬的男性公民通常有三個：praenomen（個人名稱）、nomen（氏族名稱）和 cognomen（家族名稱）。[37]整個帝國都沿用這種方法，對後來的歷史學家很有幫助。但不太有幫助的是，這個制度隨著它的發展而有了變化。從第一世紀開始，cognomen 取代了 praenomen 作為個人名字，nomen 開始喪失意義。帝國的貴族家庭把傑出的親戚和恩人的名字添加到自己的名字中，使情況變得更加複雜。一位元老累計了至少三十八個名字。[38]

在西方元老貴族中，傳統的命名法一直延續到六世紀，接著制度就崩潰了。數十年的戰爭摧毀了大部分的古老義大利家族，而其他地方長期的政治不穩定也使得許多名流政要掉了腦袋，倖存下來的家族逐漸不再使用他們古老的名字，部分原因是許多人採用了新日耳曼菁英的命名慣例，[39]然而，更普遍的原因是，它反映了家族不再有紀念他們世系細節的理由。在嶄新的後羅馬世界中，他們或任何其他人所關心的只是一個事實：就人們記憶所及，他們已經成為貴族。

即使在社會連貫性相當高的高盧，家譜知識也很有限（尤其是在統治王朝中，他們聲稱自己是多情海怪的後裔）。一定有一些古老的氏族倖存下來——人們曾多次嘗試建立聯結查理曼大帝與古代晚期在高盧的羅馬貴族的關係——但我們就是缺乏證據來追蹤古典世界混亂崩潰期間任何家族的命運。

37 以蓋烏斯・尤利烏斯・凱撒（Gaius Julius Caesar）為例，「蓋烏斯」是個人名，「尤利烏斯」表示他是尤利安（Julian）氏族的成員身分，「凱撒」表示凱撒家族。（順帶一提，凱撒當時的人不是稱他為蓋烏斯・尤利烏斯，就是稱他為蓋烏斯・凱撒；只有親戚和非常親密的朋友才敢稱他為蓋烏斯。）羅馬婦女——被排除在社會生活之外，因此沒有公眾認可的明顯需求，通常只給單名：她們父親氏族名稱的女性形式。因此，凱撒的女兒就簡單地命名為茱莉亞。（如果凱撒生了兩個女兒，他會稱她們為Julia Maior和Julia Minor（茱莉亞和小茱莉亞）或是Prima Julia和Secunda Julia（茱莉亞第一和茱莉亞第二）。）

38 這位多名典範是昆圖斯・龐培奧斯・塞內西奧・羅修斯・穆雷納・科利烏斯・塞克斯圖斯・尤利烏斯・弗龍蒂努斯・西利烏斯・德西安努斯・蓋烏斯・尤利烏斯・歐里克勒斯・赫庫蘭紐斯・盧修斯・維布利烏斯・皮烏斯・奧古斯塔努斯・阿爾皮努斯・貝利修斯・索勒斯・尤利烏斯・阿佩爾・杜塞尼烏斯・普羅庫斯・魯提利安努斯・魯菲努斯・西利烏斯・瓦倫斯・瓦萊里烏斯・尼日爾・克勞迪烏斯・富斯庫斯・薩克斯・阿米蒂安努斯・索西烏斯・普里斯庫斯。據我們所知，他的朋友們只叫他索西烏斯・普里斯庫斯。

39 例如在八世紀初，一位來自古老義大利家族的男子塞內特（Senator）與一位名叫西奧德琳達（Theodelinda）的倫巴第婦女結婚。他們女兒的名字是她父母名字的組合，聽起來像日耳曼語的辛德琳達（Sindelinda）。

拜占庭也有同樣的情況。在第五和第六世紀，當和平繁榮的東羅馬帝國與破碎的西羅馬帝國形成對比時，君士坦丁堡成為來自西方城市富裕難民的避風港。然而，七世紀的侵略和混亂摧毀了許多這類的古老家族。其餘的家族逐漸被與羅馬的過去沒有刻意連結的新貴族吸收。

由於後來的拜占庭貴族一直持續到現代的門檻，因此追蹤其最大氏族的命運相對地容易。例如，我們知道，拜占庭最後一位皇室的公主是伊朗第一位薩法維國王（Safavid Shah）的祖母，因此也是印度蒙兀兒（Mughal）皇帝和現代汶萊蘇丹的祖先。

人們對拜占庭最後一位皇帝君士坦丁十一世的後裔特別感興趣——不論是為了學術或其他的原因。君士坦丁十一世在土耳其攻占君士坦丁堡期間被害，但卻沒有人見到他的屍體。傳說皇帝被變成大理石，藏在一個山洞裡，讓他安息，直到救贖他人民的那一天到來。然而，拜占庭王位暫時移交給了他爭鬥不休的親戚。君士坦丁的一個兄弟最後來到羅馬，把耶穌使徒安德魯的頭顱送給教宗，想要贏得教宗的青睞。君士坦丁的一位姪女嫁給莫斯科大公伊凡三世（恐怖伊凡 Ivan the Terrible 是她的孫子）。但拜占庭最後一位皇帝最年長的侄子安德烈亞斯（Andreas），是人們公認的拜占庭繼承人——至少他自認為如此。但他的統治並不光彩，教宗斷絕與他的關係之後，他帶著一群烏合之眾遊走歐洲，拚命尋找庇護者。他淪落到把自己的帝王頭銜拱手讓給法國國王。在國王違背協議之後，安德烈亞斯收回了他與生俱來的權利，最後把它遺贈給西班牙國王。然而實際上，拜占庭帝國血統於一五〇二年與他一起消亡。[40]

我們距離君士坦丁堡的陷落大約已經有二十個世代了；距離西羅馬帝國的滅亡，有五十世代；距離凱撒有七十世代；距離蘇格拉底有八十世代。以這樣的規模來說，遺傳毫無意義。我們沒有人會特別宣稱自己是古希臘人或古羅馬人的後裔。但我們全都是他們的接受者——無論是否自願、是否知情，或者其他，我們接受他們的智慧與荒唐。就我們所了解那種傳承的意義，以及就我們選擇接受它，我們就是他們的後人。

---

40 由於早期的王朝聯姻，已有大量的拜占庭血統在西歐流傳。一一九七年，拜占庭公主艾琳（Irene）與日耳曼國王菲利普（Philip）結婚。他們的一個女兒嫁給了波希米亞國王，所生子女的後代將會加入哈布斯堡和布蘭登堡王室。菲利普和艾琳的另一個女兒成為卡斯提爾統治家族的祖先，因此也是許多西班牙、葡萄牙、法蘭西和不列顛君主的祖先。同樣地，一二八四年，拜占庭皇帝安德洛尼庫斯二世（Andronicus II）與義大利貴族女子蒙費拉的約蘭德（Yolande of Montferrat）結婚。他們的一個兒子回到義大利，成為蒙特費拉侯爵（Marquis of Montferrat）。儘管他的王朝男性血脈在十六世紀就消失了，但先前幾個世代已經與眾多貴族通婚，最後成為義大利王室的祖先。奧托一世（Otto I）是希臘第一位（日耳曼）國王，他是透過一位十三世紀公主的兩個拜占庭皇室家族的後裔。

附錄：超短的古典世界史

作者：你想要上希臘和羅馬歷史速成課？

讀者：是的。

那麼，各位讀者，請繫好安全帶，準備進行短得不負責任的大事概述：誰做了什麼，為什麼這樣做，以及它是否重要。

【希臘人】

好……為什麼希臘人如此重要？

你的意思是，為什麼我們到現在還要學習在兩千五百年前一堆吵嚷紛爭繁榮城邦的著作和行為嗎？

是的。

簡而言之，一個又一個世紀的文化菁英都認定希臘的遺產很重要，而我們——作為西方傳統的繼承人或偷窺者，也樂於比照辦理。這樣做有很多歷史原因，但歸根究柢，希臘人創造了一套歷久不衰的經典文學傑作和一系列教人嘆為觀止的哲學和政治觀念。事實上，英文的「political」（政治）一字就源自希臘文「polis」（城邦）。

polis 是什麼？

polis 是由其公民（組成其政治和軍事階層的自由的人）統治並為其公民服務的城邦。雖然典型的城邦相當小（許多城邦的公民不到一千人），但每個城邦都渴望自治。結果希臘世界就分裂成數百個互相猜疑的小政府。這種碎片化的情況引發了無止盡的小衝突和小戰爭，但也鼓勵了競爭、創造力，和創新。

酷。哪個城邦最重要？

爭奪霸權的鬥爭持續不斷，因此會隨著時間而起變化。在波斯戰爭之前的數十年，斯巴達可能最具影響力，至少在希臘本土上是如此。

什麼使得斯巴達人如此成功？

在斯巴達人歷史的早期，他們征服了大片領土，並得以奴役這些土地上大部分的居民，因此毋需工作（同時他們也發現自己人的數量不如農奴多）。斯巴達人有手段、動機和機會，成為古希臘最專業的軍人。

雅典呢？

和斯巴達一樣，雅典也是一個龐大、富裕和強大的城邦。然而兩者的相似之處到此為止。斯巴達位於山谷中，雅典則毗鄰大海。斯巴達人避開商業，而雅典人卻靠貿易維生。斯巴達保留了保守的寡頭政治，雅典卻形成了極端的民主制度。你應該了解其中的差別。不過，儘管它們有所不同，但雅典人和斯巴達人有時卻是堅定的盟友，最著名的就是在波希戰爭之時，這是希臘史上最嚴重的危機。

你大概想要我問……

波希戰爭期間發生了什麼事？西元前四九〇年，波斯萬王之王大流士對雅典發動報復性攻擊。出乎眾人意料的是，雅典人在馬拉松戰役（Battle of Marathon）中擊敗了波斯遠征軍。十年後，大流士之子薛西斯（Xerxes）親率波斯大軍捲土重來。面對當時即將到來舉世規模最大的軍隊，許多希臘城市都屈服了，然而雅典和斯巴達領導的聯軍決定抵抗。由斯巴達國王列奧尼達（Leonidas）指揮的聯軍未能在狹隘的溫泉關（Thermopylae）阻擋波斯士兵。但幾週後，雅典人在薩拉米斯戰役中重創了波斯艦隊，扭轉了戰局。次年，聯軍摧毀了波斯軍隊。在這次的勝利之後，雅典人開始了前所未有的黃金時代，這將界定我們所謂的古典（Classical，首字母大寫）時期——在波斯戰爭和亞歷山大大帝去世之間一個半世紀的希臘歷史。

為什麼雅典的黃金時代這麼重要？

因為古典時期的雅典創造了我們認為與古希臘人有關的大部分文化成就。在這段時期，悲劇成為複雜的藝術形式，能夠深入探究人類的動機和神祇的冷漠。哲學以一位石匠長期失業的兒子蘇格拉底為代表，開始為人類倫理和知識的問題提供新的啟示。雕塑在帕德嫩神殿的大理石浮雕上達到巔峰。最後，但同樣重要的一點是，和藹可親、不作批評的希羅多德撰寫了第一部真正的歷史著作，冗長地記錄了波希戰爭。

為什麼雅典人有這麼偉大的成就？

在最基本的層面上，是因為他們有閒有錢。波希戰爭後，雅典人獲得了一個以愛琴海為中心的富裕小國，來自所屬城市的收入為直接民主的發展提供了資金，每個男性公民都被容許、並且受到期望參與民主。在天才政治家和演說家伯里克利的指導下，同一筆資金也用來建設帕德嫩神殿，並吸引了希臘世界各個角落雄心勃勃的知識分子。

這個時期的斯巴達人在做什麼？

大半時間都在虐待農奴和怨恨雅典人。斯巴達人一直把雅典人當成競爭對手；隨著雅典人的勢力越來越大，他們的焦慮也越來越深。在波希戰爭勝利後幾十年內，雙方互不信任已經升級為冷戰。雅典和斯巴達之間不可避免的公開衝突在西元前四三一年爆發，我們稱之為伯羅奔尼撒戰爭。

為什麼伯羅奔尼撒戰爭很重要？

因為它摧毀了雅典帝國，也因為它啟發了堪稱最偉大的古代史學家修昔底德（Thucydides）的著作。修昔底德原本是雅典的將軍，他冷靜而精確地描繪了伯羅奔尼撒戰爭的慘重代價和日益殘酷的情況。他活得時間夠長，能夠敘述雅典人遠征西西里島的大災難。然而，他還來不及分析戰爭最後幾年的發展就去世了，當時斯巴達人接受波斯人的金援，建立了一支艦隊，瓦解了雅典帝國。戰爭實際上在西元前四〇五年結束，在偏僻的海灘上，斯巴達海軍將領處決了最後一支雅典艦隊的所有槳手。

斯巴達人統治希臘多久時間？

僅僅幾十年。隨後，底比斯二線城邦的將軍伊巴密濃達（Epaminondas）擊垮了斯巴達軍隊，解放了斯巴達的農奴。然而，伊巴密濃達還來不及鞏固自己的地位就陣亡了，造成了權力真空，後來由才華橫溢、雄心勃勃的馬其頓國王腓力二世（Philip II）填補。

你提到很多名字。馬其頓人是什麼人？

北希臘人，統治龐大但通常處於混亂狀態的王國。腓力二世是第一位統一王國並且斷然干預南方希臘城邦事務的馬其頓國王。到他去世時，馬其頓毋庸置疑已成為希臘最強大的國家。

為什麼腓力二世能這麼厲害？

部分原因在於他是老練的外交官，但主要是因為他開發了一種新的軍事陣型：馬其頓方陣。幾世紀以來，希臘城市的軍隊一直是以重裝步兵方陣為組織——由裝備圓形盾牌和二．四公尺長矛的重型步兵組成縱深隊形。腓力把他的部隊集結成類似的縱深隊形，但讓他們配備長達五．五公尺的長矛。前五列的長矛伸出隊形前方。當敵人奮力突破這道鐵籬笆時，優秀的馬其頓騎兵就會利用他們戰線中的弱點。

腓力二世後來怎麼了？

腓力擊敗了雅典和底比斯的軍隊，並開始計畫對波斯帝國發動一場大戰役。但準備工作還沒完成，他就遭到暗殺，把馬其頓王位和東征波斯的大業留給了他的兒子亞歷山大。亞歷山大是個矮壯的二十歲青年，聲音沙啞，眼睛的顏色與眾不同，夢想要征服亞洲。

什麼使得亞歷山大如此偉大？

他是那種罕見而危險的人物：軍事天才。亞歷山大於西元前三三四年發動了對波斯的侵略。在歷時十年、綿延一萬多公里的征戰過程中，亞歷山大面對波斯的大軍、中亞的遊牧騎兵，以及印度國王的戰象，卻從未戰敗。一路上，他繞著偶像阿基里斯的墳墓裸奔，醉醺醺地把波斯首都夷為平地，在入侵印度時被一支箭射穿了肺部，還有許多其他的冒險，教後世的傳記作家欣喜不已。在這一切結束後，三十一歲的亞歷山大成為疆土由保加利亞延伸到巴基斯坦帝國之主。但接著在他計畫大規模的新戰役時，卻突然因酗酒和瘧疾而暴斃（或者，如果你相信古代陰謀論，他是被亞里士多德毒死的）。

亞歷山大死後發生了什麼事？

亞歷山大手下的將軍在長達一個世代的爭霸中，讓他的帝國分裂了。一伺他們的戰爭塵埃落定，就顯現出經過深刻改變和大規模擴張的希臘世界，分為三個主要的王國和不斷變化的小國。希臘化時代——我們用來稱呼由亞歷山大去世到羅馬併吞東地中海之間的時代，已經開始。

有沒有希臘化時代的國王試圖模仿亞歷山大的征服大業？

每一位希臘化時代的國王都試圖模仿亞歷山大，至少模仿他的髮型和假裝是天神的後代。然而只有少數人嘗試過像亞歷山大那樣征戰事業。最著名的可能是希臘北部一個小王國的統治者皮拉斯（Pyrrhus）。皮拉斯擁有強壯的臂膀，擅長用劍（他曾經一擊就把一個人縱向劈成兩半），他還有一群活力充沛的戰象和巨大的野心。他得知義大利南部的一個希臘殖民地與一些自稱「羅馬人」的野蠻人發生衝突時，就決定在西方發動一場亞歷山大式的戰役。

結果如何？

不太好。

【羅馬人】

我們對羅馬的早期歷史了解多少？

比我們想要的少得多。羅馬人聲稱他們的城市是由戰神馬斯（Mars）和義大利公主所生的孿生兄弟羅慕路斯（Romulus）和雷穆斯（Remus）所創立。他們出生後不久，一個壞心腸的叔叔就把他們放在漲潮的台伯河岸邊等死，但一頭母狼哺餵他們，牧羊人把他們撫養成人，長得高大健壯，推翻了他們的叔叔。接著這兩位年輕的英雄在那隻對他們有救命之恩的母狼哺育他們的地方建立了羅馬城。

究竟發生了什麼事？

羅馬在台伯河的一個淺灘發展起來，這裡是貿易路線的天然交匯處。著名的七座山丘從河邊沼澤中拔地而起，很容易建築防禦工事，吸引了周圍鄉村的移居者。

在西元前八世紀，山頂上的村莊開始合併成更大的定居地，很快就成為義大利中部最重要的城市之一。約在西元前五百年，這座蓬勃發展城市的貴族推翻了他們的國王，建立了新政府：共和國。

共和國如何運作？

儘管有民眾集會和選舉，羅馬共和國卻始終是由菁英統治，並為菁英服務的政府。整個政治制度的設計目的是讓富裕家庭有機會分享權力和競爭。到西元前四世紀，主要官員是兩位執政官。這些人領導的政府幾乎每個職位都是一年制（任期一年）和同僚制（collegiate，由多名現職者擔任），以限制野心勃勃的人濫用權力。真正的權力屬於元老院，這個諮詢委員會由選舉產生終身任命的三百名成員擔任各個重要職務。

共和國如何變得如此強大？

羅馬貴族必須不斷地爭取威信聲望，尤其是因為軍功而帶來的威望。因此軍團幾乎年年都會出征鄰國。如果我們可以相信後來羅馬作家的說法，他們通常會獲勝，並且透過羅馬把先前的敵人納入政治和軍事體系的習慣，而保住這些勝利的成果：被征服城市的菁英階層獲得羅馬公民的身分，他們的軍隊與羅馬軍團結成「盟友」。這項政策為共和國提供了具有影響力的地方支持者和大量的人力儲備。隨著征服和同化的循環不斷發展，羅馬軍隊的範圍越來越廣。到西元前三世紀初，他們已經威脅到義大利南部的希臘殖民地。你可能還記得，那就是皮拉斯國王和他的戰象登場之時。

我認為皮拉斯輸了。羅馬人是怎樣打敗他的呢？

羅馬軍團（以及與他們並肩行進的盟軍部隊）主要是由配備標槍和短劍的重裝步兵組成。在戰場上，他們以六十或一百二十人為一組，排列成鬆散的隊形，以適應崎嶇的地形——或是吞沒像皮拉斯擺出的馬其頓式方陣。經過三場苦戰，皮拉斯帶著殘部撤退。羅馬人藉著勝利巡遊，吞併了義大利南部的其他地區，把共和國的邊界推向了富裕而幅員遼闊的迦太基帝國。

好預兆。那麼迦太基人是從哪裡來的呢？

迦太基城位於現在的突尼西亞，是由腓尼基（現代黎巴嫩）的移居者所建。迦太基人因海上貿易而致富，建立了龐大的帝國，包括北非海岸的大部分地區、西班牙南部和西西里島西部。幾個世紀以來，羅馬和迦太基之間的關係一直很友好。然而，一旦他們的政治利益在西西里發生衝突，摩擦就不可避免。

當羅馬人和迦太基人最後衝突時，發生了什麼？

這場長達數十年的殘酷衝突我們稱作「第一次布匿戰爭」（First Punic War）。就我們的目的而言，最重要的是結果：羅馬人獲勝，建立了他們的第一支海軍，並順路占領了西西里島——他們的第一個行省。

漢尼拔什麼時候出現？

漢尼拔是第一次布匿戰爭期間迦太基最優秀將軍的兒子。戰後，這位將軍——按照羅馬傳統，把他才華橫溢的兒子培養成共和國不共戴天的敵人。西元前二一八年，漢尼拔發動了第二次布匿戰爭，率領包括三十七頭戰象的軍隊從位於西班牙的迦太基省向東進軍。他帶領士兵和厚皮的大象越過冰雪覆蓋的阿爾卑斯山，幾乎一開戰就擊敗羅馬軍隊，盛大的規模讓共和國岌岌可危。在坎尼（Cannae），他獲得了最偉大的勝利，殺死五萬名羅馬官兵和盟軍。

為什麼在這些災難之後，共和國沒有崩潰？

羅馬貴族拒絕投降，而且大多數盟軍仍然忠誠。身為沙場老將的政治家費比烏斯．馬克西姆斯（Fabius Maximus）建議羅馬人：擊敗漢尼拔唯一的方法是藉著消耗來削弱他的軍隊。這項策略被採納，逐漸把漢尼拔局限在義大利南部。同時，一位名叫西庇阿的年輕羅馬將軍發動攻勢，奪取了迦太基在西班牙的領地，並揚帆起航去攻擊迦太基本土。漢尼拔匆匆回國，在札馬戰役（Battle of Zama）中遭擊敗。迦太基帝國垮台，羅馬人成為西地中海的主人。在接下來的半個世紀裡，羅馬共和國打了一場又一場的勝仗，尤其是在東部，羅馬軍團多次羞辱偉大的希臘化王國。西元前一四六年，希臘和迦太基腹地都成為羅馬行省，使這情況達到了巔峰。

既然共和國如此成功，為什麼在接下來的世紀變得如此不穩固？

部分原因是它為了自身利益而擴張得太快。這些省份管理不善，因為菁英階層一心一意要致富，而無意好好治理。由奴隸勞動的大型莊園出現，再加上其他因素，使成千上萬的貧困農民湧入羅馬城，加入軍團，他們沒有自己的土地或資源，只能靠指揮官給予他們的獎賞，難怪在危機時，這些人往往對他們的將軍比對共和國本身更忠誠。因此，下一個世紀的內戰將由私人軍隊發動。

那些內戰是為了爭奪什麼？

它們不多不少就是領導人之間的對立，在整個帝國範圍內發生，並以成千上萬人的生命為代價。

凱撒大帝和龐培是如何登場的？

龐培是軍事英雄，以清除地中海海盜，收服大部分近東地區歸為羅馬控制而聞名。凱撒則在羅馬政壇以捍衛人民而建立聲譽。凱撒的名望讓他獲得了執政官一職，但他迅速崛起卻為他樹立了強大的敵人和危險的債務。為了保護自己免於這兩個問題，他與龐培和極其富有的元老院議員克拉蘇結盟。這個聯盟使凱撒在羅馬政壇勢如破竹，並獲得了羅馬南部小行省高盧的總督職位。他以此為基地，挑起了與北方部落的衝突，並透過一系列輝煌而血腥的戰役征服了整個高盧（大致相當於現代法國）。接著他把注意力轉回義大利，在那裡面臨與龐培作戰的威脅。

龐培和凱撒為何發動戰爭？

互不信任。龐培發現凱撒的權力和聲譽逐漸超越他自己，因此在元老院中與凱撒的敵人結盟。另一場內戰隨之而來。凱撒身經百戰的老兵在法薩盧斯戰役（Battle of Pharsalus）中擊敗了龐培的軍隊，龐培本人不久後也被殺。儘管凱撒接下來花了三年鎮壓龐培支持者領導的叛亂，但他現在是羅馬世界的主人。他讓元老院宣布他為終身獨裁官，並展開一系列有遠見的計畫。但他試圖改變的太多太快，結果遭一群議員暗殺。

讓我猜猜——接下來又發生一場內戰？

當然。凱撒在遺囑中收養了他的甥孫屋大維，一個體弱多病的十九歲學生。憑藉凱撒名字的魔力和消滅任何阻礙者的堅定意念，屋大維成了羅馬政壇的領袖。在最初的衝突之後，他與唯一真正的競爭對手、凱撒的前副官馬克·安東尼結盟。在十年中大半的時間，這兩個人瓜分了羅馬世界。屋大維在義大利和西部省份擁有至高無上的地位，安東尼則統治東方，在那裡與埃及艷后克麗奧佩脫拉墜入愛河。最後可想而知，緊張的和平被公開的戰爭所取代。屋大維在意義重大的亞克興海戰（Battle of Actium）中和安東尼與克麗奧佩脫拉對陣並獲勝。埃及併入羅馬帝國，屋大維現在所向無敵，凱旋回到羅馬。不久之後，他要求元老院授予他一個新頭銜：奧古斯都。

奧古斯都是第一位羅馬皇帝，對嗎？

他確實是。奧古斯都知道凱撒因過於明目張膽地行使權力而遇害，因此他假裝諮詢元老院，住在帕拉丁（Palatine）山一座樸素的房子裡，並稱自己是共和國恢復後的「第一公民」。但在表面的延續背後，他和他的顧問建立了君主專制，有龐大的常備軍支持，並由代理參議員在各省代表治理。儘管這個制度存有弱點——繼承權就是長期存在的問題，而且皇帝和軍團之間的關係可能一觸即發——但後來證明它可以持久。接下來的一個半世紀都由羅馬皇帝統治。

奧古斯都家族統治羅馬帝國多久？

大約是奧古斯都本人死後半個世紀。他們是一群混雜的人。奧古斯都的養子和繼任者提比略對政治沒耐心，退隱到卡布里島的別墅去了。下一任皇帝卡利古拉是個自大狂。他的書呆子繼任者克勞狄斯征服了大部分的不列顛，這是他的作秀噱頭，之後他娶了他的侄女，這位新夫人帶來了十來歲的拖油瓶尼祿。

尼祿為何惡名昭彰？

就像任何一個名副其實的壞皇帝一樣，他生性凶殘——光是在直系親屬中，他就處決了他的母親，並強迫他的第一任妻子自殺。不過我們記得尼祿，往往是因為他的妄想。他相信自己是技術精湛的運動員和演員，堅持要在公共節慶參加競賽，最後還參加奧運會，只要是他參加的比賽，膽怯的評審都把第一名頒給他。他的奢華同樣教人嘆為觀止：在祝融肆虐，摧毀了羅馬大部分的地區後，尼祿在市中心建造了一座巨大的豪華別墅「金屋」。最後，元老院和軍團攻擊尼祿，他自殺時感嘆道：「多麼偉大的藝術家隨我而死！」

尼祿死後發生了什麼事？

當然是內戰。尼祿自殺後的第二年，即西元六十九年，被稱為「四帝之年」（Year of the Four Emperors）。對其中三位皇帝來說，這一年很不愉快地結束。但第四位是一位經驗豐富的將軍，名叫維斯帕先，他建立了一個新王朝。維斯帕先的大兒子受到人民普遍的愛戴，但小兒子卻不然，最後遭到暗殺。在他之後是一連數位很有才華的統治者，有時被稱為「五賢帝」，他們把羅馬帝國推向了權力和繁榮的巔峰。

羅馬帝國什麼時候版圖最大？

第二位「賢帝」圖拉真統治下時。在征服達契亞（今羅馬尼亞）後，圖拉真侵略了遼闊的東方王國——以當今伊拉克和伊朗為中心的帕提亞。他征服了美索不達米亞的數個古城，並航行到波斯灣，夢想追隨亞歷山大的腳步前往印度。然而，後方的叛亂使他的幻想破滅，他的繼任者哈德良由新的東部領土撤軍。

帝國的鼎盛時期持續了多久？

整個第二世紀晚期，羅馬帝國似乎無堅不摧。隸屬各省的兩千個城市欣欣向榮。軍團士兵擊退了進犯蘇格蘭和蘇丹的攻擊。羅馬硬幣充斥印度南部的市場。中國漢朝宮廷的文官撰寫了報告，描述統御西海的強盛王國。

然後呢？

依序是瘟疫肆虐和蠻族入侵。在馬可．奧勒留統治期間，一場可怕的瘟疫（可能是天花）從東方襲來，造成數百萬人死亡。接著掠奪成性的日耳曼蠻族突破了北方的邊境。奧勒留發動了一連串戰役，深入中歐的森林和山區。然而，還沒有完全平定蠻族之前，他就去世了，把帝國留給了他沒用的兒子康茂德。

我猜康茂德不是什麼好皇帝。

他不是。康茂德放棄了北方的戰爭，回到羅馬，沉迷於角鬥幻想。經過十二年的暴政後，他被私人健身教練勒死了。隨後發生了內戰，最後獲勝的是一位來自北非的將軍，他執政嚴厲但有效。他所創造王朝後來的成員就沒那麼討人喜歡了。

其中一個殺死了他的兄弟，並迷戀模仿亞歷山大大帝，另一個則把大部分時間投入放縱的太陽崇拜。這些事蹟全都證實了帝國權威與軍團之間的關係日益緊密，這將導致五十年的軍事無政府狀態，並迎來羅馬歷史的新時代。

【古代晚期】

羅馬帝國為何突然變得如此混亂？

在國內，主要的問題是帝國合法性的危機。軍團擁立了一個又一個皇帝，但沒有一個在位的時間長到足以建立一個王朝，每個皇帝都被迫以破壞幣制的加薪和獎金來安撫軍隊。國內的危機進一步惡化，而且主要是肇因於境外局勢的演變發展。

在東方，混亂的帕提亞人被性好侵略、積極擴張的薩珊王朝（Sassanid Dynasty）取代。在北方，規模空前、組織嚴密的部落聯盟席捲了邊境。帝國搖搖欲墜，雅典被入侵者劫掠一空。一個皇帝和他的軍隊在保加利亞的沼澤地裡遭屠殺；另一個則被薩珊王朝的士兵俘虜，囚禁終生（據傳在他死後，他的屍體經防腐，安放在寺廟裡）。

有十多年的時間，帝國分裂成三個部分：西部是脫離羅馬的高盧帝國，東部由活力充沛的敘利亞女王統治，而中央地區仍受羅馬統治。

羅馬人如何恢復帝國？

一連串來自軍團的皇帝扭轉了局勢，他們重新統一了帝國，恢復了邊境，並毫不遮掩地用軍事獨裁有效地取代了以共和之名行專制之實的奧古斯都制度。這些改革的皇帝中，最成功的一位是來自巴爾幹半島的軍官，名叫戴克里先。在他統治的二十年中，帝國政府更加官僚制，因此（根據官僚的說法）效率更高。他也建立了四位皇帝一起統治的四帝共治制，為的是要在日益不穩定的邊境上把皇帝在場的時間擴張到最大。設計這個制度的另一個目的，在於避免繼任的危機。有兩位資深皇帝和兩位資淺皇帝；每隔一段時間，資深皇帝就會退隱，由資淺皇帝繼任。新晉升的皇帝接著會任命一組新的資淺皇帝，依此類推。

有趣的想法。有效嗎？

並不太有效。世襲制的習慣太強烈了。在戴克里先和另一位資深皇帝退隱後不到一年，一位新的資深皇帝去世了，他手下的軍隊無視戴克里先的規則，宣布他的兒子君士坦丁為皇帝。在接下來的二十年裡，君士坦丁和他的每一位共治皇帝戰鬥，最後成為羅馬世界唯一的統治者。就在這位年輕皇帝與第一個對手的關鍵戰役之前，他下令士兵在盾牌上畫上基督教的符號。在他贏得那場戰鬥後不久，他發布了寬容基督教的法令，並成為第一位信奉基督教的羅馬皇帝。

在此之前，羅馬人曾經迫害過基督徒，對吧？

只是偶爾。儘管基督教是在羅馬帝國內發展起來的——畢竟，拿撒勒人耶穌因反抗帝國權威而被釘在十字架上，但兩個世紀以來的皇帝和元老院議員對這個新宗教知之甚少，更不關心。到第二世紀末，帝國大部分的主要城市都有基督徒，尤其是在東部省份。然而，這些社區往往規模太小，社會地位也太低下，吸引不了太多的注意。到西元三世紀的危機期間，羅馬皇帝才開始有系統地反對教會。在全帝國範圍內發生了三次迫害，最後也是最嚴重的一次發生在戴克里先統治時期。在每一次事件中，基督徒都被指為國家的敵人而遭攻擊，因為他們拒絕參加公共的宗教儀式或不肯為皇帝獻祭。迫害雖然造成了巨大的創傷，但也造就了殉教者，他們的苦難成為啟發的泉源。

君士坦丁為何建立君士坦丁堡？

他想要可以輕鬆到達多瑙河和波斯邊境的首都。他在博斯普魯斯海峽上選擇了一個宏偉的地點，建造林蔭大道和宏偉的教堂裝飾它，並宣布他的城市為新羅馬。它幾乎立即成為帝國最重要的城市之一，也將成為君士坦丁最持久的成就。

君士坦丁死後發生了什麼事？

君士坦丁希望他的三個兒子與他們的兩個堂兄弟共同統治帝國。但他的兒子殺死了這兩個堂兄弟，老么又弒殺了長兄，接著老么自己也遇害，只剩君士坦丁的次子成為羅馬世界唯一的統治者。在鞏固邊疆無止無休的過程中，他迫切需要幫手，因此任命僅存的少數親戚之一——好學青年尤利安，作為他的共治皇帝，並讓他駐紮在萊茵河邊境。尤利安雖沒有政治或軍事經驗，但他確實有足夠的能力在最新一輪的蠻族侵襲中獲得重大勝利，也有足夠的野心在他堂哥死後成為唯一的皇帝。尤利安登基之後，揭露了自己是異教徒，並試圖撤銷帝國的基督教化，不過他失敗了——部分原因是他統治的時間很短，部分則是因為統治階級中許多人已經皈依了基督教。後來他被稱為「叛教者尤利安」，其後羅馬帝國不再有非基督教徒的統治者。

羅馬帝國什麼時候開始走向衰亡？

至少回顧起來是在四世紀末。虔誠的基督徒和能幹的將軍狄奧多西一世是最後一個統治整個羅馬世界的人。西元三九五年他去世後，把帝國的西半部留給了他的一個兒子，東半部留給了另一個兒子。這樣的分裂後來永久持續下去。在西元五世紀，東西帝國都面臨嚴重的外侮壓力。東帝國將會倖存；西羅馬帝國則滅亡。

為什麼東、西羅馬帝國的命運如此不同？

有幾個原因。首先，儘管西元五世紀的皇帝能力普遍較差，但東帝國還是設法避免了嚴重的內戰，西帝國則顯然沒有。其次，東帝國比較城市化而繁榮，因此更容易支付士兵的薪餉和收買蠻族部落。最後，或許也是最根本的一點是，東帝國最富有、最有權勢的人——換句話說，皇帝最需要爭取支持的人，通常是帝國官僚制度中的高官，他們會投資政府的成功。相較之下，西羅馬帝國的重要人物是元老院的權貴。這些人往往對他們擁有的大片土地比對為國家服務更感興趣。他們很容易就可以想像沒有皇帝的世界。

為何蠻族能夠如此迅速地征服西羅馬帝國？

因為西羅馬國的政府運作不良。以汪達爾人（the Vandals）為例，這是相對不重要的日爾曼部族，他們在西元四〇六至四〇七年的冬天跨越了冰凍的萊茵河，一路在高盧和西班牙燒殺搶掠之後，在北非富裕的省份定居下來。他們在迦太基古城建立了首都，並組織了一支海盜船隊，對地中海西部地區造成威脅。在他們第一次跨過萊茵河不到半個世紀後，他們就洗劫了羅馬。汪達爾戰士的數量恐怕從沒有超過兩萬左右，但他們卻能夠侵門踏戶，在西羅馬帝國的大部分地區肆意橫行，搶掠它最富裕的省份。他們的成功主要是因為天時地利。在一連串的關鍵時刻——在他們第一次越過萊茵河，在他們進入非洲，在他們占領迦太基時——帝國政府都因內戰和宮廷內的明爭暗鬥而分心，無暇有效地反制他們。

西羅馬帝國的哪些部分先崩潰？

首先被放棄的是英格蘭（本來就不是有利可圖的省份），然後高盧西南部的一大片土地被割讓給羅馬帝國的野蠻盟友。在汪達爾人占領北非前後，羅馬對西班牙的控制開始受到另一個日耳曼部族的侵蝕。到第五世紀中葉，西羅馬帝國已縮減為義大利、高盧南部和西班牙的一小部分；沒有來自非洲的收入，殘留的帝國很難支付士兵的薪餉。西羅馬帝國最後的輝煌時刻是它和一些蠻族盟友聯手對抗匈奴王阿提拉，雙方打成平手。但後來勝利的羅馬將軍，西羅馬帝國最後一位真正有才華的將軍遭皇帝謀殺，皇帝又被這位將軍的保鑣謀殺，朝廷再次陷入混亂。

西羅馬帝國最後是怎麼滅亡的？

在帝國存在的最後二十年裡，一連串短命的統治者來來去去，大多數都只不過是帝國軍隊中日爾曼將領的傀儡。西元四七六年，一名蠻族將軍廢黜了帝國最後一個無足輕重的皇帝（一個名字教人心酸的孩子羅慕路斯·奧古斯都），並宣布自己為義大利國王。這份通知送到君士坦丁堡的東方羅馬帝國宮廷，宮廷只好禮貌地承認西羅馬帝國已經不存在的事實。

西羅馬帝國的崩潰有多嚴重？

日子照常過。許多前省份長期以來一直受到叛亂分子和蠻族的掠奪，如今依舊遭到蹂躪。然而在前西羅馬帝國的其他地區，帝國秩序的崩潰幾乎沒有引起任何注意。現在統治西方的日耳曼民族通常願意與古老的羅馬貴族合作，羅馬貴族階級繼續收稅，並靠他們的莊園維生。人們仍然使用拉丁語，不過地區方言開始更快地分化，只有汪達爾人（他們堅持奉行基督教的異端分支）為宗教的原因迫害他們的臣民。在義大利，羅馬帝國的連貫性尤其明顯，一位同情羅馬文化的日耳曼國王向元老院發出禮貌的信函，並在羅馬競技場舉辦比賽。至少從表面上看，征服者和被征服者之間建立了基本堪用的關係。但西羅馬的貴族仍然記得羅馬時代的世界，東羅馬帝國的皇帝也一樣。

東羅馬的皇帝是否曾試圖重新征服西方？

查士丁尼是東羅馬帝國最偉大的皇帝，在西羅馬帝國瓦解半個世紀後上台。他雄心勃勃，要讓羅馬帝國恢復古早時的強大和輝煌——而且有幾年的工夫似乎會成功。他主持了羅馬法典最完整的編纂工作，建造了聖索菲亞大教堂，這是晚期羅馬建築最偉大的遺跡。他派了能征善戰的將軍貝利撒留（Belisarius）重新征服原已喪失的西部省份。羅馬軍隊佔領了迦太基，收復了北非，**襲擊**了西西里島，並進入了義大利。幾年之內，幾乎整個半島又回歸羅馬統治。但隨後黑死病從東方襲來，導致帝國四分之一的人口死亡。征服的浪潮倒退，在查士丁尼漫長統治的剩餘時間裡，他手下的將軍都在努力保護遙遠的邊境。

查士丁尼的帝國後來怎麼了？

查士丁尼死後大約五十年，與波斯薩珊王朝長達一世代的戰爭幾乎摧毀了羅馬帝國。羅馬人雖然勝利，但卻付出了慘重的代價：巴爾幹半島的省份被奪走，大部分剩下的省份也慘遭蹂躪。他們還來不及恢復，新的威脅又出現了。在遙遠的南方，在荒僻的商隊城市麥加，穆罕默德已經把相互敵隊的阿拉伯部落統一在伊斯蘭旗下。先知去世才不過幾年，在教人睜不開眼的沙塵暴中，一支穆斯林軍隊擊敗了敘利亞的羅馬軍隊。十年之內，羅馬帝國的埃及、巴勒斯坦和敘利亞就陷落了。不到一個世紀，穆斯林就控制了從西班牙延伸到巴基斯坦的帝國。

古代晚期什麼時候結束？

要說任何日期，當然都是主觀獨斷的。然而到八世紀初，東羅馬帝國已經只剩下安那托利亞（今土耳其）、希臘沿海，和義大利的一些零星地區。歷經一個世紀的戰爭後，這個衰弱的國家與查士丁尼和君士坦丁的帝國有天壤之別。在半毀的君士坦丁堡城內、或是由愛爾蘭的修道院到大馬士革的遊樂花園等有學術知識的地區，古典傳統得以延續。但至此，我們可以合理地說，地中海世界已經進入中世紀，告別了古代。

謝辭

寫一本書，即使是像這樣一本奇特的小書，也是一個教人畏懼的過程。但多虧了我的朋友和家人，使我的痛苦比原本該有的少得多。Janet Dant、Martha Dowling、Emily Ho、Blake Nicholson、Cait Stevenson、Kelly Williams，和 Steven Yenzer 讀了個別答案的草稿。Emily 和 Kelly 也和 Anya Helsel 一起提供了亟需的指引，助我穿越社交媒體的迷宮。我的手足 Courtney、Conor、Quinn，和 Austin 不斷地鼓勵我（而且還答應和我的姊夫 Rich 和嫂嫂 Shannon 一起在古代喝酒遊戲的宣傳影片中上鏡）。我也很幸運能夠得到祖父母 Adrian 和 Marianne Ryan，以及外祖父母 Joe 和 Shirley Dowling 的支持（特別感謝我外祖母 Shirley 幫我校對）。最後，我要感謝我的父母 Jean 和 Garrett Ryan 容忍他們不學無術的兒子在後院寫可笑的作品。謹以此書獻給他們，表達最深切的謝意。

國家圖書館出版品預行編目資料

古希臘羅馬人原來這樣過日子：裸體雕像、胖胖角鬥士和戰象,令人拍案叫絕的古典時代真相／蓋瑞特．雷恩（Garrett Ryan）著；莊安祺譯. -- 初版. -- 臺北市：麥田出版：英屬蓋曼群島商家庭傳媒股份有限公司城邦分公司發行, 2024.06
面；　公分
譯自：Naked statues, fat gladiators, and war elephants : frequently asked questions about the ancient Greeks and Romans.
ISBN 978-626-310-674-1（平裝）

1.CST：古希臘　2.CST：古羅馬　3.CST：文化史　4.CST：古代史

740.21　　113005362

古希臘羅馬人原來這樣過日子

裸體雕像、胖胖角鬥士和戰象，令人拍案叫絕的古典時代真相

作　　者	蓋瑞特．雷恩（Garrett Ryan）
翻　　譯	莊安祺
責任編輯	何維民
版　　權	吳玲緯　楊靜
行　　銷	闕志勳　吳宇軒　余一霞
業　　務	李再星　李振東　陳美燕
副總編輯	何維民
編輯總監	劉麗真
事業群總經理	謝至平
發行人	何飛鵬
出　　版	麥田出版 115台北市南港區昆陽街16號4樓 電話：02-25000888　傳真：02-25001951
發　　行	英屬蓋曼群島商家庭傳媒股份有限公司城邦分公司 104台北市中山區民生東路二段141號11樓 115台北市南港區昆陽街16號8樓 客服專線：02-25007718；02-25007719 24小時傳真服務：02-25001990；02-25001991 服務時間：週一至週五09:30-12:00，13:30-17:00 郵撥帳號：19863813 戶名：書虫股份有限公司 讀者服務信箱E-mail：service@readingclub.com.tw 城邦網址：http://www.cite.com.tw 麥田出版臉書：http://www.facebook.com/RyeField.Cite/
香港發行所	城邦（香港）出版集團有限公司 香港九龍土瓜灣土瓜灣道86號順聯工業大廈6樓A室 電話：852-25086231　傳真：852-25789337
馬新發行所	城邦（馬新）出版集團【Cite (M) Sdn Bhd.】 41-3, Jalan Radin Anum, Bandar Baru Sri Petaling, 57000 Kuala Lumpur, Malaysia. 電話：+6(03) 90563833 傳真：(603) 9057-6622 E-mail：service@cite.my
印　　刷	前進彩藝有限公司
電腦排版	黃雅藍
書封設計	巫麗雪

初版一刷	2024年6月
定　　價	420元
I S B N	978-626-310-674-1

城邦讀書花園
www.cite.com.tw